De Zwarte Boer
Leuvenum
Leuvenum
Waschmolen
Heidensch Kamp
Staverden

ONS WALLER LANDGOED

KRONIEK VAN 100 JAAR ULLERBERG

Dorothea ter Horst

ter nagedachtenis aan mijn moeder

'Mythen zijn veel belangrijker dan geschiedenis.' Joseph Campbell

Titel: Ons Waller Landgoed, kroniek van 100 jaar Ullerberg
Auteur: Dorothea ter Horst
Cover: foto ansichtkaart 1917, Streekarchivariaat Noordwest-Veluwe, Ermelo

Uitgeverij U2pi BV, Den Haag, www.uitgeveriju2pi.nl
Druk: JouwBoekdrukkerij.nl

ISBN: 978-90-8759-876-1
NUR: 320

INDEX HAMERS

WOORD VOORAF

EERSTE HAMER (1920-1935): FRANS WALLER

HAMERTJES TIK:

TWEEDE HAMER (1935-1961): DE ZES ERVEN

HAMERTJES TIK:

DERDE HAMER (1961-1982): MIN VIJF

HAMERTJES TIK:

VIERDE HAMER (1982-1996): DE MATEN

HAMERTJES TIK:

VIJFDE HAMER (1996-2020): DE ONDERMATEN

HAMERTJES TIK:

WOORD VOORAF

Mijn moeder zette mij op de wereld op zondag 13 mei 1945. Mijn ouders waren midden in de oorlog getrouwd en hun eersteling werd datzelfde jaar, 1943, nog geboren. Zeventien maanden later volgde ik. Toen de weeën begonnen had mijn vader mijn moeder naar het ziekenhuis gebracht op een fiets met houten banden. Alle verpleegsters waren druk in de weer met Canadese soldaten en er was alleen nog plaats in de badkamer. Daar bracht ze mij in haar eentje ter wereld, met vliezen en al. Ze begreep dat ze het vlies kapot moest scheuren, en het verhaal gaat dat ze de navelstreng met haar eigen tanden doorbeet. Mijn moeder Lily hield van verhalen. Ze was toen vierentwintig en ze droeg al vierentwintig jaar verhalen over de Ullerberg met zich mee, het Veluwse landgoed dat haar grootvader had gekocht toen zij, zijn eerste kleinkind, net drie maanden oud was. Die verhalen gaf ze aan haar kinderen door. Van lieverlee genereerde het herhaaldelijk verblijf op het landgoed nieuwe verhalen, die bevolkt werden door haar steeds groter wordende familie en uitgroeiden tot een wezenlijk deel van haar lange leven. Op zeven jaar na heeft ze de honderd gehaald.

Het landgoed heeft haar overleefd en in 2020 is de Ullerberg een eeuw lang in het bezit van de familie, de erven van haar grootouders, Frans en Dorothea Waller-Vreede. Ik ben vernoemd naar mijn overgrootmoeder en voel me ook mijn leven lang nauw met de Ullerberg verbonden. Een zondagskind geniet volgens de overlevering speciale bescherming van de Noordse god Thor, wiens magische hamer Mjöllnir, het symbool van het landgoed is. Het is dus niet vreemd dat ik na mijn werkzame leven als docent literatuur en vertaler van romans de drang voelde om de geschiedenis en de verhalen van het door Thor bewaakte landgoed op te tekenen.

Vanaf dat moment ben ik wekelijks naar de Ullerberg gegaan om de archieven door te nemen. Over de eerste periode na de aankoop is niet veel informatie bewaard gebleven, maar met de tijd neemt het toe. Tegenwoordig puilt het materiaal de archiefkast uit en de laatste jaren wordt het digitaal opgeslagen. De vele uren die ik doorbracht in de Koninklijke Bibliotheek, waar alle jaargangen van De Fabrieksbode, het bedrijfsorgaan van de Koninklijke Nederlandse Gist- eb Spiritusfabriek, worden bewaard, hebben mij een goed beeld verschaft van het arbeidzame leven van mijn overgrootvader, grootvader en oudoom en ook van mijn eigen vader. In het Amsterdamse Stadsarchief vond ik verrassende persoonlijke gegevens over de familie Waller-Vreede. Op het Ermelose Streekarchivariaat Noord-West Veluwe kreeg ik altijd bereidwillig antwoord op al mijn vragen. Ook heb ik dankbaar gebruik gemaakt van de scriptie Geschiedenis en Architectuur van landgoed Ullerberg, van Jan de Ruiter. En de gesprekken met erfgenamen en met mensen die op het landgoed werkzaam zijn (geweest), waren uiteraard van onmisbaar belang. Het resultaat is een persoonlijk verslag, een persoonlijke kroniek van honderd jaar Ullerberg, ingedeeld in vijf hoofdstukken, ofwel HAMERS, naar de generatie die het bestuur en beheer van het landgoed op zich nam.

De verhalen van mijn moeder wilde ik ook vastleggen. Ik kwam er achter dat deze ook bij andere familieleden leefden, maar als varianten, in verschillende composities. Ik heb besloten deze verhalen in de vorm van een door mij gefictionaliseerde context te gieten. Dit zal ongetwijfeld bij sommige familieleden de reactie uitlokken: Zo was het helemaal niet! Maar logischerwijs heb ik een keuze gemaakt. Daarnaast heb ik geprobeerd een intiemer kijkje te geven in het leven op de Ullerberg door echt gebeurde voorvallen en wederwaardigheden aan elkaar te smeden en samen te vatten in een verdichte vertelling. Dat wil zeggen dat de personages in deze verhaaltjes geïnspireerd zijn op bestaande personen, maar dat ze gehoorzamen aan mijn regieaanwijzingen. Deze verhaaltjes heb ik HAMERTJES TIK genoemd. Ze staan na ieder hoofdstuk op de gele bladzijden en zijn in de tekst – wanneer daar aanleiding toe is – met een asterisk en een nummer aangegeven. Je kunt ze dus lezen wanneer je een asterisk tegenkomt, als uitstapje uit de HAMER, maar natuurlijk ook later in hun geheel, als verhalenbundel. Als laatste is de rubriek WIST U DAT … opgenomen, om saillante details die ik elders niet kwijt kon toch nog een plaats te geven.

Zoals gezegd is het boek samengesteld en geschreven vanuit mijn persoonlijke visie en interpretatie. Het pretendeert geenszins volledig te zijn en evenmin dé waarheid te beschrijven. Dé waarheid bestaat immers niet en volledigheid is ondoenlijk en tevens onwenselijk. Van al diegenen die zich op enigerlei wijze in de loop van de tijd hebben ingezet voor de Ullerberg en er menige periode hebben doorgebracht, komt er dus slechts een gereduceerd aantal aan bod. Desalniettemin geeft deze kroniek een geloofwaardig beeld van honderd jaar leven op en instandhouding van het landgoed Ullerberg.

Frans en Dorothea Waller-Vreede

EERSTE HAMER (1920-1935): FRANS WALLER

I. DIT IS HET

Hoog vanuit zijn wolkenhemel ziet Thor, beschermer van huis en haard, nieuwsgierig toe hoe de Delftse Frans Waller in de ban geraakt van het stuk zandgrond in het midden van het land dat aan zijn hamer en hand is toevertrouwd. Is het de wassende wuftheid van Noordwijk, de ernstige reuma van zijn vrouw, of zijn niet aflatende ondernemersgeest die hem naar de Veluwe drijft?

Frans en Dorothea Waller brengen al twintig jaar lang de zomers met hun zes kinderen in de Zuid-Hollandse badplaats Noordwijk door. Frans laat er zelfs in 1903 een luxueuze villa bouwen, Marezate. En in 1920 koopt hij een ruig stuk arme zandgrond, in het midden van het land. Weliswaar met een charmant jachthuis erop, maar hij is geen jager. Wel met een boswachterswoning waarin een pientere boswachter woont met zijn gezin. Maar een groter contrast kun je je niet voorstellen. Noordwijk op een steenworp afstand van zijn woonplaats Delft, met zee, eb en vloed, strand, duinen, golfbaan, hotel, restaurants, clubs en een levendig sociaal leven, en de desolate Ermelose heide, waarop hier en daar wat dennenbossen groeien, ongeveer 140 kilometer van Delft verwijderd. Het is in die tijd een hele onderneming om daarheen te gaan.

Dit vraagstuk drong zich aan mij op toen ik met het onderzoek naar het verhaal van de buitenplaats van mijn overgrootouders begon. In de loop van mijn zoektocht heb ik er geen eenduidig antwoord op gevonden. De ware reden ligt hoogstwaarschijnlijk in het midden. Hoe het ook zij, eerst kijkt Frans de kat uit de boom en huurt het landgoed voor een jaar. Dat valt niet tegen, want op 29 november 1920 wordt de koop gesloten. Het landgoed bestaat dan uit een 'Heerenhuis, boswachterswoning, garage, pompmachine, gasinstallatie en verschillende percelen dennenbosch, heidegrond, akkerland, koepel en-zoovoorts', en het is gelegen 'ongeveer ten zuiden van den grindweg van Leuvenum naar Harderwijk', 'groot tweehonderd acht en veertig hectaren negen en veertig aren vijf centiaren.' De in de koopakte genoemde prijs is 'Honderd veertig duizend gulden'. Daartoe behoren echter nog een paar andere bezittingen van Meester Peereboom, de verkoper: een weiland bij Elspeet en een boerderij met bouw- en groenland, tuin en heide onder Speulde. Maar die doet Frans twee maanden later al weer van de hand.

Al vanaf het begin van de 19e eeuw wordt er zand en grind uit de woeste Veluwegronden gedolven, maar bij de overdracht is het landgoed vrij van die erfdienstbaarheid. Dat zal de nieuwe eigenaar goed van pas komen. Wel bestaat er twijfel over een strookje grond dat niet aan de verkoper zou toebehoren. Het betreft de uitweg van het landgoed aan de noordoost grens: 'eene breedte beslaande van ongeveer den halven uitweg daar ter plaatse en over eene lengte van ongeveer vyftig Meter.' Peereboom verklaart echter 'dit strookje te goeder trouw te bezitten en voortdurend en onafgebroken, ongestoord openbaar en niet dubbelzinnig als eigenaar te hebben bezeten [...]'. Dat is vanaf 1910, het jaar waarin Peereboom het stuk grond van de familie Sandberg heeft gekocht. De onzekerheid over die strook duurt nog tot op de dag van vandaag voort.

2. HUIS EN HAMERS

Die grond heeft in 1910 al een lange bewogen geschiedenis: ijstijd, smeltwaterrassen, afzettingen met zand en kiezel, gletsjer die het dal van de Hierdense beek binnendrong en zo de Ullerberg opstuwde, dekzand, heide, zandverstuivingen. Peereboom 'civiliseert' de grond naar zijn vermogen. Met hulp van de boswachter plant hij dennenbomen en legt hij bospaden, een uitzichtkoepel en een tennisbaan aan. Én hij laat een jachthuis bouwen. Hiervoor neemt hij architect L.A. van Essen in de arm. Deze laat zich ongetwijfeld inspireren door de Engelse Cottage-stijl: pittoresk en romantisch, met erkers en dakkapellen, en kamers gegroepeerd om een centrale ruimte. De eerste steen wordt in juli 1911 gelegd door Pieter Peereboom, twaalf jaar oud, zoals staat te lezen in de steen in de voorgevel onder de ramen van de erker, nu geheel verscholen achter een rododendronhaag. Naar het zich laat aanzien heeft Pieter Peereboom, de oude, een passie voor de Scandinavische mythologie, wat goed past in de nieuwe kunststroming van die tijd. Werd de zandberg die op de westelijke uithoek van zijn terrein ligt in vroeger tijden wel Uilerberg genoemd, hij geeft zijn nieuwe jachthuis de naam die sinds lang wordt gebezigd: Ullerberg. Dat wil zeggen, berg van Ullr, de stiefzoon van dondergod Thor. En het huis krijgt het symbool van Thor mee: de hamer. Met zijn magische hamer, Mjöllnir genaamd, is Thor prominent aanwezig in en om het huis. Thor als beschermer van orde en harmonie, van huis en familie. Dit thema heeft Peereboom vervolgens enthousiast doorgevoerd bij de afwerking van het huis, want een paar jaar voordat de hamer verschijnt in het glas-in-lood raam boven de toegangsdeuren en in de windwijzer op het dak, worden alle plafondbalken in de zitkamer met een stenen hamer gestut, net als de gootdragers aan de buitenkant. Bovendien worden de risalieten en alle gootdragers rondom het huis afgewerkt met een versiering van talloze kleine groene hamertjes.

Van Essen krijgt in 1913 ook de opdracht van Peereboom om een bedrijfswoning voor de boswachter te ontwerpen. Die wordt op ongeveer tachtig meter ten zuiden van het landhuis in eenzelfde charmante stijl opgetrokken, maar een stuk kleiner en zonder hamers. De boswachtersfamilie, Dirk en Gerritje van Duinen, die beiden afkomstig zijn uit de bijbelvaste Noord-Veluwse buurt en tot dat moment als huisbewaarders in de villa hebben gewoond, verhuist dan met hun eerste kind naar de eigen dienstwoning. In 1916 – het gaat Peereboom kennelijk nog goed, het landgoed staat nog niet te koop[*2] – laat hij Van Essen het Grote Huis verbouwen: het gedeelte waar Van Duinen woonde, wordt uitgebouwd tot een grote vleugel met biljartkamer en kinderkamer, er komt een ruime centrale hal met twee glazen schuif-toegangsdeuren. Dan laat hij boven de deuren de drie glas-in-loodramen aanbrengen. In het rechter raam van binnenuit gezien, staat de hamer van Thor, Mjöllnir geheten – dat staat er in runenschrift boven –, met drie bliksemschichten uitgebeeld, in het linker het wapen van graafschap Gelre met drie Gelderse rozen, en in het midden een kleurig kruis met vier gelijke armen[*1]. Op het dak zet hij een windvaan waarin Thors hamer is uitgespaard.

Ik neem aan dat Peereboom in 1916 ook een versiering laat aanbrengen in de luiken, een uitsparing in de vorm van een floraal hamertje, want op de ansichtkaart uit het begin van het tweede decennium van de 19de eeuw hebben de luiken die versiering nog niet. In vroeger tijden werden de luiken vaak beschilderd in de kleuren van het landgoed waartoe het huis of de boerderij behoorden en als er dan al een versiering in de vorm van een uitsparing was aangebracht (zo'n versiering zag je ook als het luik gesloten was), dan was dat hooguit een hartje of een klavertje drie. Het bijzondere van de versiering van de luiken van de Ullerberg, is dat ze lijken op een klavertje drie maar een steel hebben als die van Thors hamer. Daarbij komt dat Thors hamer aan de bovenkant de vorm van een driehoek heeft. Vandaar dat ik deze luikversiering graag aanduid als een 'floraal hamertje'. Dat het 'florale' belangrijk voor Peereboom is, blijkt uit het feit dat hij in diezelfde tijd ook het maaiveld om het huis laat verhogen en in het door afgraving verlaagde deel, analoog aan vele buitenplaatsen, een bloementuin laat aanleggen.

3. FRANS WALLER

Op het moment van de aankoop van de Ullerberg is Dr. Ir. François Gérard Waller zestig jaar. Hij is gelukkig getrouwd met Dorothea Beatrix Diederika Vreede, dochter van de burgemeester van Klein Vrijenban, die hem drie dochters en drie zonen heeft geschonken ondanks haar precaire gezondheid. Hij heeft een glansrijke carrière achter de rug en bevindt zich op de top van zijn kunnen. Hij heeft het geschopt tot president-directeur van de Nederlandse Gist- en Spiritusfabriek, de NG&SF te Delft. Zijn oom en stichter van de fabriek, Jacques van Marken, heeft hem als negentienjarige, leergierige student aan de Polytechnische School in Delft, de latere Technische Hogeschool, gevraagd op de fabriek te komen werken.

Van Marken is één van de opmerkelijkste grondleggers van het moderne bedrijfsleven in Nederland. Hij is pionier zowel in de biochemie, als op sociaal gebied. Beroemd zijn de voorzieningen die hij als fabriekseigenaar instelt voor zijn werknemers, zoals pensioen, winstdeling en speciaal voor hen ontworpen woningen in een aangename, groene omgeving: het Agnetapark in Delft, genoemd naar zijn vrouw.

* zie Hamertjes Tik

Frans geeft gehoor aan de uitnodiging. Hij zegt het studentenleven vaarwel, neemt zijn intrek in de fabriek en combineert het werk als 'chef de fabricage' met zijn studie. Hij stelt zijn oom niet teleur. Deze schrijft in september 1879 aan Frans' vader, zijn zwager: 'Amice, Laat ik u vóór alles zeggen, dat ik zéér ingenomen ben met Frans. Het treft mij hoe hij op zijn jeugdige leeftijd, in menig opzicht, rijp verstand paart aan een mannelijk karakter en vrij uitgebreide kennis.' Iets later noemt Van Marken de jonge Frans een 'reuzenkracht'. Zodra hij zijn ingenieursdiploma in zijn zak heeft, in 1885, stelt zijn oom hem aan als mededirecteur van het bedrijf. Als Van Marken twintig jaar later om gezondheidsredenen de fabriek vaarwel zegt, volgt Frans hem op. Met zijn buitengewone ijver, zijn technische begaafdheid en zijn commerciële deskundigheid weet hij de fabriek tot grote bloei te brengen. In de lente van het jaar waarin hij de Ullerberg koopt, wordt het vijftigjarig bestaan van de NG&SF gevierd. Als dankbetuiging en blijk van waardering krijgt hij van de commissarissen een erepenning met zijn beeltenis erop, met de tekst: 'The man who can carry a message to García'.

Dit is ongeveer de hoogste eer die een ondernemer in die tijd van industriële ontwikkeling ten deel kan vallen. Kernbegrippen voor deze mentaliteit zijn: het nemen van eigen verantwoordelijkheid, concentratievermogen, doorzettingsvermogen, zelfstandig problemen oplossen, ofwel, getting the job done. Als je deze eigenschappen bezit, kunnen ze je om een boodschap sturen, is de gedachte. Dan speel je het klaar om García – wiens verblijfplaats onbekend is, ergens ver weg in het oerwoud (we schrijven 1898, Cuba) – toch die superbelangrijke brandbrief eigenhandig te overhandigen.

Frans heeft die tekst tot zijn lijfspreuk gemaakt. Het heeft hem ver gebracht. Frederik van Eeden, met wie hij de HBS in Haarlem heeft doorlopen, schrijft in zijn dagboek over zijn enige schoolvriend: ´Hij is een krachtig type, en ik vind hem toch ook beminnelijk [...] Hij is nu een groot man in zijn vak, machtig industrieel en schatrijk.´

Frans lanceert de leus, gecomprimeerd tot 'García', te pas en te onpas en heeft zelfs zijn zeilboot zo genoemd. Hij draagt het over aan zijn kinderen, met name aan zijn zoons Herman, Frans jr. en Eg, die het ook weer doorgeven. Zijn gelijknamige kleinzoon, zoon van Frans jr., die ik in Monaco heb opgezocht, weet het op zijn 90ste nog heel goed: 'Ik werd doodgegooid met García. Als je iets moest doen voor vader en je had geen zin en zei: ik weet niet waar het ligt – hij werd niet gauw boos – dan zei hij ineens: García! En werd je de kamer uit gestuurd.'

De García (1919)

Fransje, diezelfde kleinzoon, herinnert zich zijn grootvader: 'Ik was dol op die man. Hij zag er wel streng uit. Hij was lang en had een grote snor, maar hij was heel vriendelijk. Hij zal heel intelligent geweest zijn en enorm capabel en energiek. Met een geweldige ondernemingsgeest. Het was een gedreven man, die altijd met de business bezig was. Het is ongelofelijk wat hij allemaal gedaan heeft. Hoe heeft hij nog zes kinderen kunnen krijgen!'

Het is heel wel mogelijk dat Frans, na veertig jaar industriële hectiek aan de westkust van het land, zich aangetrokken voelt door de rust en harmonie die het landgoed Ullerberg uitstraalt onder Thors patronaat en hij een behoeder van zijn familie wel kan gebruiken, nu zich uitbreiding in de vorm van kleinkinderen aandient.

4. EL EN PAUL

Het huwelijk van Frans en Dorothea (Door) in 1888 is een grote feestelijke happening in Delft, met name in het Agnetapark. Daar heeft Van Marken voor zijn neef en mededirecteur een grandioze ontvangst georganiseerd, waarbij de hele gistgemeenschap is betrokken. En ondanks Frans' uiterst drukke bestaan zal Dorothea met tussenpozen van steeds twee of drie jaar het leven aan zes kinderen schenken.

Dit levensgeluk is niet aan hun oudste, Elisabeth (El), gegund. Zij trouwt in 1910 op 21-jarige leeftijd met Ingenieur Paul Tutein Nolthenius, die dan werkt bij de Nederlandse Oliefabriek (NOF), later kortweg Calvé, ook opgericht door Van Marken. Acht jaar later is er nog steeds geen nageslacht. Na een geheim bezoek – dat onderwerp is taboe in die tijd – aan een Parijse gynaecoloog weet El dat het niet aan haar ligt. Paul is zwaarlijvig en lijdt waarschijnlijk aan een schildklierziekte. Tot overmaat van ramp verliest hij zijn baan. Zijn schoonvader, die een substituut zoekt voor Noordwijk, vraagt hem nu hij tijd heeft, op zoek te gaan naar een rustige, 'droge' plaats op de Veluwe, misschien ook wel omdat hij heimwee heeft naar zijn geboorteplaats Loenen op de Veluwe. Al gauw stuurt Paul een ansichtkaart naar Delft van huize de 'Ullerberg' te Leuvenum, waarop hij aan de achterkant met de hand heeft geschreven: 'Dit is het huis.' Als Frans besluit het landgoed te huren, nemen Paul en El hun intrek in het jachthuis. Na de aankoop biedt Frans zijn schoonzoon en dochter een deal aan waarmee hij twee vliegen in één klap slaat: hij lost hun woningprobleem op en verzekert zich van de bewaking van zijn nieuwe bezit. De deal: verkoop op papier een deel van het landgoed, ongeveer vijftien hectare, met de huizen en de paardenstal. Dan gaan zij er wonen en nemen het beheer van het landgoed onder hun hoede, tot Frans aftreedt als president- directeur van de Gistfabriek een jaar of vijf later. Ze moeten het huis wel openstellen voor de andere familieleden.

In de zomermaanden is het goed uit te houden, in gezelschap van El's ouders, met name Dorothea, en bezoek van broers en zussen. En met vlinders. Paul is een fervent vlinderverzamelaar en vangt ze in de bloementuin. Maar in de winter, die vroeger vaak zoveel strenger was dan nu, is het flink afzien. Het huis ligt ver van de beschaving, de omstandigheden zijn primitief, geen gas, geen licht en water moet opgepompt worden, en alleen de familie van Duinen woont nabij. In het begin, in 1921, bevestigt Paul vol enthousiasme een meetinstrumentje aan een fietswiel en doorkruist het hele grondgebied

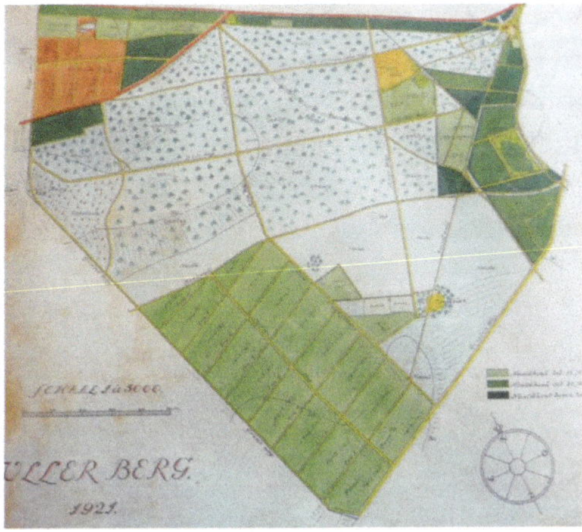

om zo het landgoed in kaart te brengen. Ze hebben het er zes jaar volgehouden. In 1927 wordt de verkoop op papier weer teruggedraaid. Inmiddels is Paul medewerker aan de universiteit van Wageningen geworden en verhuist het stel naar Renkum. Hij is er dan al slecht aan toe en een jaar later overlijdt hij, zonder nakomelingen. Zijn vlinder- en insectenverzameling laat hij na aan de Wageningse Universiteit. El is dan 39. Om haar leed te stelpen en om gehoor te geven aan de bede van een goede vriendin, adopteert El na de dood van haar man de vier weeskinderen Reynvaan, die vanaf dat moment frequent op de Ullerberg zullen vertoeven. 'Tante El was een supermens. Ze had nooit kritiek. Tante El was je van het', meent haar nu 96-jarige nicht Kia. Pauls plattegrond hangt nog steeds in de hal van het Grote Huis.

5. GOLF

Ongetwijfeld ziet Frans het Veluwse landgoed als een nieuwe uitdaging. Ook dit terrein zal hij laten opbloeien met grootse plannen. Het eerste wat hij doet - met de onmisbare hulp van Van Duinen - is een nieuwe bosweg aanleggen die dwars over het terrein loopt naar de plaats waar zand van de Ullerberg wordt afgegraven. Die weg noemt hij naar zijn eerste kleinkind, Lily, dat net een paar maanden oud is. De Lilyweg staat ook aangegeven op de kaart die zijn schoonzoon Paul van het landgoed maakt en is er heden ten dage nog steeds.

Als golffanaat is Frans frequent met en zonder zijn zoons Frans jr. en Eg op de Noordwijkse Golfclub te vinden en hij vat het idee op om op het landgoed een golfbaan voor zichzelf en de familie aan te leggen. Hij vraagt niemand minder dan zijn vriend, de beroemde Nederlandse golfer en golfarchitect Gerry del Court van Krimpen, een baan op de Ullerberg te ontwerpen. En in 1923 legt deze, met de onmisbare hulp van Van Duinen, een negen holes golfbaan aan, met de bijzonderheid dat de fairways niet met gras zijn begroeid, maar met geschoren heide. Destijds een unicum in de golfwereld. En nog steeds. Na de aanleg van de golfbaan ontbrandt de strijd om gave, groene greens. Wilde zwijnen en dassen, bekende inwoners van de Veluwe, zijn beruchte vijanden van die gave grasveldjes[*20]. Frans' kleinzoon vertelt dat boswachter van Duinen hem als jongetje van zeven een keer meeneemt om een zwijn uit de weg te ruimen dat telkens weer een van de greens omploegt. Ze treffen het beest in flagranti aan en van Duinen schiet hem af. Fransje heeft geen medelijden met het dier. Nee: 'De green gaat boven alles.' En hoewel de familie Waller maar weinig echte golfspelers heeft voortgebracht, zal dit tafereel zich met enkele varianten gedurende de bijna honderd jaar regelmatig herhalen.

Is het misschien een geëvolueerd zwijnenexemplaar dat zeer recentelijk het lef heeft gehad om tot drie keer toe de grasmat van green drie volledig om te ploegen? Het beest is namelijk zo slim om over de schrikdraadomheining heen te springen! Dat is nog nooit vertoond! De huidige boswachter Peter heeft het everzwijn inmiddels weten te spotten en op kundige wijze omgelegd. Een hele zorg, die greens, want de originele heidegolf die momenteel tot een van de meest unieke natuurbanen ter wereld behoort, wordt tegenwoordig ook opengesteld voor buitenstaanders.

6. TOOT EN HELEEN

Zoals voor Frans' zonen een opleiding aan de Technische Hoogeschool in Delft buiten kijf staat, is het vanzelfsprekend dat zijn dochters, El, Toot en Heleen, naar de meisjesschool in Hilversum worden gestuurd die is opgericht door Jonkvrouwe Baronesse Mulert van de Leemcüle. Het betreft de Goodelindeschool, een internaat voor meisjes van gegoede families, onder wie vele freules, die daar een middelbare opleiding genieten en eveneens worden bekwaamd in het gastvrouwschap.

Zes jaar na het huwelijk van El met ingenieur Paul, trouwt Frans' dochter Toot in 1916, 22 jaar oud, ook keurig met een 'Delftenaar': de pas afgestudeerde werktuigbouwkundige Peter Landberg. Na een aantal jaren bij machinefabriek Stork te hebben gewerkt, wordt Peter in 1928 professor aan de TH in Delft. Hun eerste kind is vlak na de geboorte overleden en hun enige dochter, Carlijn, is dan al zeven. Toot ontpopt zich tot de goedhartige zonderling van de familie, met een onbedaarlijke passie voor kuisen en poetsen[*11], mogelijkerwijs als compensatie voor de meer dan gezonde belangstelling die haar man voor vrouwelijk schoon en haar vermogen ten toon spreidt. Het zal vanwege dat laatste zijn dat ze in begin jaren zestig uit de Ullerberg treedt.

Het zou me niet verbazen dat wanneer de derde dochter, Helena Albertina, in het voorjaar van 1920 in de huwelijksboot stapt van een Friese kinderarts, Tjalling Halbertsma, deze verbintenis stilzwijgend door de Wallers bestempeld wordt als vloeken in de kerk. Een kinderarts is geen industrieel, geen ondernemer, geen technicus, en zijn inkomen is navenant. Maar als in die tijd het geluk gelegen is in het krijgen van nageslacht, zijn ze gelukkig getrouwd: in tien jaar tijd krijgen ze vijf kinderen, eerst vier meisjes en de laatste is – gelukkig – een jongen. Heleens tak blijkt een vruchtbare, ze wordt gezegend met zeventien kleinkinderen, die op hun manier lange tijd trouw blijven aan de Ullerberg...

7. PENNI

Na de verkoop van Villa Marezate laat Frans al het zilver, het porseleinen servies, de meubels en het biljart van Noordwijk naar de Veluwe overbrengen. Het lijkt logisch dat hiervoor ook Penni wordt ingeschakeld. Als grootindustrieel heeft Frans de beschikking over een automobiel, zo een die nog geïnspireerd is op een fiets, met spaken in de wielen en een kap die van achteren open kan. En hij heeft natuurlijk een chauffeur en dat is Penni. Hoewel hij vaak per trein reist voor zaken, soms ook naar de Ullerberg – dan komt Van Duinen hem met paard en wagen van het station in Ermelo ophalen –, laat hij zich als druk bezette ondernemer graag in zijn automobiel door Penni vervoeren.

Aanvankelijk heeft de chauffeur op het landgoed zijn onderkomen in een klein verblijf boven de stal annex garage, de slaapplaats vlak boven het voertuig dat hem is toevertrouwd, waarnaast ook de paarden staan. Maar in 1924 laat Frans een woonruimte voor hem bouwen en krijgt hij de beschikking over een eenvoudig, eensteens huisje, ongeveer honderd meter ten zuiden van de boswachterswoning van Van Duinen. Vóór de voordeur wordt een waterpomp geïnstalleerd, reden waarom het optrekje ook wel 'het Pomphuisje' werd genoemd, maar tot op heden kent iedereen het kortweg als 'Penni'. En dat blijft zo. Ook tegenwoordig, nu het huis geheel nieuw is opgebouwd als een groot, modern, comfortabel chalet en niets meer aan de primitieve chauffeurswoning doet herinneren, behalve dan de waterpomp die aan de westkant opnieuw is geïnstalleerd.

Penni met automobiel

Penni draagt altijd een pet als hij achter het stuur zit, zeker om meer allure uit te stralen. Want het verhaal gaat dat hij eigenlijk niet zo goed rijdt. Op een keer gaat Frans met Penni collega-vriend Anton Philips ophalen van het station. Penni trekt grindspattend op en zwalkt zo over de weg dat Philips even later verzenuwd zegt: 'Penni, let in godsnaam op, anders zijn we straks verpletterd.' Waarop Penni antwoordt: 'Meneer Philips, als ík uw ...', (hij wijst op zijn eigen hersenpan), '... had en ú de mijne, dan zat ú nu hier en ík daar.'

Een ander verhaal komt van Toot. Op een gegeven moment mag zij mee rijden in de auto naar Wassenaar en hoewel het verkeer nog bij lange na nog niet zo druk is als nu, staat ze doodsangsten uit. Nadat hij met een grote bocht de weg naar Ermelo is opgereden, zegt Penni, met pet: 'Kijk, mevrouw, ik kan zelfs zonder handen rijden', en hij laat het stuur los en steekt zijn beide handen in de lucht.

Voor zover ik heb kunnen nagaan heeft Penni nooit echt brokken gemaakt. En als Frans in 1935 overlijdt, wordt hij de chauffeur van zoon Frans jr.

8. HERMAN

Het tweede kind en oudste zoon van Frans en Door komt in 1891 in Delft ter wereld. Zoals toen gebruikelijk wordt hij vernoemd naar de vader van zijn vader: Herman François. Deze was aanvankelijk dominee, maar verwisselt zijn predikantsambt in het Veluwse Loenen voor het redacteurschap van de *Opregte Haarlemsche Courant* in Haarlem, alwaar Frans de HBS doorloopt. Frederik van Eeden schrijft over de oudste zoon van zijn schoolvriend: 'Een zeer bekwaam en schrander man, die zich merkwaardig weet te redden.' Dat merkwaardig duidt op het feit dat Herman bijna blind is. Zijn moeder had tijdens de zwangerschap rode hond opgelopen. Deze zware handicap belet Herman veel activiteiten, golfen bijvoorbeeld, maar het belet hem niet zich technisch te scholen en in de voetsporen van zijn vader te treden. Zijn grote kennis en scherpzinnigheid oogsten veel waardering. 'Herman heeft wonderen verricht in de fabriek', meent nicht Marga. En als zijn vader in 1925 afscheid neemt van de fabriek, wordt hij tot directeur van de NG&SF benoemd.

In 1919 trouwt Herman met een goede vriendin van zijn zus Heleen van de Goodelindeschool, de 21-jarige Corrie Zeeman. Corrie heeft bovendien de eerste tuinbouwschool voor meisjes in Rijswijk gevolgd en toont een levendige interesse in het Veluwse landgoed. Tien maanden na het huwelijk wordt Lily hun eerste kind, - mijn moeder - geboren. Ze is het eerste kleinkind Waller en vervult Frans en Door met trots. Voor hun verblijf op de Ullerberg schaft Corrie een wandelwagen uit Staphorst aan. Een rieten kinderwagen met hoge ijzeren wielen en een beweegbare kap, waarin iedere Wallertelg, tot op heden ten dage aan toe, wel een keer gelegen heeft.

Het is niet denkbeeldig dat Hermans opvliegende karakter deels te wijten is aan zijn handicap. 'Je moest op je hoede zijn voor hem. Hij was onberekenbaar', zegt zijn neef Fransje. 'Maar ik vond hem ook heel aardig.' 'Hij heeft mij op de Ullerberg leren schaken en ik won vaak', zeggen zijn kleinzoons. 'Ik ging hem liever uit de weg', zegt een kleindochter. Speciaal voor hem is op de Ullerberg een kunstspelpiano geïnstalleerd, een pianola. De techniek van dit instrument zal hem hebben aangesproken. Het werkt met een pneumatisch systeem, waarbij de benodigde onderdruk wordt opgewekt met twee pedalen. De muziek is opgeslagen in de vorm van verwisselbare papierrollen met gaatjes, volgens hetzelfde principe als de boeken van een draaiorgel. Als hij een woedeaanval heeft, kan hij zich al trappend uitleven op de pianola. Voor vele kleinkinderen en achterkleinkinderen is een woedeaanval echter niet nodig om met krachtig getrap de 'mooiste' pianomuziek ten gehore te brengen.

9. FRANS JR.

Ook in het leven van Frans jr. speelt de gistfabriek een fundamentele rol. Het vierde kind van het echtpaar Waller ziet in september 1895 het levenslicht. 'Mijn wieg stond onder een gistpers', zou hij later gekscherend zeggen. Na zijn studie scheikunde aan de Technische Hogeschool specialiseert hij zich een jaar als biochemicus en in 1923 gaat hij bij de gistfabriek aan het werk. In datzelfde jaar treedt hij in het huwelijk met Aline de Vries. Frans jr. is een technicus pur sang en houdt meer van machines en motoren dan van groen. In 1913 richt hij met zijn neef en studievriend Charles Stork (later bijgenaamd Chuck) de Delftsche Motoren Handel op. Samen doen ze mee aan rally's om de motoren te promoten. Een jaar voor zijn huwelijk tikt Frans een motor met zijspan op de kop, een Harley-Davidson, zo'n grote motorfiets met drie grote dikke fietswielen, met aan de rechterzijde een zitplaats voor een passagier met een soort cocon voor de benen. Helemaal in zijn nopjes zal hij Aline wel even op deze moderne manier het landgoed laten zien. Even gaat het goed, hij kan goed wegkomen over de grensweg, maar als hij een scherpe bocht wil nemen, gaat het helemaal mis. De motorfiets helt te veel over, of er klapt een band, of hij verliest de macht over het stuur. Hoe dan ook: einde zijspan, maar het aanstaande bruidspaar komt er gelukkig met enkele kleerscheuren van af en Aline vindt deze misstap niet ernstig genoeg om van een huwelijk af te zien.

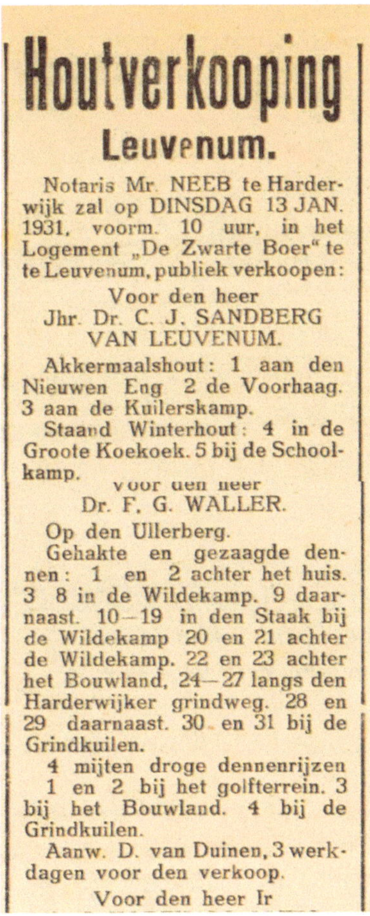

Houtverkooping

Leuvenum.

Notaris Mr. NEEB te Harderwijk zal op DINSDAG 13 JAN. 1931, voorm. 10 uur, in het Logement „De Zwarte Boer" te te Leuvenum, publiek verkoopen:

Voor den heer
Jhr. Dr. C. J. SANDBERG VAN LEUVENUM.

Akkermaalshout: 1 aan den Nieuwen Eng 2 de Voorhaag. 3 aan de Kuilerskamp.

Staand Winterhout: 4 in de Groote Koekoek. 5 bij de Schoolkamp.

Voor den heer
Dr. F. G. WALLER.

Op den Ullerberg.

Gehakte en gezaagde dennen: 1 en 2 achter het huis. 3 8 in de Wildekamp. 9 daarnaast. 10—19 in den Staak bij de Wildekamp 20 en 21 achter de Wildekamp. 22 en 23 achter het Bouwland. 24—27 langs den Harderwijker grindweg. 28 en 29 daarnaast. 30 en 31 bij de Grindkuilen.

4 mijten droge dennenrijzen 1 en 2 bij het golfterrein. 3 bij het Bouwland. 4 bij de Grindkuilen.

Aanw. D. van Duinen, 3 werkdagen voor den verkoop.

Voor den heer Ir

Overveluwsch Weekblad october 1931

'Mijn vader hield niet erg van bomen en bos, hij zat liever op de boot', zegt zoon Fransje, de middelste van hun drie kinderen. De grote tjalk die hij zelf heeft laten bouwen, heet Vrouw Aaltje. 'Dan voeren we een eindje de haven uit en gingen voor anker, want dan moest de motor hoognodig gesmeerd.' Frans jr. mocht dan niet echt van bomen houden, wel organiseert hij jaarlijks een fietsenspeurtocht door de bossen en hei van het landgoed. Samen met de onmisbare hulp van Van Duinen zet hij een spoor uit met opdrachten die de kinderen met nichtjes, neefjes en vriendjes twee aan twee ieder per fiets moeten afleggen. Na afloop reikt hij in de woonkamer prijzen uit, per niveau, want ook volwassenen doen mee. Zoals Manelle, de Zwitserse gouvernante, die na de geboorte van dochter Renée, in 1933, in huis komt en gedurende ongeveer tien jaar lang als het hoofd van het gezin fungeert.

Als de familie vanuit Delft naar de Ullerberg gaat, reizen ze met twee auto's, met chauffeur, dienstbode én met Manelle. En alle eigen fietsen gaan mee. Een ware verhuizing. Manelle ontbijt, luncht, eet 's avonds met de kinderen, en zorgt voor hun kleren. Ze draagt altijd een witte kap op het hoofd, als een soort non, maar ze neemt ook met plezier deel aan de fietsenspeurtocht.

In 1935, een dag voor de dood van zijn vader, wordt Frans jr. tot directeur van de NG&SF benoemd naast zijn broer Herman. Hij zal een uiterst belangrijke rol gaan spelen in de ontwikkeling van de microbiologie. Naast alle aandacht die naar de fabriek gaat, zullen de broers het beheer van het landgoed op zich nemen, terwijl Aline zich dan voornamelijk bezighoudt als first lady van de gistfabriek.

10. VAN DUINEN

Dirk van Duinen wordt in 1886 geboren op het Kleine Erf, iets ten oosten van de zuidoost punt van het landgoed. Als Pieter Peereboom in 1910 het stuk land van Sandberg koopt, komt Van Duinen bij hem als boswachter in dienst. In 1911 trouwt hij met Gerritje, dochter van de tolgaarder van Staverden, en samen met zijn bruid neemt hij in hetzelfde jaar nog zijn intrek in het pas gebouwde jachthuis van Peereboom als huisbewaarder en bosbaas.

Twee jaar later vestigt het jonge gezin zich met één kind in de nieuwe boswachterswoning. Even ziet het er naar uit dat Van Duinen halverwege 1919 de Ullerberg definitief verlaat wegens moeilijkheden over zijn salariëring, ongetwijfeld te wijten aan de penibele financiële situatie van Peereboom, want dan vertrekt hij met vrouw en vier kinderen naar Staverden en neemt Arie den Besten zijn plaats als boswachter in. Maar wanneer er een serieuze koper op het toneel verschijnt, komt hij in april 1920 met zijn gezin weer terug om het huis en de boswachterspost niet meer te verlaten totdat hij in 1965 overlijdt.

De oude Van Duinen, zoals de familie hem later noemt ter onderscheiding van zijn neef en opvolger Gerrit van Duinen, is een kleine, vriendelijk ogende man, altijd gekleed in een groene ribfluwelen broek met een pet, die hij steevast afneemt als hij binnenkomt. Hij is door en door vertrouwd met de Veluwse natuur. Frans´ jongste zoon, Eg, zal later zeggen: 'In den beginne was de Ullerberg woest en ledig, maar … daar was Dirk van Duinen. Steunend op zijn geloof en overtuiging, dat Onze Lieve Heer de aarde aan de mensch in bruikleen heeft gegeven, met de opdracht deze tot het welzijn der menschen in cultuur te brengen, is hij er in geslaagd op de armste grond een oogstrelend bosch te doen verrijzen.'

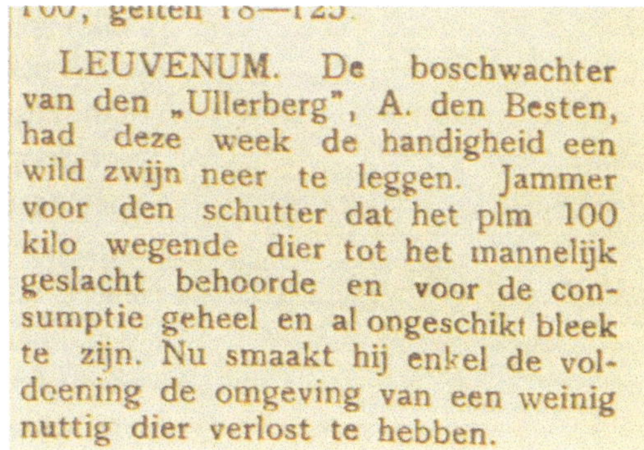
LEUVENUM. De boschwachter van den „Ullerberg", A. den Besten, had deze week de handigheid een wild zwijn neer te leggen. Jammer voor den schutter dat het plm 100 kilo wegende dier tot het mannelijk geslacht behoorde en voor de consumptie geheel en al ongeschikt bleek te zijn. Nu smaakt hij enkel de voldoening de omgeving van een weinig nuttig dier verlost te hebben.

Overveluwsch Weekblad, 15 oct. 1919

Zonder Van Duinen geen Ullerberg. De bosbaas staat met hart en ziel voor de zaak. Hij beheert het bos: de houtkap, houtverkoop en aanplant. Hij maakt onder andere het Grote Vak in de noordwest hoek van het terrein exploitabel. Ook beheert hij de zand- en grindafgraving, bewerkt het roggeveld, waarop afwisselend aardappels, rogge en lupines worden verbouwd, en onderhoudt hij de moestuin, de bloementuin en het Grote Huis. Hij kan met alle verschillende familieleden goed opschieten en wordt nooit boos. Heleens dochter Ruerdje, inmiddels 91, vertelt: 'Ik ging dagelijks naar hem toe. Daar was ik Ruudje en hij had een moestuin. Daar zaten worteltjes in en ik was gek op worteltjes en hij zei: "Ruudje dat moet je niet doen, je trekt al die worteltjes eruit, ze zijn nog te klein. Ruudje, wil je dat niet meer doen…" Nooit waren ze boos, dat was zo fijn hè, die mensen.'

Ruerdje herinnert zich ook het boswachtershuis: 'Als je naar binnenging, kwam je in de geitenstal, daar stonden de geiten. Het rook allemaal zo geheimzinnig. En dan zag je die vrouw, Gerritje.

Helemaal in het zwart. En zondags mochten ze niets, niet eens een lichtknopje aanraken!'

Zondags gaan ze natuurlijk naar de kerk, in het zwart, eerst met paard en wagen, waarmee Van Duinen de familie ophaalt die met de trein naar de Ullerberg komt. Later gaan ze met de fiets.

Als de weersomstandigheden erom vragen, zorgt Van Duinen voor de kachels. Sowieso altijd eerst het kolenfornuis in de keuken. Verder staat in iedere kamer een potkachel. Vijf beneden en minstens zes boven. Hij zorgt ervoor dat niemand in een koude kamer gaat slapen. En 's ochtends vroeg rond zeven uur, als iedereen nog op één oor ligt, gaat hij stilletjes alle bewoonde kamers binnen met kolen en hout om de kachels op te stoken, zodat niemand rillerig hoeft op te staan. Hij kan ook als geen ander de open haard klaar leggen: een prop van een krant met één punt uit de korf om met een lucifer aan te steken, aanmaakhoutjes erop draperen en daarop zorgvuldig enkele gekloofde blokken hout leggen. Jarenlang doet hij dat iedere ochtend als 's avonds de haard heeft gebrand en dat is, als er familie is, elke avond.

Om het hout te zagen en te kloven krijgt hij in 1924 hulp van Jan van Roozelaar, die dan als veertienjarige dagelijks uit Speuld komt fietsen en hem ruim veertig jaar zal bijstaan met alle boswerkzaamheden. 'Het was kleine, aardige man, de hulp Jan van Roozelaar', vertelt Heleens dochter Kia. 'Hij hielp mee met het maken van paden, en als wij dan als kind van acht of tien langskwamen of fietsten, dan stond hij daar te scheppen met een schop of te vegen met zo'n echte heksenbezem van takken, en zei: "Dag, juffrouw." Hij wist natuurlijk precies hoe we heetten, maar op ons tiende waren we "Juffrouw". Onbegrijpelijk.' Roozelaar heeft ook een beetje verstand van golfen, want als Frans tijd heeft om te spelen, gaat hij als caddie mee.

Op zijn rustige, bescheiden manier houdt Van Duinen de wind eronder. Op een avond wil Aline een pannetje met restjes van de maaltijd meenemen naar Delft. Om hen uitgeleide te doen staat hij tussen de schuifdeuren van het huis en de auto, met zijn pet op. Hij kijkt naar mevrouw Waller die in de auto wil stappen en zegt alleen maar: 'Dat pannetje, mevrouw.'

Is tegenwoordig een jachtdiploma verplicht om te mogen jagen, in het begin van de vorige eeuw kan je als bezitter van een landgoed, als 'heer', gewoon een jachtakte kopen. Dat is een 'heerlijk' recht. Frans doet dat dan ook, maar omdat hij zelf niet jaagt en zijn zoons ook niet, geeft hij de akte aan zijn boswachter, wat grote verontwaardiging wekt bij de buren, de adellijke familie Sandberg die in het Huis te Leuvenum woont. Van Duinen wordt een uitstekend jager. Hij houdt het wildbestand op de Ullerberg op peil en schiet zo nodig een edelhert, een ree, of, als de greens van de golf dat vereisen, een wild zwijn. En heb je het geluk Oud en Nieuw op de Ullerberg te vieren, dan schiet hij met zijn jachtgeweer het nieuwe jaar in.

ULLERBERG. Een dezer dagen gelukte het den boschwachter D. van Duinen een oude moervos te bemachtigen.

De Harderwijker, 2 mei 1928

Ondertussen neemt Frans in mei 1925 onder veel gejuich en gejubel in Delft afscheid als directeur van de NG&SF na veertig jaar directeurschap. Van Duinen zal hem overtreffen: hij haalt vijftig jaar boswachterschap. En zoals Frans aan de onderneming verbonden blijft als gedelegeerd commissaris, zal van Duinen een scherpzinnig oogje blijven houden op 'de zaak.'

11. DOROTHEA EN HET ZEEMANEFFECT

Dorothea is dol op haar kleinkinderen. Ze moet er lang op wachten. Haar oudste dochter El is nog steeds kinderloos en de eersteling van dochter Toot is vlak na de geboorte overleden. Daarna wordt in 1920 Lily geboren en in rap tempo zijn er in zes jaar zes bijgekomen, op één na allemaal meisjes. Kleindochter Kia vertelt: ´Grootvader was groot en imposant en begreep kleinkinderen niet.[*4] Grootmoeder Door wel, ze was erg lief en belangstellend, maar ze was ziek en lag vaak in bed en dan kon je haar alleen een handje geven.' Doors ziekte is mede de reden van de aankoop van het landgoed. Met haar zware reuma kan ze de zeelucht niet meer verdragen en moet ze de droge bossen in. Ze wordt verzorgd door de strenge zuster Hingman, die altijd tot en met haar schoenen in het wit gekleed gaat. En in het Grote Huis wordt een liftje geïnstalleerd waarmee Hingman Door met rolstoel en al naar haar slaapkamer kan brengen. Dat liftje wordt na haar overlijden, in december 1931, in Heleens huis gemonteerd.

Kleinzoon Fransje ziet de speciale grootmoederauto nog voor zich: 'Een hele grote auto, die was van achteren heel groot, dan kon ze er met de rolstoel in, en zo werd ze naar de Ullerberg gebracht. Met die auto, dat deed Penni dus.' Ik ben die auto nergens tegengekomen, Fransje is van '28. Misschien heeft hij het van horen zeggen, of toch van een foto, of het is ontsproten aan zijn fantasie. Hoe dan ook, Door vindt het heerlijk op de Ullerberg en het is ook goed voor haar reuma.

'In den beginne was de Ullerberg woest en ledig'. Om het huis ligt grind, de lage begroeiing is nog pover en er is nog geen gazon aangelegd. Daar wil Door wat aan doen. Terwijl zij met schoondochter Corrie Zeeman, die haar aan de tuinbouwschool voor meisjes opgedane kennis graag wil toepassen, uit het raam van de terrasdeuren kijkt en het smalle zandpad ziet dat westwaarts richting roggeveld loopt, krijgen ze een idee. Een brede laan geflankeerd door hoge bomen geeft een buitenplaats allure, en samen nemen ze de leiding over de uitwerking van een zichtas: een breed pad tussen twee rijen hoge bomen, lijsterbessen en douglassparren, wat een aanlokkelijk uitzicht vanuit de woonkamer moet worden.

De techneuten die de creatieve vrouwen omringen, zijn bekend met het zogenaamde Zeemaneffect, waarin spectraallijnen en magnetische velden een complexe rol spelen. Wanneer de droom van de zichtas, met de onmisbare hulp van Van Duinen, verwezenlijkt is, noemen ze die statige laan die je langs rechte lijnen meevoert naar een verre mysterieuze horizon, met een knipoog naar Corrie, het Zeemaneffect. Andere familieleden spreken van de Tante Cor-Allée. Of ook wel van de Doorkijk. Voor de aanleg van het grote grasveld eind jaren vijftig, wordt er een aantal coniferen gerooid. Maar met de nodige en onnodige veranderingen die de bomenrijen in de loop der jaren ondergaan, functioneert het Zeemaneffect nu nog steeds naar behoren.

Indachtig haar groeiende kleinkinderschaar komt er bij Door nog een analogie met de grote buitenplaatsen op. Zo heeft Juliana op het Loo haar eigen speelhuisje met een echte keuken, erfenis van haar moeder, waar de prinses zelf mensen kan leren ontvangen, op de thee bijvoorbeeld. Geanimeerd door dat idee laat Door aan het eind van de Doorkijk aan de rand van de kleine zandkuil een kinderhuisje bouwen.[*2] De afmetingen zijn echter zo bescheiden dat het ook wel het poppenhuis wordt genoemd. Het heeft geen keuken, wel twee kamertjes met een schuifdeur, vier ramen die echt open kunnen, en een veranda. Maar de kinderen vinden het prachtig en de ontvangst die ritsen kinderen jaar in jaar uit voor hun volwassen bezoek bereiden, bestaat uitsluitend uit zandtaartjes.

Tijdens haar zomerverblijf haalt Door paarden naar de Ullerberg. Onder andere voor Corrie, die graag paardrijdt en met wie ze het goed kan vinden. Soms neemt Corrie haar plaats als 'first lady' van de gistfabriek over, naast haar schoonvader, als het Door te veel is. Samen verfraaien ze de perken in de bloementuin met theerozen, lathyrus en dahlia's, zodanig dat er in elk seizoen bloemen bloeien om de zitkamer en de eettafel mee op te fleuren. En er komt een huisje in de tuin dat mee kan draaien met de zon, waar Door veel gebruik van maakt vanwege haar reumatische lijf. Wellicht komt het door het enthousiasme van de vele (achter)kleinkinderen die het draaihuisje voor andere doeleinden gebruiken, dat het draaimechanisme tegenwoordig is uitgeput en het huisje statig en geduldig in zuidelijke richting staat uit te kijken.

Ik heb mijn overgrootmoeder niet gekend, maar als ik een foto van haar bekijk waarop ze al grijze haren heeft, en de tekst van haar EX LIBRIS – *WHEN THERE IS A WILL THERE IS A WAY* - in gedachten houd, zie ik een lieve, standvastige, intelligente vrouw, die de rol die het leven haar heeft toebedeeld, met volharding, compassie en berusting vervult. Naast echtgenote van de directeur is ze sociaal bewogen, gezien de functies die ze bij de gistfabriek bekleedt, in het spoor van Van Markens vrouw Agneta. Zo is zij de ziel van het 'Schoolfeest', het jaarlijks festijn voor alle kinderen van de werknemers van de gistfabriek. Ongetwijfeld heeft ze ook een gezonde dosis humor gehad. Kleindochter Marga vertelt: 'Het moet een leuk mens geweest zijn. Het gekste verhaal is van kerstmis. De kerstboom vloog in brand. Je had toen echte kaarsjes, er stond altijd een emmer water bij. Er werd nog een emmer water bij gehaald, de boom werd neergehaald, het vuur gedoofd en toen: "Oh, je m'évanouis" zei de gouvernante. Toen pakte grootmoeder de emmer en gooide het water zo over de juffrouw heen.'

12. EG EN DOJAN

Als in de nacht van 6 op 7 oktober van 1928 om drie uur de klokken een uur worden teruggezet vanwege het einde van de zomertijd, zijn Frans en Door Waller-Vreede net bekomen van alle hartelijke feestelijkheden rond hun veertigjarig huwelijk.

Veertigjarig huwelijk Frans en Dorothea Waller-Vreede 1920 vooraan: Herman, Lily, Frans jr., links Toot, Dorothea, Corrie, Frans, Heleen achterste rij: Peter, Paul, El, Eg, Tjalling

Ze kunnen nu bogen op elf kleinkinderen: vier van Herman, één van Toot, twee van Frans jr. en vier van Heleen. Alleen hun jongste zoon Eg is nog niet getrouwd. De eigenwijze Egbertus Jacobus kan als benjamin van het gezin aan de druk van de gistpers ontsnappen en gaat niet aan de TH in Delft studeren, maar rechten in Amsterdam. Hij wordt lid van de studentenroeivereniging Nereus. In augustus 1928 neemt hij deel aan de Olympische Zomerspelen in Amsterdam, als roeier van de vier zonder stuurman. Tot ieders teleurstelling behaalt hij geen medaille. Misschien wel omdat zijn trouwe metgezel, Dojan, niet mee mocht in de boot.

Eg met Dojan

Eg heeft het beest gekocht als een afgerichte politiehond die te nerveus is om als zodanig dienst te doen. Ze zijn onafscheidelijk. Dojan kan alles. 's Morgens apporteert hij op commando één voor één alle kledingstukken naar zijn baasje. Hij gaat zelfs mee naar de opera, totdat hij een keer gaat meehuilen met de aria die op het podium ten beste wordt gegeven. En Dojan voelt zich helemaal thuis op de Ullerberg. Het dier heeft ook menselijke trekjes: hij is jaloers. Claar, Eg's verloofde, is niet erg blij met de hond. Als Eg toenadering tot haar zoekt, laat hij grommend zijn tanden zien.

Direct oostelijk van de strook grond waarvan het bezit nog steeds wordt betwist, strekt het terrein van Sandberg zich uit. Samuel Johannes Sandberg is in 1816 in de adelstand verheven. Sinds 1921 woont de familie in het huis te Leuvenum, dat in dat jaar nieuw wordt opgebouwd naar het voorbeeld van hun kasteel de Essenburgh in Hierden. De familie Waller is niet van adel. De jonkheer en de freule Sandberg beschouwen hen als een vreemde eend in de bijt, omdat ten oosten van hun terrein een telg uit het patriciërsgeslacht s'Jacob het kasteel Staverden bestiert en ten noorden graaf van Limburg Stierum op het landgoed het Roode Koper woont. Bovendien bewoont de familie Waller huize de Ullerberg niet continu. En, dat is het toppunt, naar hun adellijke opvatting is het volledig misplaatst dat een boswachter het recht krijgt om te jagen. Ze bewaken hun terrein en anderen mogen daar niet jagen of wandelen. Wanneer Dojan op een herfstmiddag eind jaren twintig de grensweg oversteekt, al kwispelend en snuffelend over de twijfelstrook loopt en zich op het gebied van Sandberg begeeft, klinkt er ineens een schot. De hond wordt dodelijk getroffen.[*3] Sindsdien is Sandberg voor alle leden van de familie Waller en aanverwanten 'de vijand' en is het naburige terrein streng verboden voor kinderen. Ze worden steeds weer gewaarschuwd: 'Denk erom! Er liggen voetangels en klemmen!' En andersom, als de jeugdige freules te paard over de grensweg stappen en ze komen de keurig geklede meneer Waller tegen, steken ze hun tong naar hem uit.

De vete duurt nog heel lang voort. Geertje, de vrouw van Gerrit van Duinen, opvolger van Dirk, vertelt: 'Ik weet wel dat de familie niet bij Sandberg kwam, daar hadden ze onenigheid mee, vanwege de jacht met die hond. Onze kinderen gingen in Leuvenum naar het schooltje. Mevrouw Sandberg leefde toen nog en die dochters – nu leeft er niks meer van – die gaven met Sinterklaas en met Kerstmis een middagje daar thuis voor de kinderen uit Leuvenum. Ze mochten dan komen voor een cadeautje en chocolademelk en zo. De hele school ging er heen, maar onze kinderen hoorden bij de Ullerberg, die mochten daar niet komen.' Dit speelt begin jaren zestig.

De eerste stap naar het bijleggen wordt gezet als Eg in april 1963 op een vergadering van Faunabeheer voor het eerst oog in oog staat met freule Sandberg. In een brief aan zijn broer en zussen doet hij verslag: 'Ter vergadering trof ik een gemêleerd gezelschap van jagers, jachtopzieners, grondeigenaren, hertendeskundigen etc., mitsgaders de freule Sandberg, die een kreet van ontzetting niet kon onderdrukken mij te zien, waarop ik repliceerde dat ik geen veertig jaar de gelegenheid had met haar kennis te maken…'

De laatste freule overlijdt in 2014. Dan is er al wel samen thee gedronken. Tegenwoordig is Het Huis te Leuvenum met het landgoed ondergebracht in de Stichting Sandberg te Leuvenum en niet vrij toegankelijk.

13. VOORUITGANG

Tegen het eind van de jaren '20 beginnen zich donkere wolken af te tekenen aan de economische hemel, maar over de NG&SF valt geen enkele schaduw. Frans, in wiens EX LIBRIS staat: DOE HET NU, besluit zonder aarzelen tot verbouwing van het Grote Huis. De schouw in de keuken wordt verplaatst en er komt een gang tussen de keuken en de eetkamer. Naast de terrasdeuren van de zitkamer wordt een extra raam gemaakt om meer licht binnen te laten en daarboven een klein houten balkon met openslaande deuren. Drie nieuwe dakkapellen op de vliering zullen zorgen voor meer ruimte voor het personeel. De nieuwste technische ontwikkelingen zijn natuurlijk koren op Frans' molen en in maart 1928 wordt het huis aangesloten op het eerste Rijkstelefoonkantoor. Telefoonnummer 11. Nu kan hij ook op de Ullerberg bellen zonder tussenkomst van een telefoniste.

- Als nieuwe abonné is aan het
kstelefoonkantoor alhier aangeslo-
: Dr. F. G. Waller, Ullerberg
uvenum), onder telefoonnummer 11.

De Harderwijker, 30 mrt 1928

Het jaar daarop verzoekt hij de PGEM (Provinciale Gelderse Electriciteits Maatschappij) in een netjes getypte brief met een doorslag van carbonpapier, 'de buitenplaats Ullerberg met bijgelegen Boschwachterswoning en chauffeurswoning' te voorzien van elektriciteit.

'…De installatie voor het huis zou waarschynlyk omvatten ongeveer 50 lichtpunten, met nog een reserve voor een kleine ysmachine en een kleine motor voor een waterpomp.'

IJsmachine? Voor koele drankjes zeker. De waterpomp is zonder twijfel voor de watertoevoer naar de keuken en de badkamer. Stel je voor, in de grote badkamer boven staan een emaillen badkuip op pootjes en een grijze potkachel die je met hout moet stoken. Kia herinnert zich de badsessies nog: 'Het water werd opgepompt, bij de garage daarachter, en werd naar boven gewerkt op de zolder.

Daar stond een groot houten ding waar het water in kletterde, en dan kon je het beneden aftappen. En als je in bad wou, in de badkamer, ijskoud, had je een grote hoge kachel, daar moest je kleine stukjes hout in doen, en dan was het zalig warm, maar je moest wel een paar keer het bad uit om die even bij te vullen.'

Tot Frans' genoegen wordt in mei 1931 begonnen met verbreding en asfaltering van de grindweg Harderwijk-Leuvenum, die vlak langs het landhuis loopt. Dit betekent autorijden met hogere snelheid. Intussen is de wegenbelasting al ingevoerd en ook het rijvaardigheidsexamen. Frans verneemt dat s'Jacob Sr. van kasteel Staverden tot rijinstructeur is gepromoveerd. De toets bestaat uit twee onderdelen. Je moet een rondje om het gazon van het kasteel rijden en vervolgens achteruit de garage in manoeuvreren. Of de buurman Penni en Frans het examen heeft afgenomen, vertelt het verhaal niet, maar ze vinden het allebei ongetwijfeld een koud kunstje.

De laatste verbouwing die Frans laat uitvoeren betreft de eetkamer: een uitbouw van een kleine anderhalve meter over de volle breedte. Vast en zeker om de door hem ingestelde Paastraditie te kunnen voortzetten: aan alle kinderen en kleinkinderen die rond de grote tafel zitten, vertelt hij dan het verhaal van de Kampersteur en aansluitend eten ze 'Kampersteur': een karrevracht eieren met mosterdsaus.[*14] Aan de geheel uitgeschoven tafel in de uitgebouwde eetkamer passen wel vijfentwintig mensen. De traditie wordt jarenlang door de verschillende takken in ere gehouden. Een bindend element, zo'n tafel. Maar je moet je wel weten te gedragen. De tafelmanieren worden met de paplepel ingegoten. De twaalfjarige Doortje schrijft haar grootvader na de zomer van 1933:

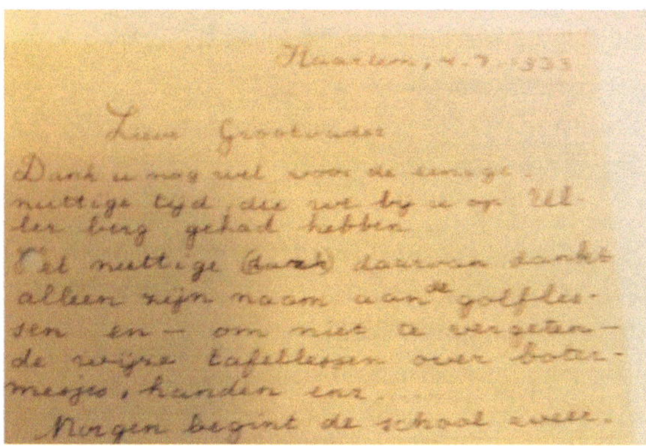
Haarlem, 4.9.1933

Lieve Grootvader

Dank u nog wel voor de eenige, nuttige tijd, die we bij u op Ullerberg gehad hebben.
Het nuttige (daar) daarvan dankt alleen zijn naam aan de golflessen en – om niet te vergeten – de wijze tafellessen over botermesjes, handen enz. ...
Morgen begint de school weer.

Lieve grootvader, Dank u nog wel voor de eenige, nuttige tijd, die we bij u op Ullerberg gehad hebben. Het nuttige daarvan dankt alleen zijn naam aan de golflessen en – om niet te vergeten – de wijze tafellessen over botermesjes, handen enz. Morgen begint de school weer. . . .

14. FEEST

Op 19 april 1930 viert Frans zijn zeventigste verjaardag. Zijn kleinkinderen en El's pleegkinderen brengen hem hulde in de vorm van een zorgvuldig door de ouders gecomponeerd toneelstukje met voordrachten en liedjes. Dat de García-mentaliteit hoog in het vaandel staat, blijkt direct uit het beginlied, dat de goegemeente van de tweede generatie in matrozenpakjes met serieuze gezichten vanuit een zelf gefabriceerde zeilboot zijn grootvader toezingt:

García! García!
Is onze strijdkreet.
García! García!
Roep je als je het niet weet.
....
Wie wil die kan, dat moet je leeren,
Want met die spreuk kan niets je deeren.
Roept dus maar uit als eene man:
"Wie wil, die kan!"

Vervolgens verschijnen er een voor een de kleinkindsterretjes die het licht van grootpa verspreiden. Lily, de oudste, begint:

Ik kom uit de hemel gevallen
Al ben ik geen vallende ster
Mijn schijnsel, ge kent het wel allen,
Want ik schijn er zoo hoog en zoo ver.

Ik ben 't licht, dat Uw leven
Uw wezen en daden verspreidt.
Datgene wat U wist te geven
En ons ten voorbeeld geleidt.

Ik ben niet alleen hier gekomen.
Mijn broertjes en zusjes staan klaar.
Elk wil U het zijne vertoonen.
Op den dag van Uw 70 jaar.

Boven v.l.n.r Elisabeth, Frans H, Lily, Elbert, Doortje, Kia, Carlijn.
Vooraan: Fransje, Eveline, Cara, Ruerdje, Tjalling

Daarna komen alle andere kleinkinderen aan de beurt en allemaal belichten ze jubelend een bepaald aspect van hun grootvader. De verjaardag gaat ook niet aan zijn werkkring voorbij. Vanuit de fabriek komen felicitaties:

Wij kunnen hem de verzekering geven, dat zijn voorbeeld van hart en ziel mede te leven met de fabriek en personeel een krachtige prikkel is tot de juiste vervulling van ieders taak in het belang voor het geheel.

Dit sluit helemaal aan bij de leuze die van Marken had geïntroduceerd: 'De fabriek voor Allen, Allen voor de fabriek.' En ondanks de toenemende economische crisis – buurman s'Jacob van Staverden ontslaat zijn chauffeur en timmerman – viert de NG&SF in mei van dat jaar haar zestigjarig bestaan met uitbundige festiviteiten.

Het landgoed Ullerberg zal zich in de loop van de tijd ontpoppen tot een ideale en legendarische plek voor allerlei festiviteiten voor vele familieleden. Maar in de eerste decennia gaat het er nog niet zo uitbundig aan toe. Alhoewel Frans niet zoveel heeft met kinderen, vergeet hij hun verjaardagen niet. 'Hij schreef altijd een heel aardig briefje als we jarig waren', weet Kia nog: "'Lieve Kia, gefeliciteerd met je verjaardag." Het cadeautje liet hij dan meestal bezorgen. En als we tien werden, kregen al zijn kleinkinderen een fiets van hem. Zoiets geweldigs. Wij liepen naar school, van fietsen was geen sprake. Het was zo'n grote mensenfiets – kinderfietsen had je toen nog niet – met van die vierkante houten blokken op de trappers. Heel zwaar, maar het was wel míjn fiets.' Afgezien van feestelijkheden zoals verjaardagen, zitten de kinderen op de Ullerberg altijd in de kinderkamer met hun kinderjuf, en voordat ze bij grootvader binnen mogen komen en *acte de présence* mogen geven, moeten ze te allen tijde eerst netjes worden aangekleed en opgepoetst[*4]. Kia vertelt dat het gezin van moeder Heleen, veel en graag, ook met de grootouders, op de Ullerberg vertoeft, omdat dat voor hen een acceptabele en heerlijke manier van vakantie houden is. Zes zomerse weken lang. De anderen kunnen zich buitenlandse reizen veroorloven en doen dat dan ook. Frans en Aline gaan dikwijls naar Zwitserland. Soms zijn ze gezellig samen met het gezin van Corrie en Herman. Dan zijn de mannen meestal aan het werk, Tjalling met zijn patiënten en Herman met de fabriek. Na de oorlog verandert alles.

15. VERLIES

Aan het eind van 1931 krijgt Frans een groot verlies te verwerken: 19 december overlijdt Dorothea, zijn 'echt Hollandse, lieve, verstandige vrouw', volgens Frederik van Eeden. Ze is 68 geworden. De hele familie huilt, op de Veluwe treurt de familie Van Duinen en boven op het dak van het landhuis draait de windvaan met Thors hamer richtingloos in het rond. Op de gebouwen van de gistfabriek in Delft wordt de vlag halfstok gehesen. Naast het warme hart dat zij de buitenplaats heeft toegedragen, heeft ze ook veel voor de fabriek betekend. Haar motto zou geweest kunnen zijn: 'De fabriek gaat vóór'. President-directeur Dick van Leeuwen, Frans' volle neef,

Dorothea

zwaait haar lof toe over hoe zij de rol van echtgenote van een ondernemer heeft ingevuld: 'Dat opofferende leven is het lot van de vrouw van den industrieel, dat als het gedragen wordt zoals zij dat deed, recht geeft op onze warme dankbaarheid.' Haar warmte is nog op de Ullerberg voelbaar in de bloemenperken in de tuin, het nu statige draaihuisje en de kleuren die zij de slaapkamers gaf, die nog steeds zo worden aangeduid: de groene, blauwe, rode en gele.

Een half jaar later wordt ook Corrie geprezen om de wijze waarop zij het mogelijk heeft gemaakt dat haar man zich ten volle aan de fabriek heeft kunnen wijden. Herman viert dan zijn 12½ jarig jubileum. Dick van Leeuwen looft hem om zijn grote technische en mechanische kennis en: 'nu kom ik op een punt waarover de jubilaris liefst het stilzwijgen bewaart, namelijk dat hem door zijn beperkt gezichtsvermogen moeilijker dan anderen valt zijn werk te doen. Het wordt als den grootsten triomf voor den jubilaris beschouwd dat hij niettegenstaande dezen ernstigen handicap, dankzij een geweldige krachtsinspanning zijn taak heeft vervuld op een wijze welke onder geheel normale omstandigheden niet verbeterd zou kunnen worden.' Corrie is dan zwanger van haar vijfde en laatste kind en voelt zich niet echt gelukkig.

16. AFSCHEID

Als in maart 1934 het land in rouw is gedompeld vanwege het overlijden van de Koningin-moeder Emma, denkt Frans even terug aan het bezoek dat zij als regentes met koningin Wilhelmina in 1892 aan het Agnetapark bracht. Drie maanden later sterft Prins Hendrik. In mei 1917 heeft de prins met veel enthousiasme de Gistfabriek bezocht. Frans heeft in 1932 zijn testament al opgesteld, waarin hij zijn zoons Herman en Frans jr. tot executeurs testamentairs benoemt. Drie weken na zijn 75ste verjaardag blaast hij op 10 mei 1935 zijn laatste adem uit. Fransje kan het zich nog herinneren: 'Mijn vader heeft me meegenomen naar zijn sterfbed. Het was helemaal wit. En ze hadden een krans gemaakt van alle rododendrons uit de tuin. Ik heb het nog op mijn netvlies.'

Herman

Dat is in Delft, Plantage 29, in het enorme herenhuis dat Frans heeft laten bouwen op loopafstand van de fabriek. Op de Ullerberg rouwt Van Duinen. Thor legt zijn hamer neer en pinkt een dikke traan weg. De rododendronstruiken om het Grote Huis bloeien wit.

Tot op het laatste moment is Frans bezig geweest met de regie van het landgoed. Hij is in correspondentie verwikkeld met de gemeente Ermelo over de verkoop van twee stroken grond in de noordwest hoek van het terrein ten behoeve van de aanleg van een nieuwe weg Harderwijk- Apeldoorn. Ook hier laat hij zijn ondernemersmentaliteit gelden. Dit probleem zullen zijn zoons in zijn geest gaan aanpakken.

Indrukwekkend is de uitvaart als de fabrieksfluit over de stad klinkt en de vlaggen op alle Delftse fabrieken halfstok hangen. Er zijn toespraken waarin zijn leven in lovende woorden wordt geschetst. En in de Fabrieksbode, het allereerste bedrijfsorgaan, gesticht door van Marken, wordt een gedicht opgenomen dat ook van toepassing is op zijn buitenplaats, waarvan de laatste strofe luidt:

geen leegte… Neen! Uw Woord en Daad
blijft achter als een vruchtbaar zaad:
veel zal de wereld van U erven,
U leefde om te kunnen sterven.

Frans Waller laat zijn zes kinderen een 'geciviliseerde' Ullerberg na, een flink kapitaal op de bank, een groot pakket aandelen, en een aantal onroerende goederen in Delft. Herman heeft vijf nazaten, Toot één, Frans jr. drie, Heleen ook vijf, en Eg twee en de derde op komst. Zestien kleinkinderen. Dochter El heeft vier geadopteerde kinderen Reynvaan. Zullen zij ook mee gaan doen als erfgenamen? Vooralsnog heerst er enigheid. De leuze lijkt nu te worden: De Ul voor allen, Allen voor de Ul.

Hamertje Tik I

GLAS-IN-LOOD

Boven de glazen schuifdeuren die toegang bieden tot het jachthuis bevinden zich drie, deels gebrandschilderde glas-in-lood ramen. Deze schuifpui met ramen is zes jaar na de bouw van het huis gerealiseerd, tijdens de verbouwing in 1916, tegelijkertijd met de grote centrale hal. Als je in de hal op de bank tegenover de schuifdeuren zit en omhoog kijkt, kun je de afbeeldingen op de ramen goed zien. In het rechter raam zie je het belangrijkste symbool van het landgoed: de hamer van de dondergod Thor, Mjöllnir geheten. Die naam staat er ook in runenschrift boven. Uit de cirkel waarin de hamer is gevat, schieten drie bliksemschichten. En binnen in de cirkel rondom de hamer zitten tekenen van zijn magische kracht. De gele kleur verwijst naar het Veluwse zand.

Het verhaal vertelt dat Thors stiefzoon Ullr zich op een gegeven moment vreselijk had misdragen. Zou hij zijn vaders hamer stiekem hebben gebruikt? Zou hij op zijn vaders zere tenen hebben getrapt? Zou hij iets met zijn moeder Sif hebben uitgehaald? Dat vertelt het verhaal niet, maar het kon beslist niet door de beugel, want Thor werd razend. Hij gromde gruwelijk in zijn rode baard, en terwijl hij in zijn woest rollende, met twee bokken bespannen wagen over de eindeloze donderwolken reed, pakte hij Mjöllnir en slingerde de hamer uit alle macht naar beneden, naar de aarde. Op de plek waar de dondermoker terecht kwam, ontstond een hoge berg van zand. Daar werd Ullr naartoe verbannen. Mjöllnir keerde, zoals het magisch gereedschap betaamt, als een boemerang terug in de rechterhand van de eigenaar, die daartoe een ijzeren handschoen droeg. Na deze woede-uitbarsting kon Thor weer verdergaan met zijn dagelijkse bezigheden: orde in de chaos scheppen, andere reuzen verslaan, en huizen en families beschermen.

Ullr moest zijn paleis Ydalir, wat taxusdal betekent, verlaten en verhuizen naar de zandberg, die weldra Ullerberg werd genoemd. Deze naam is later, toen de verbondenheid van de Veluwebewoners met Noordse goden zoals Thor en Ullr verzandde, soms verbasterd tot Ulenberg of ook wel Uilerberg. Maar lange tijd was Thors stiefzoon geliefd en bekend als de god van de jacht, de winter, de weide en de akkers. Hij was een uitzonderlijk goed skiër en een uitmuntend boogschutter. Zijn bogen maakte hij van het taaie, harde taxushout. Op het landgoed staan ook een aantal bejaarde taxusbomen.

Hoogstwaarschijnlijk heeft de eerste eigenaar, die het jachthuis heeft laten bouwen en het de naam Ullerberg heeft meegegeven, die ter ere van de god Ullr daar geplant. Werd lang geleden het hamerteken van Thor als een talisman om de hals gedragen, tegenwoordig dragen skiërs en jagers veelal een penning van Ullr als skiër en boogschutter met zich mee.

Het linker raam bevat een zandkleurig schild met drie bloemen en een slang. Het is het wapen van het graafschap Gelre met drie Gelderse rozen, omwrongen door een akelig beest, dat met één klauw het schild vastgrijpt. Hierover gaat ook een verhaal. Aan het einde van de negende eeuw woonde bij het plaatsje Geldern nabij Keulen, in het gebied van de heer Pont, een vervaarlijke draak. Dat ondier voedde zich met het vee van de bewoners uit de streek en met zijn verderfelijke adem blies hij alle levende wezens die bij hem in de buurt kwamen de dood in. Tot overmaat van ramp uitte hij regelmatig een vreselijke kreet die door merg en been ging en die klonk als 'Gelre! Gelre!'.

De heer Pont had twee dappere zonen, Wychard en Lupold. Zij konden niet langer aanzien hoe hun medemensen werden geteisterd door het hellemonster en besloten samen de strijd met het dier aan te binden. Naar men zei, verbleef het beest onder een grote mispelboom. Op een nacht, het was volle maan, gingen de twee christenbroeders op pad. De jongelingen droegen geen Mjöllnirs, maar ieder droeg een vlijmscherp zwaard dat reeds door zevenentwintig onverschrokken voorzaten met eer was gedragen en in wijwater was gedoopt. De dorpelingen die hen zagen gaan, sloegen een kruis en prevelden een gebed voor de moedige mannen.

Het beest verried zijn verblijfplaats zelf. Zijn gloeiende ogen lichtten op als vuurballen. Hij sperde zijn muil wijd open en blies zijn vuile adem in dikke wolken uit. God aanroepend vielen Wychard en Lupold het helse dier aan met hun zwaarden. Een hevige worsteling volgde. Oorverdovend krijste het beest 'Gelre! Gelre'! Maar dat was voor het laatst. Kort daarop zeeg het monster onder de mispelboom voor de voeten van de jonkmannen ineen. Ten teken van hun overwinning hakten de jongelingen drie mispelbloemen van de boom en namen die mee. De bewoners van de omgeving waren zo gelukkig dat zij de twee ridders tot hun leiders uitriepen. Bij de plek waar de draak werd gedood bouwden Wychard en Lupold een kasteel dat ze de naam 'Gelre' gaven. Om de burcht heen verrees mettertijd een hele stad. Kort daarna trad Wychard in het huwelijk met de dochter van de graaf van Zutphen waardoor een gezamenlijk grondbezit ontstond dat de grondslag zou vormen van het gewest Gelre.

Het hamerteken van Thor werd in vroeger tijden ook op de deur van boerenhoeven gehangen ter bescherming van huis, haard en gezin. Met de opkomst van het christendom werd het geleidelijk aan vervangen door een kruis. De overgang verliep soepel, want het hamerteken, de **T**, is ook te lezen als een kruis. Gaandeweg werd het **T**-kruis weer vervangen door een wijdingskruis, **+**, met vier gelijke armen, dat ook als bescherming van huis, haard en familie op de deur van hoeven werd gehangen.

Het middelste raam is het grootste, twee keer zo breed als de andere twee. Het bevat een zandkleurig kruis met vier gelijke armen. Daar waar de armen elkaar zouden moeten kruisen is een ruitvormige opening aangebracht, in okergeel. Zowel de rechter als de linker hoek hiervan raakt aan een klein, groen ruitvierkant. Op de verticale armen van het kruis zien we twee druppelvormige figuurtjes, in zandkleur, okergeel en groen. De druppels komen voort uit het middelpunt van het kruis, een horizontaal uitgerekte ruit in waterblauw. Water valt uit de hemel en stijgt er ook weer naartoe op en zorgt onderwijl voor groene groei en vruchtbaarheid. Uit de middelste ruitvorm spruiten vier sierlijk geronde takken. Twee die in de aarde wortelen, en twee die naar de hemel wijzen.

De horizontale armen van het kruis lijken de hand te willen reiken naar de rechter en linker afbeelding. Niet vreemd. Zowel de Germaanse goden Thor en Ullr, als Wychard en Lupold, voorvechters van het christendom en stichters van het gewest Gelre, hebben ertoe bijgedragen dat het landgoed kon ontstaan zoals het in het begin van de twintigste eeuw was en het nu is. Vandaar de samenvoeging van het hamerteken en het christelijke kruis in één afbeelding in het midden van het paneel. Ieder huisje heeft zijn kruisje. Voor sommigen is dat van stro, voor de Ullerberg is het gevat in glas-in-lood.

Hamertje Tik 2

GRONDBEGINSEL

Het verhaal gaat dat Baron Heribert Willem Sandberg, overgrootvader van de laatste freule Sandberg van Leuvenum, in zijn woonplaats Hierden regelmatig zelf zijn glanzend gepoetste paard zadelde en besteeg, en met een zak vol dennenzaad over de uitgestrekte, woeste heide- en zandvlaktes om en nabij de Hierdense beek galoppeerde. Met gulle hand strooide hij links en rechts het zaad over de onontgonnen gronden. Na een paar uur keerde hij moe maar voldaan terug naar zijn kasteel de Essenburg. Dertig jaar later, in 1896, kreeg de familie Sandberg van de gemeente Ermelo het gebied in eigendom, waarop menig dennenbos was ontsproten. Het recht op zand- en grindwinning dat de gemeente bezat voordat ze de grond in 1843 van het rijk had verkregen, werd door de familie afgekocht.

Vond de zoon van de overgrootvader, Jonkheer Henri François Sandberg zijn bezit te kostbaar worden? Wilde hij een gunst van meester Peereboom? Wilde hij af van het slechtste stuk van zijn terrein? De reden is niet te achterhalen, maar het staat buiten kijf dat op 8 maart 1910 Jonkheer Sandberg nagenoeg een vierde deel van zijn grond verkocht aan meester Pieter Peereboom, destijds 'substituut Officier van Justitie' in Amsterdam.

Het ging meester Peereboom voor de wind. Met deze aankoop wilde hij zijn droom verwezenlijken. Hij wilde meedeinen op de laatste kabbelende golven van de al jarenlang heersende mode van de Amsterdamse elite: de zomermaanden doorbrengen op een eigen buitenplaats. Op de grond liet hij een jachthuis bouwen. De villa werd in de noordoost hoek van het terrein zo gesitueerd dat als je goede ogen had, je vanuit de woonkamer de hoogste top van de omgeving kon zien, de Uller-berg, van wel bijna 36 meter boven NAP, die aan de westgrens lag. Rondom 1900 kon men nog vanaf die berg de kerktorens van Ermelo, Putten en Garderen zien. Peereboom zette de bebossing door, niet te paard, maar hij liet een aantal percelen met grove dennen beplanten. Met de bomen groeide zijn ambitie. In 1913 werd voor Dirk van Duinen, die als huisbewaarder en boswachter was aangenomen en eerst ook in het landhuis woonde, een eigen woning opgetrokken, met een deel en een apart bakhuisje. Ook liet hij op het terrein bospaden en een tennisbaan aanleggen. Het was Pieter Peereboom nog niet genoeg. Drie jaar later liet hij de villa uitbouwen: zijn dochter ontwierp voor boven de verbrede ingang drie gebrandschilderde glas-in-lood ramen, waarvan één met de magische hamer van de Noordse god Thor, en er werd een biljartkamer, een kinderkamer en een grote centrale hal gecreëerd. In het zuiden bij de grensweg met het terrein van Sandberg kwam een koepel, die je vanuit de zuidkant van het landhuis via een rechte lijn met een scherpe blik moest kunnen bevroeden. En als een vlag van victorie plaatste hij boven op het dak, met een knipoog naar de berg van Ullr, een windvaan waarin de hamer van Thor was uitgespaard.

Overmoedig geworden belegde meester Peereboom in aantrekkelijke Russische obligaties en spoorwegleningen. Maar toen hij na forse tegenwind op zijn werk naar Zwolle werd overgeplaatst, kwam de hoogmoed voor de val. Vanuit Zwolle moest hij naar zijn landgoed via Staverden, waar al sinds jaren een tol was ingesteld om de grindweg naar Harderwijk te onderhouden. En toen hij op een zaterdagavond even na twaalven met zijn koets met paard voor de slagboom van het Staverdense tolhuis stond en de tolgaarder vijftien centen wilde overhandigen - de normale prijs voor een aangespannen paard met wagen - , weigerde deze de slagboom te openen. Getooid, ondanks het late uur, met zijn dienstpet met rode band waarop het wapen van de gemeente prijkte, toonde de tolgaarder, tevens koster van de tegenoverliggende kapel, zich onvermurwbaar. Uitzinnig schreeuwde meester Pieter:

'Weet je wel wie je voor je hebt? Ik ben de rechter Peereboom uit Zwolle!'

Waarop de tolgaarder antwoordde: 'Al was u de linker appelboom uit het Paradijs, meneer, ik deed u niet open. Het is de dag des Heren.' Er zat niets anders op: Pieter moest rechtsomkeert maken.

Een jaar later stond het landgoed te koop.

Dorothea zat in een tuinstoel op het terras voor de huiskamer van het jachthuis en genoot van de zon die zijn zomerstralen welwillend over haar pijnlijke ledematen uitgoot. Ze snoof de heldere dennengeur diep op. Hier hing geen wee geur van gist. De Delftse fabriek met al zijn beroering was ver weg. De rust, de boslucht en de stilte deden haar goed. Ze voelde zich energieker en vitaler. Ze hadden het landgoed gehuurd, maar ze moesten het eigenlijk maar kopen, dacht ze. Ze vond het een heerlijke plek. Zeker ook voor kinderen. Met plezier had ze de kinderen van Van Duinen onder de bomen paardje zien spelen. 'Hup! Nu in galop!' beval de zesjarige Willem zijn zusje. Ze had direct aan Corrie gedacht, haar schoondochter, die goed paardreed. Ze zag al voor zich hoe zij over de heide galoppeerde met een zak sparrenzaad en dat links en rechts met gulle hand uitstrooide, want er zou meer bos moeten komen. Er was slechts zo'n derde deel van het landgoed bebost. Maar nu kon Corrie niet paardrijden, ze was hoogzwanger.

Kleinkinderen, dacht Dorothea. In oktober werd ze achtenvijftig. Het werd echt tijd. Als het maar goed ging. Het kindje van dochter Toot hadden ze vorig jaar een paar maanden oud moeten begraven. Het was geboren met een openruggetje. En Toot had geen melk. Het jongetje was nog gevoed door de vrouw van chauffeur Penni, die ook net bevallen was. Het mocht niet baten. En arme El, haar oudste dochter, was al tien jaar geleden getrouwd en had de hoop in verwachting te raken zo goed als opgegeven. Ze hoorde de deur van de zitkamer opengaan. Corrie, die boven had liggen rusten, kwam naar binnen.

'Kijk', zei ze terwijl ze haar schoonmoeder een ansichtkaart aanreikte. 'De briefkaart die Paul heeft opgestuurd toen hij dit huis gevonden had.

Als je goed kijkt, zie je dat de schuifdeuren met de glas-in-lood ramen erboven er toen nog niet waren. En ook de windvaan ontbreekt.'

'Dat klopt. Nu heeft Thor gelukkig wel zijn hamer bij de hand en kunnen we een beroep op hem doen. Hoe voelt je buik?'

'Het lijkt wel een tweeling!'

Dorothea glimlachte. Toen ze aanstalten maakte om op te staan, vertrok haar gezicht. In haar knieën zaten distels, in haar polsen scherpe kiezels. Eenmaal overeind wees ze naar het zandpaadje dat rechtlijnig tussen de bloeiende heideplantjes naar de einder liep in de richting van de Uller-zandberg. Ze hoefde niets te zeggen. De twee vrouwen begrepen elkaar. Aan weerszijden van het pad zouden ze een lange rij rechte sparren planten reikend naar de hemel: een verleidelijke uitnodiging om hand in hand naar de horizon te lopen. Ze zagen het allebei voor zich. 'En aan het eind van het pad, voor jouw twee kleintjes, een houten huisje op kindermaat', zei Dorothea, en er verscheen een brede glimlach op beide gezichten.

Hamertje Tik 3

ARRETJE NOF

Voorzichtig slaat Lily de bladzij om van het nieuwe boek. Haar zusje Caat en nichtje Carlijn zitten ieder aan een kant naast haar aan tafel en kijken vol verwachting naar het plaatje dat verschijnt. De deuren van de kinderkamer staan open naar de tuin. Een stille herfstzon dompelt de bloemperken in een goudgele waas. Haar vader en oom drinken thee in het tuinhuisje, dat zo gedraaid is dat de luie zonnestralen naar binnen vallen.

'Dojan, zoek!' hoort ze oom Eg zeggen.

Ze heeft net nog met Dojan in de bloementuin gespeeld. Telkens als ze de bal weggooide, bracht hij die razendsnel weer terug, waarbij hij vrolijk over de heggetjes van de perken sprong en tussen de rode bloemen door rende. Herfstbloemen. Dahlia's, wist ze van haar moeder.

'Een hond is vermaard
om zijn gezellig aard
en 't kwispelen van zijn staart.' [1])

1) De schoolmeester (Gerrit van de Linde, 1808-1858)

herinnert ze zich. Dat gedichtje had haar vader gisteren bij de haard voorgelezen. Het rijmde zo mooi. Ze hoort Dojan blaffen.

'Kijk,' vermant Lily zich en ze wijst naar het plaatje, 'hier is Arretje Nof in China. "In China vind je draken zoals bij ons katten en honden"', leest ze voor. Ineens ziet ze Dojan voor zich als een draak: zijn oren worden twee puntige hoorns, over zijn rug tot aan het einde van zijn staart zitten scherpe schubben, en tussen zijn reusachtige hoektanden hangt een lange bloedrode tong.

'Blaffen draken ook?' vraagt Carlijn.

'Ze spuwen vuur', zegt Lily, en in het perk veranderen de dahlia's in scherprode vlammen.

'Braaf, Dojan, braaf', klinkt haar vaders stem.

'Kwispelen draken ook?' vraagt Carlijn.

'Draken hebben knalpaarse poten', fluistert Cara. 'En als je er één afhakt, krijgt hij er zeven voor terug.' Een huivering bekruipt haar en haar sluike, donkerblonde haren trillen.

Lily, de oudste van de kleinkinderen, met een eigen weg op de Ullerberg, gaat verzitten op haar stoel, trekt haar roze geruite smokjurk recht en schuift het boze onbeest opzij.

'Arretje gaat de draak verslaan.' Ze wijst op het laatste plaatje van het boek waarop Arretje met zijn gestreepte tulband en rode puntslofjes trots een medaille met een zieltogende draak om zijn nek heeft hangen.

'En de prinses bevrijden. Luister maar.'

Onder leiding van Lily's voorleesstem gaat Arretje aan het werk: naar de Chinese keizer om zijn diensten aan te bieden, en dan met emmer en bezem in plaats van met een zilveren harnas op weg naar de draak. Carlijn waant zich het prinsesje, en Cara staat rillend oog in oog met een paarsgroene zevenkoppige draak. Uit het tuinhuisje stijgt gelach op en langzamerhand halen de zonnestralen het interieur niet meer, maar schijnen schuin over het dak van het huisje heen.

Plotseling klinkt er een schot. De herfstlucht trilt. Daarna een hartgrondig gejank van over de grensweg. Met een klap slaat Lily het boek dicht. Cara springt op vanuit haar stoel en rent de gang in. Met haar handen voor haar oren holt Carlijn haar achterna. Oom Eg snelt weg.

Even later hoort Lily de stevige stappen van haar oom die terugkomt. Zijn grote gestalte draagt iets in zijn armen. Hij loopt naar het tuinhuisje en legt het neer op het zandpad. Lily gaat de kinderkamer uit, het trapje af en de tuin in. Dojan? Dojan. Hij ligt heel stil. Zijn ogen zijn dof. Zijn staart zonder schubben kwispelt niet. Zijn bruine poten liggen stil. Zijn rode tong hangt uit zijn bek en er druipt bloed uit. Dit is geen draak, Arretje. Dit is Dojan. Maak hem beter. Maak hem beter.

Ze kijkt naar haar vader. Hij schudt voortdurend zijn hoofd. Ze kijkt naar haar oom.

'Sandberg', zegt hij tegen zijn broer. De tranen in zijn grote mannenogen vertellen wat zij niet wil geloven. Wat ís dit?

Lieve hond, op de grond, dood, denkt ze. Dood. Ze draait zich om. Dit is dood. Uit alle macht bijt ze met haar boventanden op haar onderlip. Toch rollen de tranen over haar wangen. Ze schopt zo hard tegen een grote kiezelsteen op het pad dat het pijn doet aan haar tenen.

'Cara! Kom. Carlijn! Kom …'

De boekjes van Arretje Nof, geschreven door Johan Fabricius in opdracht van de Nederlandse Oliefabriek (NOF), het latere Calvé, werden vanaf 1926 een van de eerste geliefde items die je met gespaarde zegeltjes kon verkrijgen. Het NOF-Logo is nog steeds terug te vinden op bijv. een pot Calvé pindakaas.

Hamertje tik 4

PEN

Voor deze speciale gelegenheid mocht het. Met haar gekamde blonde krullen, haar geplooide blauwe jurk, haar witte schortje met roesjes, haar witte kniekousen en glanzende lakschoentjes zat ze in de woonkamer aan de tafel in de erker. Haar zusjes en haar nichtjes moesten bij hun juf in de kinderkamer blijven. Vóór haar lag een opengeslagen schriftje met lijntjespapier en daarnaast het tinnen inktpotje. Het dekseltje was open. Ze doopte de bruinhouten kroontjespen in het potje en vol toewijding zette ze de eerste verticale lijn van de eerste letter van haar naam op het maagdelijke papier. Daarna maakte ze met twee schuine streepjes de K af. De i die daarop volgde was makkelijk, alleen dat stipje, dat was moeilijk om zonder vlekken te doen, omdat het zo klein was. En dan de a van aap. Trots bekeek ze het resultaat. Jammer dat grootmoeder was gaan rusten. Ze was er erg slecht aan toe en had veel pijn. De witte zuster die altijd voor haar zorgde, had haar met het liftje naar boven en naar bed gebracht. Nu nog haar tweede naam. Ze doopte de pen weer in de inkt en zette de punt van de pen op het papier. Plotseling ging de kamerdeur open. Ze schrok zo dat de poot van de M uitschoot in een lange haal. Een grote gestalte met een dikke witte snor kwam binnen. Grootvader. Hij liep naar haar toe. Kia voelde haar hartje kloppen in haar keel. Hij boog zich over het schriftje.

'Zo meisje, wat is dat? Heb jij geen vulpen?'

Kia slikte. Ze sloeg haar ogen neer en schudde haar blonde krullenkop.

'Dat kan zo toch niet! Ik zal Penni roepen, dan gaan we naar Apeldoorn.'

Voordat ze het zich realiseerde, zat ze op een uitklapbankje achterin de auto. Naast haar zat grootvader, ook op uitklapbankje, met een zwarte jas aan en een hoed op. Aan het stuur zat Penni, de chauffeur, met op zijn hoofd een soort politiepet. De motor ronkte. Buiten gleden de dennenbossen voorbij. De auto had een brede zwarte neus, en aan de rechterzijkant hing een extra wiel. De wielen hadden spaken, had ze gezien, net zoals een fiets. En helemaal voor op die neus stond een zilverkleurig figuurtje dat voorover leunde met wapperende vleugels aan zijn armen. Misschien was het wel een vliegende engel die de auto de weg wees. Grootvader keek naar de weg voor hem en zei niets. Op haar rechter middelvinger zag ze een inktvlek zitten. Moeder, waar ben je? Gauw stopte ze de vinger in haar mond en begon er hard op te zuigen. Opeens stond de auto stil. Penni stapte uit, nam zijn pet af en opende het portier voor grootvader. Daarna hield hij de deur voor Kia open. 'Komt u maar, juffrouw.' En hij reikte haar de hand om haar te helpen uitstappen. Ze stonden voor een grote winkelruit. KANTOOR – ARTIKELEN kon ze lezen. Grootvader nam haar bij de hand. Gelukkig was de inktvlek bijna van haar vinger verdwenen. Er klonk een belletje toen grootvader de winkeldeur openduwde.

'Deze jongedame heeft een goede vulpen nodig.'

Op de toonbank werden vier vulpennen uitgestald, een rode, een blauwe, een groene en een zwarte. Op alle vier stond PARKER.

'Jij bent jarig. Jij mag kiezen.'

Ineens zat er een mierenkolonie in haar b

blauwe wolken vloog, schreef ze: 'dankuwel grootfader kusje van kia.'

L: Eerste steen gelegd door P.Peereboom oud 12 jaar, juli 1911

R: Ullerberg 1917

R: Luik met floraal hamertje

L: Circa 1919 Van Duinen met zijn kinderen Kaatje en Willem

L: Plafond zitkamer met hamermotief

zijn exemplaren van dezen gedenkpenning vereerd.

LEUVENUM De boschwachter op den Ullerberg, van Duinen, heeft Maandag onze buurtschap van een lastigen gast bevrijd. Het gelukte hem een wild zwijn, dat gedurende eenigen tijd deze omgeving onveilig maakte en aan de bouwlanden veel schade berokkende, dood te schieten. Het dier woog ongeveer 150 pond. 't Is voor hem een mooi buitenkansje voor den winter, een aardig stukje vleesch op tafel.

LAATSTE BERICHTEN.

BERLIJN, 30 Dec. Officieel. Groot hoofdkwartier 30 Dec. voorm. Westelijk

L: Overveluwsch Weekblad 31 december 1914

R: Bloementuin zonder draaihuisje en beukenhagen

L: De familie Waller-Vreede eind 1920. Vlnr. achter: Toot, Peter, Paul, El, Frans Jr., Tjalling, onder: Herman, Dorothea, baby Lily, Corrie, Frans, Eg, Heleen.

L: Het huis, 1921

R: Zitkamer, 1921

L: Het huis, 1921 (nog geemn balkon, nog geen grasveld)

R: Zicht vanaf de schuifdeuren, 1921

Voor het huis, met grindweg erachter, 1921: Corrie, Eg, Lily, Dorothea, Frans, Toot, Carlijn met vooraan hond Dojan

De zitkamer van het grote huis, 1922, door A. Tutein Nolthenius

L: Dorothea en Corrie met Lily (nog geen doorkijk)

R:Herman met Lily

L:Toot, Dorothea, Heleen, 1921

L: De Cadillac van Frans, met Tjalling, Frans Jr., El en Heleen, 1921

L: El en Paul

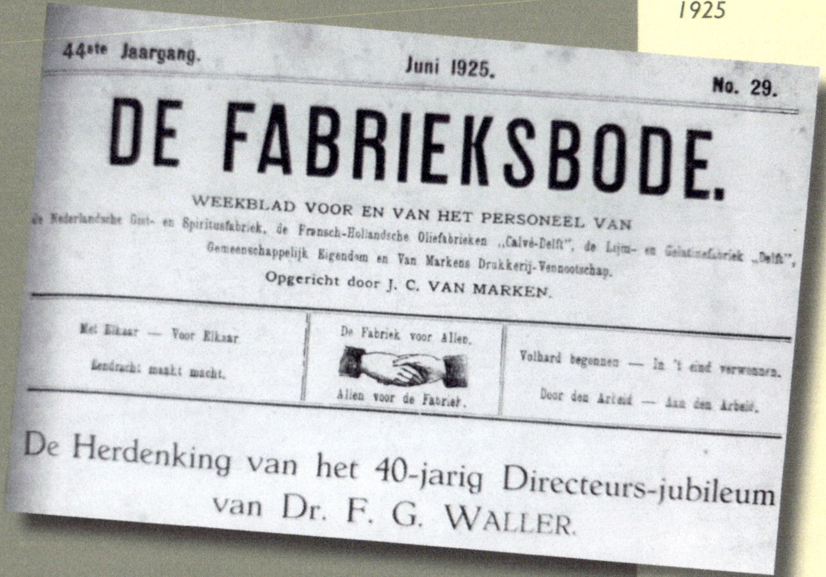

44ste Jaargang. Juni 1925. No. 29.

DE FABRIEKSBODE.

WEEKBLAD VOOR EN VAN HET PERSONEEL VAN
de Nederlandsche Gist- en Spiritusfabriek, de Fransch-Hollandsche Oliefabrieken „Calvé-Delft", de Lijm- en Gelatinefabriek „Delft",
Gemeenschappelijk Eigendom en Van Markens Drukkerij-Vennootschap.
Opgericht door J. C. VAN MARKEN.

Met Elkaar — Voor Elkaar
Eendracht maakt macht.

De Fabriek voor Allen.
Allen voor de Fabriek.

Volhard begonnen — In 't eind verwonnen.
Door den Arbeid — Aan den Arbeid.

De Herdenking van het 40-jarig Directeurs-jubileum
van Dr. F. G. WALLER.

R: Fabrieksbode, 1925

l: Op de schaat, aan de stok: Frans, Herman, Frans Jr., Eg, 1926

R: Dorothea met Kia en Doortje V., 1927

L: Lily, Corrie, Heleen, Doortje V., 1927

R: Het nieuwe kinderhuisje, Heleen met 4 kinderen, 1928

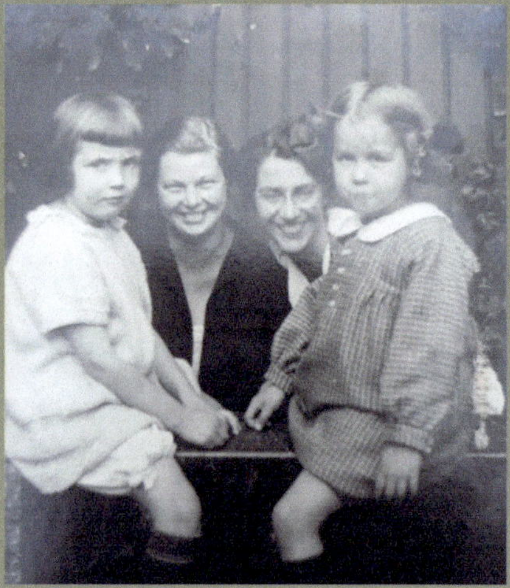

L: Greta (hulp van Toot) met haar zus, bij toegangshek, circa 1929

Vier kleindochters waller, vl;nr: Kia, Lily, Door V., Cara

Voor den Heer Dr. F. G. Waller.

Op den Ullerberg.

Gezaagde en gehakte dennen als: 1—7 achter het huis; 8—15 in de Wilde kamp; 16. Daarnaast; 17—27 langs Harderwijker grintweg; 28—35 Zwaar opslag; 36 dunsel bij bouwland.

5 mijten droge dennenrijzen elk van 4 vim.

Aanwijzer D. van Duinen, 3 dagen voor den verkoop.

aanzienlijk verbeterd, echter buiten bezwaar van den schatkist van den Polder.

ERMELO. Dinsdagmorgen, terwijl de arbeider O. Bijvank van hier bezig was grint te graven op het terrein van de Ullerberg te Leuvenum, stortte een gedeelte van den bovengrond in met het gevolg dat B. tot aan zijn borst in den grond zat.

Toen men hem met vereende krachten had uitgegraven bleek een zijner beenen boven het enkel gebroken te zijn. Per auto werd hij naar het ziekenhuis Salem alhier vervoerd.

L: Overveluwsch Weekblad, 22 jan. 1930

R: Overvelusch Weekblad, 2 december 1931

Frans en drie kindjes Halbertsma + Van Duinen, zomer 1933

Doortje V. te paard en Van Duinen, zomer 1931

In de zandkuil: Elisabeth, Tjalling sr., Tjalling jr., Doortje V., Eg, Claar, Ruerdje, Herman Jr., Kia

L: Kia, Herman jr. Tjalling jr. (nog geen grasveld, pas in de jaren '50), 1933

R: Ex Libris Dorothea

De zes Erven + twee:
V.l.n.r. staand: Herman, Eg, El, Paul,
zittend: Peter, Toot, Frans jr., El (1918)

TWEEDE HAMER (1935-1961): DE ZES ERVEN

1. EERLIJK ZULLEN WE ALLES DELEN

Op 14 juli 1935 verschijnen in Delft acht personen voor notaris Libourel. Het zijn de zes erfgenamen van Frans Waller én de echtgenoten van Toot en Heleen: 'de Hooggeleerde Heer Landberg' en 'de Weledelzeergeleerde Heer Halbertsma' respectievelijk, 'ten dezen volgens hunne verklaring handelende tot bijstand van hunne genoemde echtgenootes.' Getrouwde vrouwen zijn immers niet handelingsbekwaam. Dat worden ze pas in 1956. Maar El, die al zeven jaar weduwe is, mag wel alleen handelen.

Op 1 juli is er al familieberaad geweest en een week voor de afspraak met de notaris stuurt Herman een brief rond aan zijn 'Waarde broers en zusters,' met een oproep tot een volgende bijeenkomst: 'Om tot een definitieve verdeling te komen moeten een aantal principiële besluiten genomen worden, die wy kinderen allen goedkeuren. Het is de bedoeling dat wy hier dinsdagavond over beslissen.' Herman en Frans jr. doen een aantal voorstellen over uitkeringen aan diverse legatarissen, over het beheer van het kapitaal en zo meer, maar 'omtrent de Ullerberg hebben wy geen definitief voorstel. Op de vergadering behoeft over de Ullerberg nog geen besluit genomen te worden, aangezien wy by de boedelscheiding deze post buiten beschouwing hebben gelaten, en de exploitatie dit jaar nog betaald wordt uit de boedel.' Frans' 'amice', Philip Libourel, heft vermanend zijn vinger: *'Doe die Ullerberg van de hand! Gemeenschappelijk bezit is een bron van ruzie.'*

Alle kinderen van de zes Erven hebben menigmaal lachend en gierend, rennend en springend tegenkomertje gespeeld tussen de perken van de bloementuin – terwijl je bij dat spel alleen maar stapvoets mag lopen. Ze hebben in het kinderhuisje hun zandtaartjes geserveerd. Minstens één keer hebben ze op de rug van Bruun gezeten, het paard van Van Duinen. Met Kerstmis hebben ze een eigen kerstboom in het bos uitgezocht. Met z'n allen hebben ze het verhaal van Kampersteur horen vertellen en bij de brandende open haard Sinterklaas gevierd. En als Heleen de vermaning van de notaris hoort, denkt ze terug aan het gedichtje dat haar dochter een paar jaar geleden voor haar grootvader namens de Sint geschreven heeft (is het Doortje of Kia?):

'Op Ullerberg, op Ullerberg,
daar zijn maar weinig dingen erg.
't Is er fijn, 't is er mooi,
het bos, de hei, de rogge, het hooi …'

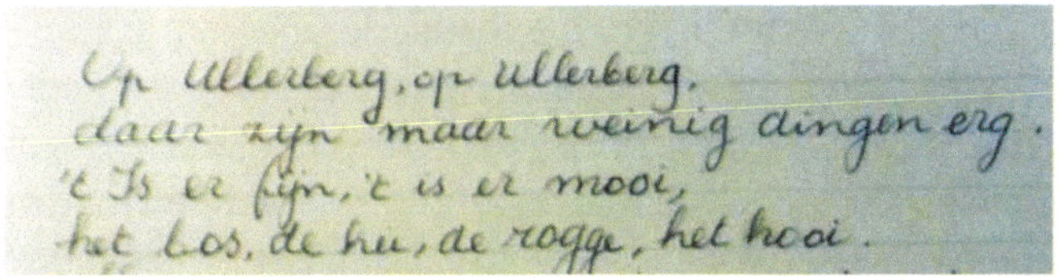
Op Ullerberg, op Ullerberg,
daar zijn maar weinig dingen erg.
't Is er fijn, 't is er mooi,
het bos, de hei, de rogge, het hooi.

Het enige erge probleem dat de jonge schrijfster toen zag, is de dagelijkse verwarring van de servetringen aan de grote tafel in de eetkamer, en ter verbetering van die situatie doet ze hem een servetring met duidelijk ingegraveerde initialen cadeau.

13 kleinkinderen Waller (1932) V.l.n.r. boven: Elbert, Cara, Elisabeth, DoortjeV. Midden Lily, FransG., Herman jr., Ruerdje, Kia. Onder: Fransje, Eveline, Carlijn, Tjalling jr.

Het landgoed is een bron van rust, 250 hectare, of wel 25 km^2, bos en heide voor jezelf is een heerlijkheid, met een unieke eigen golfbaan. Het geheel is in de meer dan goede handen van Van Duinen, en zijn dochters helpen met het schoonhouden van het huis. Niemand van de Erven zit op een houtje te bijten. Kortom, Libourels vermaning is aan dovemansoren gericht.

Ze verdelen een aantal aandelen en obligaties, en het huis van hun vader in Delft en de bijbehorende grote tuin worden onder bepaalde voorwaarden toebedeeld aan Herman en Frans jr., maar het grootste deel van de nalatenschap blijft onverdeeld. Daarvan is de Ullerberg lang niet het waardevolst. Het andere onroerende goed in Delft, de effecten, aandelen en wat dies meer zij, plus het goud – ('vijf baren, wegende twee en zestig kilogram, zeshonderd negen en dertig en een halve gram, goud. Veertig duizend dollar gemunt Amerikaans goud. Vijftig duizend gulden aan gouden tientjes, ' geborgen in een safe waarvan firma Mees & Zoonen de sleutel heeft) vormen daar een flink meervoud van.

Frans Waller mag dan minder sociaal bewogen zijn geweest dan zijn voorganger op de fabriek, zijn oom Jacques van Marken – zo verkoos Frans niet tussen zijn arbeiders in het Agnetapark te gaan wonen, maar in een gloednieuw groot herenhuis aan de Nieuwe Plantage en schaft hij bij zijn aantrede als president-directeur het jaarlijkse gemeenschapsfeest van de fabriek af – zijn testament maakt duidelijk dat hij veel mensen financieel geholpen heeft. Onder anderen zijn schoonzuster en haar man, voor wie hij een huis in Gorssel kocht.

Als na een jaar alle verplichte betalingen, successierechten en dergelijke zijn afgewikkeld, blijkt er nog een bedrag te verdelen te zijn. Herman en Frans jr. besluiten hiervan een deel toe te voegen aan het Onverdeeld en 'op geschikte wijze te beleggen teneinde over een reserve te kunnen beschikken als door rente- en huurdaling of lastenverhooging de lasten die op het onverdeeld drukken de inkomsten zouden kunnen gaan overtreffen.' Wat dan nog rest, wordt met uiterste zorgvuldigheid, tot op het laatste cijfertje achter de komma, in zessen verdeeld. Eerlijk zullen we alles delen. En dit geldt ook voor het landgoed: 'Alle mede-eigenaren, nu en later, zullen een gelijk gebruiksrecht hebben op "Ullerberg".' In de praktijk komt het erop neer dat elke Erf even lang op kosten van de onverdeelde nalatenschap (alleen een klein bedrag voor de wasserij wordt in rekening gebracht) op de Ullerberg mag verblijven en dat als de onkosten boven de baten uitstijgen ook het Onverdeeld wordt aangesproken. Vooralsnog zorgt het Onverdeeld voor een gedeeld genoegen.

2. VERKOOP EN RUIL

Veertien dagen voor zijn overlijden typt Frans Waller zijn laatste brief aan de gemeente Ermelo nog eigenhandig uit. Het gaat om de dreigende verkoop van twee stukken grond ten behoeve van de aanleg van een nieuw traject van de weg Harderwijk- Apeldoorn. De betreffende stroken grond liggen westelijk aan weerszijden van het deel van de Leuvenumse weg, dat de noordwest punt van het terrein doorsnijdt en openbaar is: 'Het lijkt mij onnoodig, grond die my toebehoort weg te nemen wanneer Ryks-grond, die voor geen enkel bepaald doel wordt gebruikt, in overvloed aanwezig is…', schrijft Frans. Tevergeefs, want twee jaar later worden de twee stroken grond toch verkocht. Een brief van de gemeente Ermelo geeft de doorslag: 'Oók Hare Majesteit de Koningin heeft gunstig beschikt op een door de Raad gedaan verzoek een gedeelte der Speulder gronden ten behoeven van deze wegaanleg uit de Koninklijke erfpacht te ontslaan.' Met het recent voltrokken huwelijk van Juliana en Bernhard heerst in het land een algehele opleving van de monarchie. De familie Waller kan niet achterblijven. Wel weten Herman en Frans jr. te bereiken dat twee brandwegen langs de verkochte stroken geruild zullen worden tegen het stuk Leuvenumse weg dat door het landgoed loopt en dat dan bezit van de familie wordt. Dat komt de zo gekoesterde privacy ten goede.

Bij het vastleggen van verkoop en ruil formuleren de broers in de geest van hun vader een aantal eisen. Langs de nieuwe verkeersweg mogen geen cafés, uitspanningen of fabrieken worden gebouwd en het landgoed moet effectief worden 'afgerikt', op kosten van de gemeente Ermelo 'op een wijze die weinig onderhoud vereischt en die afdoende mag worden geacht om binnendringen van het landgoed door onbevoegden te voorkomen '. Bovendien behouden verkopers 'zich den eigendom voor van oudheden, welke eventueel by het ingraven van het nieuwe wegprofiel zullen worden gevonden'. De lang bewogen geschiedenis van de Ulse grond, zoals de stuwdammen opgeduwd in de ijstijd, heeft gezorgd voor een fantastische stenenrijkdom, zodanig dat een stenenverzamelaar uit Ermelo later de Ullerberg 'De Parel van de Veluwe' zal noemen. Bij de graafwerkzaamheden zouden ze dus zomaar een stuk mammoettand kunnen tegenkomen, een gerolde vuursteen met gletsjerkrassen of een lichtblauwe chalcedoon.

Het ontwerp van de gemeente voor een nieuw toegangshek tot het landgoed wijst de familie af. De handige, spaarzame Van Duinen is heel goed in hekken maken, meent ze terecht. Zeker met de helpende hand van boshulp Jan van Roozelaar, die in het voorjaar van 1938 in vaste dienst van de Ullerberg komt en dat tot in de zestiger jaren zal blijven.

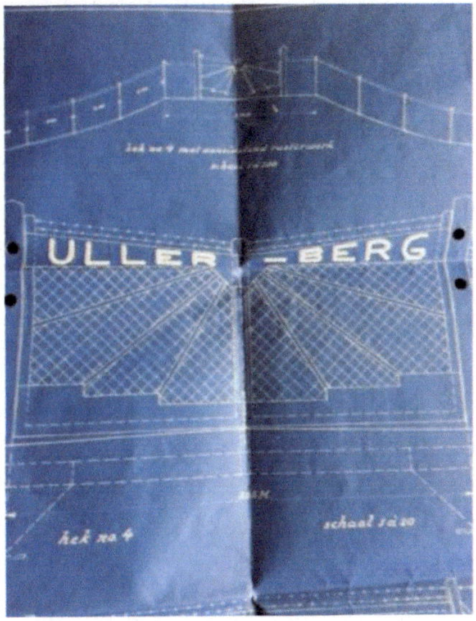

Gemeentelijk ontwerp voor toegangshek

3. ZWEMBAD

Hoewel de zomer van 1937 niet uitermate warm is maar wel droog, wordt er door enkele sportieve familieleden het plan geopperd om een privé zwembassin op het landgoed aan te leggen. Wellicht mist Tjalling Halbertsma als rasechte Fries het water op de Veluwe en heeft Heleen af en toe heimwee naar het Noordwijkse strand. Frans jr. schrijft een brief naar de Nederlandsche Heide-Maatschappy te Apeldoorn, met de vraag of 'een dergelijk object inderdaad voor werkverschaffing in aanmerking zou komen en zoo ja, op welke wijze wij tot het verkrijgen van Rijkssteun kunnen geraken.' Als de Erven een positief antwoord hierop ontvangen, richt Herman aan Wernink's Beton Maatschappij het verzoek een offerte te maken voor een privé zwembad met de niet geringe afmetingen van 25 x 10 meter, in diepte verlopend van 0.80 naar 2.50 meter. Even lijkt het of er voor de Wallers geen water te diep is, en Heleen en Tjalling sturen een enthousiaste brief met alle gegevens rond. Wat de kosten betreft, die zouden volgens hen 'bestreden kunnen worden uit het surplus gekweekt in het Onverdeeld bezit.' En om niet te verkwistend te lijken, voegen ze er aan toe: 'Een badhuisje is hierin niet begrepen, doch de kosten daarvan zouden gering zijn, indien Van Duinen dit zelf timmerde.'

Maar het plan slaat niet bij alle familieleden aan. Al gauw besluit de familie het idee te laten varen. Een kleine twintig jaar later worden de Erven het wel eens over de aanleg van een pierenbadje, dat gewoon via een tuinslang met waterpret moet worden gevuld. Dat is dan voor de achterkleinkinderen van Frans Waller, dan achttien in getal, waaronder ik. Tegenwoordig ligt dit zwembadje nog steeds als een blauwe oase aan het beukenpad en wordt het meestal alleen nog maar gevuld met hemelwater.

4.FEESTEN

Als op de laatste dag van januari 1938 het eerste Oranjeprinsesje wordt geboren, is dat reden tot feesten, ook op de Delftse fabriek. De harmoniekapel speelt het volkslied dat door de gistfabriekers luid wordt meegezongen. Daarop volgt een potpourri van vrolijke Hollandse wijsjes en Frans jr. neemt het initiatief tot een rondedans met zijn werknemers. 'De feestvreugde uitte zich in een arm-in-arm gaan, in een buiten adem raken en in een krachtig applaus voor de dirigent en zijn mannen.' Zeer verheugend is bovendien dat de Gistfabriek niet conjunctuurgevoelig blijkt en de crisisjaren geen effect hebben op de ontwikkelingslijn. Het bedrijf heeft zelfs haar reserves kunnen uitbreiden. En de twee directeuren, Herman en Frans jr., zien er geen bezwaar in hun fiat te geven aan het plan de Ullerberg te verrijken met een extra logeerhuisje. Het landgoed is immers een uitgelezen plek om een feest te geven. Dat kan Kia onderschrijven: 'We waren eerst met vijf nichtjes, later nog meer meisjes. Als er verjaardagen werden gevierd, schoolfeesten, eindexamenfeesten, studentenfeesten dan was het: Frits – El's aangenomen zoon – kom maar op met je hele Delftse studentenclub en die kwamen en masse op de Ullerberg en dan hadden we daar een groot vlonder gebouwd en daar dansten we op. Dat was machtig!' De gasten die helemaal uit Delft komen, moeten wel allemaal ondergebracht kunnen worden. Van Duinen en Van Roozelaar, die net zijn huwelijksfeest heeft gevierd, gaan aan de slag. Ze zoeken mooie rechte dennenstammen uit het eigen bos uit en bouwen achter de tennisbaan een houten slaaphuisje, verdeeld in twee kleine kamers. Hierin worden stapelbedden gezet wat acht à tien slaapplaatsen oplevert voor jongelui.

In de zomer van dat jaar slaagt de oudste Waller-telg van de tweede generatie, mijn moeder Lily, glansrijk voor haar eindexamen gymnasium. Tevens wordt zij in augustus achttien jaar. Dan is ze nog niet meerderjarig, maar bereikt wel de huwbare leeftijd. Corrie en Herman besluiten voor hun oudste dochter een sprankelend festijn op de Ullerberg te organiseren[*5]. Natuurlijk zijn haar nichtjes ook van de partij en Frits zorgt voor een evenredig aantal bevriende knappe studenten. Terwijl het lage zonlicht de toppen van de bomen bronsgroen kleurt, golft, wandelt, dineert en discussieert het roedel jongelieden geanimeerd en uitgelaten onder het teken van Thors magische hamer. Wanneer de avond valt, stappen ze het grote vlonder op en op muziek van 78-toeren platen die op de grote koffergrammofoon worden gelegd, dansen ze de foxtrot, de tango en de wals, rechtsom en linksom, tot diep in de nacht. Dan worden de Delftse jongens met een zaklamp het bos ingestuurd en wijden zij het nieuwe slaaphuisje in. Van slapen komt niet veel.

De volgende dag staat er een tenniswedstrijd op het feestprogramma, maar Lily slaat alle ballen mis. Ze heeft alleen maar oog voor de roodharige student die iedereen steeds aan het lachen maakt. Hij op zijn beurt is gefascineerd door de kuiltjes in haar wangen als zij zijn lach beantwoordt. De Ullerberg zal zich voor hen – en niet alleen voor hen – ontpoppen tot een legendarische plek. 'Wat dat huis voor feesten heeft meegemaakt! Je kan er boekdelen over schrijven', zegt Fransje, 'Ik geloof dat iedereen uit Nederland wel één keer op de Ullerberg is geweest.' Hoeveel huwelijken op de Ullerberg zijn gesmeed, weet ik niet, maar in ieder geval is het begonnen met Lily die ruim vier jaar na dat legendarische Ul-feest in het huwelijk treedt met die olijke roodharige student die mijn vader zal worden.

Op de laatste dag van het jaar is er nog een feestje in Ermelo. 'Tol van Staverden geeft met 1938 de Geest' kopt de Telegraaf in het nieuwe jaar 1939. Op 31 december scheurt de Ermelose burgemeester de laatste bon uit het boekje van de tolgaarder en heft de voor de Ullerberg zo befaamde Staverdense tol [*2] na bijna tachtig jaar op. De Veluwe tolvrij! Grote vreugde. Maar Hendrikus Stoffels, de tolgaarder, hangt de vlag op zijn woning halfstok.

5. DREIGING

In de loop van 1939 wordt de oorlogsdreiging steeds voelbaarder. Het centrale vluchtelingenkamp voor uit Duitsland gevluchte joden, dat bij Elspeet zou moeten komen, wordt door tussenkomst van Koningin Wilhelmina naar Westerbork verplaatst. Elspeet ligt te dicht bij het Loo, meent de vorstin. Het is ook prettiger voor de familie Waller. Elspeet ligt immers op een steenworp afstand van hun buitenplaats.

Het wordt nog serieuzer als het feestgedruis dat begin augustus na de geboorte van het tweede Oranjeprinsesje opklinkt, gesmoord wordt door de afkondiging van de mobilisatie. Maar het vertrouwen dat het land neutraal zal blijven is dan nog groot.

Eind december 1939 is het landgoed bedekt met een dikke laag sneeuw. Het Grote Huis is leeg. Dirk van Duinen is druk bezig met de houtvoorraad, die met de dag slinkt. In april 1940 vieren Herman en Frans jr. in Delft voorzichtig het zeventigjarig bestaan van de Gistfabriek. Op 13 mei 1940 vertrekt Koningin Wilhelmina met haar regering per torpedobootjager naar Engeland.
Lily, die als vooruitstrevende jonge vrouw aan de Leidse Universiteit biologie was gaan studeren, ziet zich genoodzaakt haar studie op te geven. Ook het lidmaatschap van de Vereniging van Vrouwelijke Studenten te Leiden, de VVSL, wordt verboden. Maar de jaarclub die zij onder auspiciën van de VVSL bij aankomst in Leiden met tien andere meisjesstudenten heeft gevormd, is niet meer te ontbinden. De jonge vrouwen, onder wie ook Lily's 'nichtje' Loute Reynvaan, het jongste aangenomen kind van El, hebben de club de veelzeggende naam Poesjmipoeljoe meegegeven, naar het tweekoppige beest uit de Dr. Doolittle boeken van schrijver H. Lofting. Mede door de moeilijkheden en restricties die de oorlogstijd hen oplegt, wordt de onderlinge verbondenheid eigenlijk alleen maar groter. Omdat ze de diës, de geboortedag van de jaarclub, niet in Leiden kunnen vieren, nemen ze hun toevlucht tot de Ullerberg. Dat houden ze jarenlang vol. Soms laat een van de vrouwen een jaartje verstek gaan,

meestal vanwege een bevalling. Zo is Huize de Ullerberg iedere herfst een weekend lang getuige van de diësviering, tot de laatste snik van de club: ruim zeventig jaar na de oprichting wordt de zilveren Poesmipoeljoe-wisselbeker, waarin alle namen van de totaal 48 kinderen van de jaarclubleden zijn gegraveerd, op feestelijke wijze in het bijzijn van de drie laatste hoogbejaarde leden, onder wie Lily, in het schatkamerkastje in de kinderkamer bijgezet, als glimmend blijk van erkentelijkheid voor de bindende rol die de Ullerberg in al die mensenlevens heeft gespeeld.

6. OORLOG

Zijn er over de eerste twintig jaar in het familiearchief nog wel een aantal brieven en verslagen te vinden, over de eerste oorlogsjaren blijft het bij een enkel los blaadje getypt op doorslagpapier, met de 'EXPLOITATIE-REKENING' van de ULLERBERG. Het ziet er naar uit dat het leven op de Ul zijn gewone gang gaat. De verkoop van zand, grind, en hout gaat gewoon door. Het roggeveld wordt bewerkt, de aardappels worden verbouwd in de moestuin ernaast, de zogenaamde kwekerij, en verkocht, en heide en stro worden verkocht. De Harderwijkerkrant van 10 mei 1940 vermeldt dat Van Duinen een vossennest ontdekt met zeven jonge vossen. Eveneens tekenend voor de normale gang van zaken. Maar de familie Van Duinen is ongetwijfeld opgeschrikt door het luide geronk van de vliegtuigen die in de ochtend van de tiende mei over de bossen westwaarts vliegen. Misschien hebben ze ook Duitse soldaten gezien die in de recent gebouwde Jan van Schaffelaarskazerne zijn ingekwartierd en schietoefeningen op de Ermelose heide houden. Het bombardement op Rotterdam zullen ze pas wat later hebben vernomen en zal hen met angst hebben vervuld, want hun zoon Willem is politieagent aldaar. Hij overleeft het en is 14 februari 1942 als dienstplichtige agent aanwezig bij de opening van de Maastunnel die na de inval door de Duitsers is afgebouwd. Daarna wordt Willem weer even onvindbaar. Eind november 1944 schrijft Van Duinen vertwijfeld aan het einde van een brief aan Herman: 'En waar zou Willem zijn?' Hij komt gelukkig weerom en na de oorlog vindt hij in Rotterdam de liefde van zijn leven. De familie Waller is getuige van zijn huwelijk en ziet de kleine bosbaas voor het eerst niet gekleed in zijn groene ribfluwelen broek, maar in een chique kostuum.

Minder geluk heeft de verloofde van Frits. Zij wordt tijdens een bombardement getroffen door rondvliegend puin en overleeft het niet. Heleens oudste dochter Doortje verliest eveneens haar verloofde door het oorlogsgeweld. Een verzetskern van Delftse studenten trekt de aandacht van de Duitsers en hun jaarclubs worden gedecimeerd. Door een valse naam op te geven in de studentenalmanak weten enkelen te ontsnappen. Ook Lily's verloofde, de roodharige Eppy, ontkomt aan de vijand. Ze trouwen in Delft op 12 maart 1943. Als negen maanden min twee dagen later de eerste van de nieuwe generatie erven ter wereld komt, krijgt hij niet de naam van zijn grootvader zoals gebruikelijk zou zijn, maar van Eppy's beste Delftse vriend, die door de bezetters is opgepakt en gefusilleerd: Piet Marinus Arnoldus.

7. TANTE EN OME

Zolang ze de reis naar de Veluwe nog kunnen maken, brengen de Erven met hun gezinnen de eerste oorlogsjaren de zomer nog om beurten op de buitenplaats door. El, de linnenkastmevrouw, zoals ze later wordt genoemd, heeft grotendeels de zorg voor het huishouden, keukenspullen en beddengoed. Als oudste Erf heeft ze dat vast met een zekere bescheiden autoriteit gedaan en overlegt ze met haar zussen Toot en Heleen als er iets nieuws en moderns moet worden aangeschaft, zoals een Tomado-afdruiprek of een stofzuiger, alvorens ze permissie vraagt aan haar broers. El heeft het postuur van haar moeder, groot en statig, en zover ik mij herinner, altijd met een glimlach. Ze is Lily's lievelingstante. Fransje zegt: 'Tante El was indrukwekkend, in haar eenvoud.' Kia weet nog dat ze heel gelovig was en dat zelfs de dominee huilde toen ze in 1972 overleed.

Haar eigenzinnige zus Toot neemt niet alleen haar twee honden altijd mee naar de Ul, maar ook haar trouwe dienstmeid Greta. Dat is op zich niet zo bijzonder. Maar wanneer Greta in 1936 trouwt en kinderen krijgt, worden dat de kleinkinderen die Toot en Peter niet hebben en nooit zullen krijgen. Hun enige dochter Carlijn blijft kinderloos. Als het even kan, gaan ze in de jaren 40 en 50 mee naar de Ullerberg[*6], totdat Peter in 1961 afscheid neemt van de TH in Delft en ze naar Twente verhuizen. Door een gelukkig toeval heb ik uitgebreid met Greta´s kinderen kunnen spreken. Ze hebben enorm goede herinneringen aan hun verblijf op de Ul en ook nog veel foto's, waarop ze onder andere aan het spelen zijn bij het kinderhuisje en geweldige gangen in de zandkuil hebben gegraven. 'Tante Toot was een statige, lieve, aardige vrouw, daar kon je alles mee bepraten. Ze hield wel van opgeruimdheid en netheid. Je moest wel je fatsoen bewaren', weet dochter Jenny nog. En: 'Ome Peter was rustig. Je moest niet tegen hem zijn, dan was hij knap lastig. Als hij een speech of lezing aan het voorbereiden was, moest je hem niet storen, dan kreeg je op je kop.' De oudste zoon Henk vertelt met jeugdig enthousiasme dat Ome Dirk van Duinen en Rozelaar hem veel over de natuur hebben geleerd, bijvoorbeeld: 'Hoe je bomen moet rooien. Dennenbomen hebben een lange pen, dan moet je zorgen dat je die vrij maakt, eromheen spitten en dan afzagen, de penwortel die zit diep in de grond om water naar boven te halen, loofbomen hebben gespreide wortels, dan hoef je alleen de wortels rondom los te kappen, en dan valt de boom vanzelf om.'

Heleen, die actief is in de padvinderij, heeft al voor de oorlog voor haar erfgenamen de traditie van de Ulevellenboom geïnitieerd. Ieder jaar op haar verjaardag, 14 augustus, verzorgt zij met de onmisbare hulp van Van Duinen een speurtocht die eindigt met de vondst van een boom volgehangen met snoepjes. Jarenlang hebben de Halbertsma's die traditie volgehouden, ook na Tjallings overlijden in 1956, en zelfs tot na het verscheiden van Heleen in 1963[*13].

8. BRIEVEN

In het familiearchief is een zestal brieven bewaard die Van Duinen in de laatste oorlogsjaren schreef. In een sierlijk schuinschrift met hier en daar een kloddertje zwarte inkt heeft hij met een kroontjespen zijn berichten geduldig op lijntjespapier genoteerd en de brieven afwisselend gericht aan 'Den WelEdelen Hooggeachte Heer H.F. Waller' en 'Den WelEdelen Zeer Geleerde Heer Ir. F.G. Waller'.

De brief van 15 augustus 1944 gaat uitsluitend over de lopende zaken betreffende het bosbeheer: er is kloshout verkocht, hij heeft 400 stuks dennenbomen gemerkt, en hij maakt een stukje grond klaar voor de aanplant van 10.000 Douglassparren. De tweede is gedateerd 16 november 1944, dat wil zeggen na de slag om Arnhem, en ook na het drama van Putten: als wraak voor het in een hinderlaag lokken van een personenauto van de Wehrmacht met twee officieren, waarbij de een wordt gedood en de ander gevangen genomen, drijven de Duitsers bijna alle gezinnen in Putten hun huis uit, de mannen apart van de vrouwen en kinderen. Ze voeren de mannen af en steken hun huizen in brand. Kaatje, de oudste dochter van Van Duinen, ziet haar huis terug als een hoop as. Met haar vier jonge kinderen loopt ze van Putten naar de Ullerberg en trekt bij haar ouders in.

De boswachter schrijft in de brief dat Huize Ullerberg door de Wehrmacht is gevorderd. Iets dergelijks heeft hij aan het begin van de oorlog ook al meegemaakt. Dan komen er een paar Duitse officieren inspecteren of het Grote Huis als Ortscommandatur kan dienen. Van Duinen leidt hen gastvrij rond, en laat alle kamers in het huis zien, boven en beneden, het biljart, en het uitzicht met de Doorkijk, en daarna de entourage met de bloementuin en de garage. De officieren en hun begeleidende dames tonen zich enthousiast, maar op uiterst sluwe wijze weet Van Duinen het plan van de Duitsers te torpederen[*7]. Nu kan hij echter niet verhinderen dat er Duitse officieren en manschappen zich in het huis installeren – totaal zijn het er zeven – en dat ze ook de garage, het motorhok en de paardenstal voor opslag in gebruik nemen. Wel krijgt hij voor elkaar dat de zestien evacués uit Arnhem, die dan al in het huis logeren, mogen blijven. En omdat Kaatje nu met haar vier kinderen bij haar ouders woont, mogen zij ook in de boswachterswoning blijven wonen. Het huis te Leuvenum van de naburige familie Sandberg, en de uitspanning de Zwarte Boer, beide gelegen aan de weg Harderwijk- Leuvenum iets ten oosten van de Ullerberg, moeten wél leeg worden opgeleverd. Hij besluit de brief met: 'De man van Kaatje daar hoorden we niets van, die zullen zeker wel in Duitschland zijn ondergebracht. Ik eindig hiermede want het licht gaat uit. Met vriendelijke groeten aan den heelen familie Waller.' De man van Kaatje komt nooit meer terug.

In de brief van 28 december 1944 vertelt Van Duinen dat er dertien 'groote menschen' in Huize Ullerberg logeren, evacués uit Arnhem, in Penni acht mensen, onder wie drie kinderen, en dat er zelfs een hele familie in het kleine slaaphuisje bivakkeert, dat slechts een oppervlakte heeft van ongeveer vijf bij zes meter en bijna uitsluitend gevuld is met bedden. De mensen betalen wel huur en ze moeten hun eigen brandhout hakken, achter de koepel vandaan, onder het mom 'Hak je eigen hout en het verwarmt je tweemaal'. Maar ze gedragen zich niet erg netjes en ruilen en verkopen spullen van de Ullerberg voor eten. Het verhaal gaat dat als Van Duinens jongste dochter Dina vlak na de oorlog naaiwerk zoekt en vindt, zij gordijnen van de Ullerberg in handen krijgt om te vermaken! Ook vermeldt de boswachter dat hij zelf in het kader van de arbeidsinzet nog steeds politiewerk in Ermelo moet doen en dat Jan van Roozelaar is opgeroepen om te komen werken voor de Organisation-Todt, een Duitse bouwmaatschappij. Hij voegt hij eraan toe dat hij even naar de burgemeester is geweest en hij heeft aangevoerd dat ze bezig zijn met hout te hakken voor den burgerij van Ermelo. Dat heeft het gewenste effect: Roozelaar krijgt vrijstelling. Van Duinen wenst ten slotte de hele familie een gelukkig nieuwjaar.

9. LOGEES

Dat nieuwjaar begint keihard. Het gezin Van Duinen en de families die in het slaaphuisje, in Penni en in het Grote Huis bivakkeren, worden 's morgens vroeg opgeschrikt door het oorverdovende lawaai van honderden Duitse bommenwerpers. Rakelings scheren ze over de boomtoppen. Ze vliegen heel laag om de radar te vermijden en zijn op weg naar de luchtbases in Nederland en België. Het Duitse afweergeschut rond Harderwijk meent dat het geallieerde vliegtuigen zijn en haalt zijn eigen bommenwerpers neer. Dan rukken de geallieerden op; 11 april 1945 steken ze westwaarts de IJssel over en zes dagen later rijdt het Canadese Tankbataljon Lord Strathcona's Horse het dorp Ermelo binnen.

Na de bevrijding doet Van Duinen zijn best om de evacués uit de huizen te krijgen, getuige zijn brief van 3 juni 1945. Daarin schrijft hij dat er in Penni nog vijf personen zitten en: 'Het slaaphuisje is nu weer leeg; die zijn wel met een beetje moeite weer terug naar het jachthuis te Leuvenum waar ze dan ook hoorde.' Ook weet hij: 'Den heer Sandberg is in Duitschland ook overleden, en ook een zoon van 's Jacob; en de zoon van Sandberg hebben ze nog niets van gehoord.' Ook die zal niet meer terugkeren.

Uit de brief van 2 juli 1945 wordt duidelijk hoezeer de Ullerberg Van Duinen aan het hart gaat. Hij bericht dat de heer Treinis met zijn gezin vanuit Penni naar Arnhem is vertrokken, maar dat hij een zwager van die meneer nog een paar nachten op de zolder van het huisje zal laten slapen omdat die naar de dokter in Ermelo moet. Die zwager, zo schrijft hij, 'heeft ook Mijnheer een briefkaart gestuurt, om een ledikant en matras mee te nemen naar Arnhem; want hij is vooraf ook al veertien dagen naar Arnhem geweest om zijn huis schoon te maken; ik zeg tegen hem waar slaap u dan nu op; hij zeg op een bank, toen heb ik hem gezeg dat geloof ik heelemaal niet; want wat hij zeg ik geloof er niets van; want het zou groot jammer zijn als Mijnheer hem een ledikant mee gaf; afwijzen antwoord op die briefkaart dat is op zijn plaats. Wij hebben het grootste deel van het huisje een beetje klaar, maar vuil hebben ze het achtergelaten; en ook glazen kopjes en bord ontbreken; of die gebroken zijn, ik weet het niet.'

In het tweede deel van de brief klaagt Van Duinen steen en been over het gedrag van een van de twee families die nog in het Grote Huis verblijven. Hij maakt onderscheid tussen de rechter- en linkerkant van het huis, van welk gezichtspunt uit is nog een vraag; aan beide kanten logeert dus een familie. Ook hier waakt Van Duinen over het bezit van het landgoed.

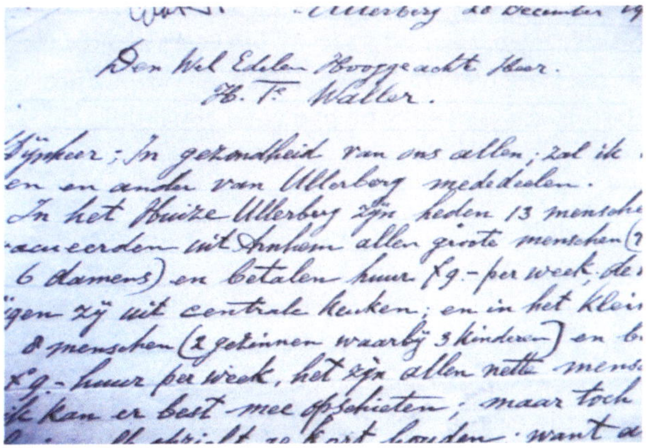
Ullerberg 28 December 19

Den Wel Edelen Hooggeachte Heer.
H. F. Waller.

Mijnheer; In gezondheid van ons allen; zal ik
en en ander van Ullerberg mededeelen.
In het Huize Ullerberg zijn heden 13 mensch
evacueerden uit Arnhem allen groote menschen (7
6 dames) en betalen huur f 9.- per week, de
krijgen zij uit centrale keuken; en in het Klein
8 menschen (2 gezinnen waarbij 3 kinderen) en b
f 9.- huur per week, het zijn allen nette mens
ik kan er best mee opschieten; maar toch

Brief van Van Duinen aan Herman van 28 december 1944

Hij waarschuwt meneer Herman niet te toeschietelijk te zijn als ze om goederen, bijvoorbeeld bedden, vragen: 'Het zou heel jammer zijn als die een stukje, al is het nog zoo klein, van de Ullerberg mee mochten nemen.' Tenslotte is het dankzij Herman dat zij na lang heen en weer gepraat toch het huis verlaten.

Na de oorlog heerst er woningnood, ook in Ermelo en de woningcommissie aldaar eist in 1947 de helft van het Grote Huis op. Vanuit Delft proberen Herman en Frans jr. met brandbrieven aan de gemeente het landhuis vrij te houden – 'de evacués zijn er net uit en de hele zomer zit al volgepland met toerbeurten voor de familie' – maar het is aan de listige Van Duinen te danken dat wanneer een kapitein met zijn gezin het Grote Huis wil betrekken, deze na lang praten genoegen neemt met het kleine huis: Penni.

10. PENICILLINE

Ik betwijfel of Frans jr. in oorlogstijd regelmatig voet op Ulse bodem zet, want de fabriek eist grotendeels zijn aandacht op. De bezetter bemoeit zich met het bedrijf en het moet oplosmiddelen voor de verfindustrie gaan produceren en op grote schaal vitamine C, onder andere om het Duitse leger op de been te houden. En dan, in de zomer van 1943, vangt hij via de Engelse radio een bericht op waarvan hij als gepassioneerd biochemicus om zo te zeggen op tilt springt: in Engeland en Amerika wordt gewerkt aan een wonderbaarlijk nieuw medicijn dat bacteriën kan doden, penicilline. Onmiddellijk zet hij in de fabriek een team van biochemici en microbiologen aan het werk om dit wondermiddel ook te gaan ontwikkelen. Dag en nacht houdt hij alle ontwikkelingen bij. In het diepste geheim lukt het hun het medicijn te produceren. In 1946 blijkt hun product precies hetzelfde antibioticum te zijn als ze in Amerika ontwikkeld hebben. In de jaren die volgen wordt de NG&SF de grootste producent van penicilline ter wereld en velerlei antibiotica worden het belangrijkste product van de fabriek. Deze ontwikkeling is Frans' levenswerk en getuigt van dezelfde karaktertrekken als zijn vader: enorme werkkracht en doorzettingsvermogen gepaard aan intelligentie en groot wetenschappelijk inzicht. Daarbij staat hij in het bedrijfsleven ook bekend om zijn ontwapende charme. Zoon Fransje weet nog een ander verrassend aspect van zijn vaders karakter: 'Hij was verlegen, heel gek, dat wist niemand eigenlijk. Hij was hyperintelligent, en als hij binnenkwam was hij 'very present'. Maar hij was verlegen, hij had geen small talk. Hij haatte small talk.'

11. AKTE

In diezelfde zomer, vlak voordat Frans jr. dat belangwekkende bericht via de Engelse radio verneemt, verdiept hij zich in de situatie van de Ullerberg, nu de derde generatie zich aankondigt – Lily is in verwachting en haar zuster, broers, nichten en neven laten dat niet op zich zitten – en hij zich tevens bewust wordt van de sterfelijkheid van de regerende generatie Erven. Hij schrijft een brief aan vriend notaris Libourel waarin hij hem vraagt na te denken over het opstellen van een regeling om het landgoed veilig te stellen voor het geval er één van hen zou wegvallen. Vooralsnog overheerst het idee dat het landgoed in handen moet blijven van de eersterangs Erven: 'De grondgedachte, waarover wij het alle zes wel eens zijn, is, dat "Ullerberg" als zoodanig niet ver-erfd wordt aan de tweede generatie, zoolang nog één der oorspronkelijke Erven, respectievelijk behuwd-erven, in leven is.' Zijn idee is 'dat na het overlijden van de(n) langstlevende van het huwelijk van één der Erven zijn (haar) zesde deel in "Ullerberg" wordt overgenomen door de vijf anderen, met dien verstande, dat 1/6 van de op dat oogenblik getaxeerde waarde aan zijn (haar)betreffende erven zal worden uitbetaald,' eventueel door zoveel van het landgoed te verkavelen en verkopen als nodig is. Zo worden weduwe/ weduwnaar en de kinderen van een Erf geweerd en blijft het bezit in handen van de Erven. Frans jr. voert echter geen eenmansbeleid, zoals zijn vader vijftien jaar heeft gedaan. Er is overleg nodig. En de broers signaleren het probleem dat ontstaat als een weduwe of weduwnaar hertrouwt. In een schriftelijke reactie probeert Libourel het xenofobische aspect eruit te halen: 'De voorgestelde wering van een vreemde eend in de bijt heeft tot gevolg dat de thans in de bijt behorende eendjes worden opgejaagd.' En: 'Men kan met onderling goedvinden altijd toch een andere regeling treffen. Zo ook zou voor het geval van een vreemde eend in de bijt, als dat eens een lieve eend bleek te zijn, deze altijd nog in het contract kunnen worden opgenomen.'

Notaris Libourel, die vlak na de dood van Frans Waller de Erven nog had aangeraden *Doe weg de Ullerberg, gemeenschappelijk bezit is een bron van ruzie*, stelt ten slotte een akte op waarin staat geformuleerd dat de kinderen van een overleden Erf toegang kunnen krijgen tot de overeenkomst betreffende het gezamenlijke bezit, zij het schoorvoetend. Op 3 maart 1948 ondertekenen de zes Erven plus de echtgenoten van Toot en Heleen de akte te Delft.

12. WEDEROPBOUW

Werken en nog eens werken, dat is het credo van na de oorlog. Er gloort echter een nieuwe dagenraad. In 1948 treedt de jonge koningin Juliana aan, die de hoop van het land op vooruitgang en welvaart vertegenwoordigt. Nederland industrialiseert en daaraan draagt de NG&SF haar steentje ruimschoots bij, met name door de fabricage van antibiotica. In maart 1946 is mijn vader Eppy ter Horst als werktuigbouwkundig ingenieur in dienst getreden bij zijn schoonvader en 'schoonoom'. Hij zal het ver schoppen en een belangrijke rol gaan spelen zowel in het bestuur van de fabriek als in dat van het landgoed. In mei 1948 viert Frans jr. zijn 25-jarige dienstjubileum bij de fabriek. En wanneer het bedrijf in 1950 tachtig jaar bestaat, krijgt het letterlijk de kroon op haar werk: 'Het heeft de majesteit behaagt de onderneming het predicaat KONINKLIJK te verlenen'. Sindsdien draagt de NG&SF een kroontje.

De Ullerberg krijgt weliswaar geen kroontje, maar toch voelt het wel een beetje zo, want het landgoed is nog steeds gebaat bij de welvaart en organisatie van het bedrijf waarvan de leiding twee Wallers telt.

Alle plichtplegingen die de fabriek met zich meeneemt, een moeilijke man die haar regelmatig letterlijk niet ziet staan en andere ondoorgrondelijke redenen, dit alles is mijn grootmoeder Corrie op een gegeven moment te veel. Op de laatste dag van 1948 pakt zij haar koffers, verlaat haar echtgenoot Herman en trekt in bij een andere man. Haar vertrek is taboe in de familie. Er mag niet over gesproken worden en eigenlijk mag je haar ook niet tegenkomen. Marga vertelt: 'Ik liep een keer op het Spui in Den Haag en aan de overkant liep zij, met die man. Ik schrok me helemaal kapot. Ik zei later "Ik heb vandaag tante Cor gezien!" Maar dat kon helemaal niet! Wij waren zo geïndoctrineerd.' Lily, mijn moeder, voelt zich verantwoordelijk voor haar vader en haar jongste broertje van veertien en probeert zoveel mogelijk haar moeders rol over te nemen. Ze is en blijft boos op Corrie. Ik zelf ben drie als mijn grootmoeder weggaat en ik leer haar pas kennen als ik al getrouwd ben en twee kinderen heb.

'Mijn vader heeft haar nooit meer willen zien', zegt Marga. Ze heeft het over Eg. Eg, die geen technische studie in Delft heeft gedaan, maar rechten in Amsterdam, die burgemeester wil worden en daartoe een tijd bij de gemeente Hoorn heeft gewerkt voor een habbekrats, die tot inkeer is gekomen en het inmiddels tot directeur van de Centrale Suikermaatschappij heeft gebracht. Eg, die wel van small talk houdt, dat juist 'big' weet te maken, die met zijn vrouw Claar al drie kinderen heeft. En Claar, die zeventien dagen na Corries vertrek op haar vijfenveertigste nog het leven schenkt aan een prachtige dochter, Erlandine, de achttiende en allerlaatste telg van de tweede generatie. Corrie zal de baby niet bewonderen. Ze zal nooit meer op de Ul komen en nooit meer door haar allée lopen.

13. WAT WILLEN DE WALLERS?

Overtuigend en naar ieders tevredenheid is Libourels formulering van de akte van 1948 beslist nog niet. Na de oorlog organiseren de Erven hun verblijf op de Ullerberg met hun kinderen en kleinkinderen op basis van toerbeurten. Een 'spreekbeurtenstelsel', noemt Eg dat. De man van Toot, Peter, maakt ieder jaar op wiskundige wijze een indeling om alle weken zo eerlijk mogelijk te verdelen. Vanaf half juni tot half september krijgt iedere Erf twee vakantieweken toebedeeld. Daarnaast nog zes á zeven weekenden. Een weekend begint in principe op donderdagnamiddag en eindigt woensdagnamiddag. Ook worden er twee weekenden voor gezamenlijk gebruik gereserveerd, voor het noodzakelijke overleg, vergaderingen en de gezelligheid.

Niet iedereen is altijd in de gelegenheid zijn toegekende tijd op Ul door te brengen. Hier en daar en af en toe ontstaan er wrijvingen en sommigen voelen zich tekortgedaan omdat bepaalde weekenden gunstiger uitvallen. Maar aan plannen geen gebrek. 'Laten we een extra huis bouwen, op kosten van het onverdeeld, dan verdubbelt het aantal spreekbeurten.' 'Laten we alles verkopen, dan mag ieder doen met het geld wat hij wil.' 'Nee, ieder krijgt een zesde deel van het landgoed en daar mag hij een eigen huis op bouwen.'

Op 13 juli 1955 schrijft Frans jr. een brief aan de Directie van de Nederlandse Heidemaatschappij waarin hij de opdracht formuleert tot het uitwerken van een voorstel van verdeling van het landgoed: '...Aangezien wij, als Erven, gezamenlijk achttien kinderen hebben, kan met stelligheid worden aangenomen dat "Ullerberg" geen gemeenschappelijk bezit zal blijven, al was het alleen al om financiële redenen. Wat wij thans zouden wenschen te doen, is: het terrein van "Ullerberg" op papier in zes equivalente gedeelten verdeelen. Komt één van ons zessen en de echtgenoot(e) te overlijden, dan hebben zijn of haar directe erfgenamen de keuze óf hun gedeelte in eigendom te houden óf het te verkopen, waarbij de overige vijf Erven het recht van "first refusal" hebben. De hulp, welke wij thans bij Uwe Maatschappij zouden willen inroepen, is: de verdeeling van deze 250 ha. in zes equivalente stukken.'

De Heidemaatschappij buigt zich over de opdracht. De verdeling in zes equivalente stukken blijkt een probleem. De oppervlaktes bos, heide met vliegdennen, bouwland en tuingrond gelijkwaardig verdelen is erg moeilijk. Als de Heidemij met een voorstel komt, reageert Eg daarop in een brief aan zijn broer en zusters. Hij begint zo: 'Gelijk een zweepslag het paard harder doet lopen, zo heeft het plan tot geografische deling van de Ul, zoals het nu voor ons ligt, mij uit een zekere lethargie gebracht om over dit akelige probleem na te denken,' waarna hij in zeven bladzijden de situatie uiteenzet, met als uitgangspunt 'dat wij allen in ons hart de Ul willen behouden, maar willen vermijden dat er ruzie over komt.' Hij stipt aan dat dat moeilijker wordt naarmate er meer erfgenamen komen. Ook noemt hij de mogelijkheid van uittreders, die dan uitgekocht moeten worden, en hij ziet een nadeel als ieder een eigen stukje grond heeft, want dan kan ieder dat uitbaten naar eigen inzicht door bijvoorbeeld er een motorracebaan op aan te leggen. Tot slot noemt hij de mogelijkheid om huizen en stallen met een stuk terrein eromheen te verkopen aan derden, en de rest van het terrein in zessen te verdelen. Maar, vraagt hij zich direct af, wat heb je nu aan 40 hectare grond zonder huis en zonder beheer en toezicht van Van Duinen? En misschien wordt er dan in het Grote Huis wel een café chantant gevestigd. Kortom, het verdeel-concept roept veel problemen op, maar zo gemakkelijk laten de Erven het idee geen schipbreuk lijden. Nog drie variaties op het thema verkaveling passeren de revue, voordat de keuze tweeërlei wordt: óf verkoop van de Ul in zijn geheel, 'maar dan weten we dat de Ul niet meer bestaat', óf het blijft zoals het is. Het wordt het laatste.

14. MAATSCHAP

Thor kan opgelucht ademhalen en zijn hamer met rust laten: geen ruzie, geen chaos, maar harmonie: de Ul blijft onverdeeld en houdt zijn bestemming en opzet. Om het beheer over het gezamenlijke bezit te vergemakkelijken, vooral wanneer het aantal belanghebbenden door vererving toeneemt, richten de zes Erven op 5 maart 1958 de 'Maatschap tot exploitatie van de Ullerberg' op. Het geheel is een lijvig document, ruim twintig pagina's, met achttien artikelen en een toegift, samengebonden in een hardcover donkerblauwe map.

Eg heeft van tevoren druk uitgeoefend in een brief: 'We hebben enkele weken geleden de vergunning voor de zandafgraving moeten tekenen. Het kostte nogal wat moeite om alle handtekeningen bijeen te krijgen. Wij moeten niet denken aan de moeite die het zou kosten, als straks onze erfgenamen een dergelijke stuk moeten tekenen. Indien de maatschap er is, worden dergelijke formaliteiten door de beherende vennoten afgedaan.'

Doelstelling van de maatschap is het verkrijgen van bestuurbaarheid, waarvoor worden ingesteld een gekozen bestuur met een beheersbevoegdheid en een Algemene Vergadering die met meerderheid van stemmen bindende besluiten kan nemen. Voorts het scheppen van een procedure voor overdracht van aandelen in het gemeenschappelijk bezit aan mede-deelgenoten en ten slotte een regeling om de Ullerberg zoveel als mogelijk in bezit te houden van nazaten van Dr. F.G. Waller.

Artikel 4 van de maatschapsakte: Vennoten kunnen slechts zijn wettige afkomelingen van Frans Waller. Eg legt het uit: 'Wij hebben dat gedaan, omdat de afkomelingen van Vader in het algemeen als kind op de Ullerberg hebben rondgewaard en de speciale affectie in grotere mate hebben dan iemand die op latere leeftijd in de familie is gekomen en er dus misschien iets anders tegenover staat.' Affectie voor de Ul is een heel belangrijk item. En dat zal het in de volgende decennia altijd blijven.

De beherende vennoten: Herman penningmeester, Frans jr. voorzitter, Eg secretaris. 'Zij genieten geen bezoldiging, maar de kosten die zij maken worden uit de kas der maatschap vergoed.' Artikel 17.1: 'Indien [...] één of meer vennoten hebben verklaard de maatschap niet te willen voortzetten, terwijl de overige vennoten de maatschap wensen te doen voortduren, zijn zij verplicht hun aandeel in de maatschap over te dragen of toe te scheiden aan één of meer vennoten die zich daartoe bereid hebben verklaard en de maatschap voortzetten.' Art. 17.3: 'De vergadering beslist met ¾ meerderheid van stemmen.'

En om toch nog enigszins tegemoet te komen aan de privé bezitsdrang wordt er aan de akte nog een toegift toegevoegd: een verklaring van de broers en zusters, gevloeid uit de creatieve pen van meester Eg: 'Met deze bevestigen wij, ondergetekenden, de onderlinge en wederkerige afspraak die wij hebben gemaakt, dat ieder het recht heeft om een stuk van twee à drie hectare van de Ullerberg in eigendom te verwerven.' Onder bepaalde condities natuurlijk. De notaris moet grinniken om dat 'onderlinge en wederkerige', maar Eg vindt de geest en de bedoeling van de overeenkomst belangrijker dan de vorm.

In de glans van Thors stralende glimlach vieren alle Erven in 1958 met hun aanhang en kinderen trots en blijmoedig de geboorte van de maatschap in uitspanning de Zwarte Boer met een Hollands diner: biefstuk met gebakken aardappels, geheel onwetend van het feit dat, wegens een fiscale wetswijziging in 1965, de boreling op 10 december 1966 al de geest zal geven.

15. EXPLOITATIE

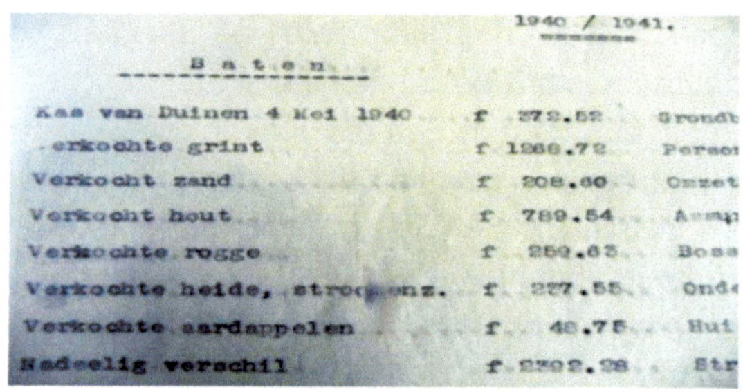
1940 / 1941.

Baten.

Kas van Duinen 4 Mei 1940	f	272.52
Verkochte grint	f	1288.72
Verkocht zand	f	208.60
Verkocht hout	f	789.54
Verkochte rogge	f	259.63
Verkochte heide, stro enz.	f	227.55
Verkochte aardappelen	f	48.75
Nadeelig verschil	f	2302.28

Evenals tijdens de regeerperiode van Frans Waller brengt het landgoed de eerste twintig jaar na zijn dood jaarlijks iets minder op dan het onderhoud en de bewoning aan kosten met zich meebrengen. Uit het rendement van de andere delen van de onverdeelde nalatenschap wordt het totaal gesaldeerd. Rogge, stro, bijenkorven (heidehoning!) en aardappelen dragen bescheiden bij aan de opbrengst. De malse Ulse aardappels zijn erg in trek bij de familieleden, die graag elke keer een tiende mud meenemen als ze vertrekken, maar in 1957 schrijft een verontwaardigde Van Duinen in zijn fraaie schuinschrift in een brief aan Herman dat ze geen Eigenheimer en Rode Star meer mogen verbouwen. Er is een controleur geweest, die alle aardappelvelden in heel Gelderland afstruint, 'die is ook het aardappelland op het groote bouwland door geweest, maar daar kon hij niets vinden, en toen dat kleine stukje grond, de Kweekerij genaamd, daar vindt hij twee struikjes die verschijnselen aantoonen van aardappelmoeheid; daar zijn zeker geen zes jaar aardappels verbouwd. Wij hebben steeds wisselbouw op Ullerberg wat aardappels betreft.' Helaas, de Ulse aardappelteelt gaat de dood tegemoet.

Aanvankelijk komt verreweg de meeste opbrengst uit de verkoop van hout. De naaldbomen-bossen – grove den, Corsicaanse den, douglasspar, fijnspar, lariks, – leveren allerlei soorten: slieten, rikhout, mijnhout, bonen- en erwtenstokken, palen en riggels, en de loofbomen onder andere eikensnoeisel en berkendunsel. Ook het grind, fijn en grof, brengt ieder jaar geld in het laatje. In al die jaren is ook veel zand afgegraven. Zo veel dat je nauwelijks nog kunt spreken van de Uller-*berg*. In de jaren 50 verkrijgen de Erven een ontgrondingsconcessie van de Gelderse Gedeputeerde Staten. Dan breiden de zandgroeves zich uit in noordoostelijke richting van de berg, aan weerszijden van de Lily-weg. Rond 1956 zijn daar op verschillende plekken vier ontgrondingsfirma's bezig, waarvan firma de Bruin de belangrijkste en betrouwbaarste blijkt te zijn. Zand wordt de voornaamste bron van inkomsten tot ver in de jaren 70, mede door toedoen van de boswachter. In oktober 1959 schrijft Herman in een rondbrief: 'De zandgraverij is een groeiend bedrijf. De samenwerking met de Provincie, die erg lastig is, wordt steeds beter dankzij de onkreukbaarheid en intelligentie van Van Duinen, die tusschen opzichter Provincie en uitvoerder de Bruin handig intervenieert.' Het gaat om allerlei soorten zand: metselzand, vulzand, betonzand, welzand. Het inkomen stijgt jaarlijks gestaag en het zandniveau daalt voortdurend, zodanig dat er in het westelijk deel van het landgoed mettertijd een enorme kuil ontstaat. In de volksmond is dat al gauw: 'Het Gat van Waller'.

16. MIN ÉÉN

Intussen neemt Herman in 1955 afscheid van de fabriek en wordt gefêteerd met de nieuwste gebruiksvoorwerpen: een televisietoestel en een bandrecorder. In hetzelfde jaar treedt zijn schoonzoon Eppy aan als directeur en twee jaar later volgt Frans jr. Dick van Leeuwen op als president-directeur. In de levensjaren die Herman nog resten zet hij zich in voor de Ullerberg.[*8] Hij regelt onder andere de huishoudelijke hulp en neemt een nieuw dienstmeisje in dienst: Diny. 'Het is noodzakelijk, dat ieder der Erven Diny inwerkt. Dit kan daarom zo goed gebeuren, omdat de vakantieperioden aanbreken, waarbij ieder der Erven 14 dagen aaneengesloten de Ullerberg bewoont. Aangezien alle Erven daarin gelijk staan, is er geen bezwaar tegen gedurende 6 x 14 dagen het loon uit de gezamenlijk pot te betalen', schrijft hij aan zijn broers en zusters.

Op 28 september 1961 overlijdt Herman geheel onverwacht in zijn slaap op zeventigjarige leeftijd. De eerste Erf die uit de tijd glijdt. Thors magische hamer glipt bijna uit zijn hand. Mijn grootvader is mijn eerste dode. Ik ben zestien en de felle fabrieksfluit kruipt over mijn huid terwijl ik meerijd in de begrafenisstoet. Frans jr. spreekt zijn lieve broer en collega toe. Hij roemt zijn werkkracht, zijn inventiviteit en zijn García-mentaliteit, en zegt dat hij telkenmale de juistheid van zijn moeders levensspreuk WHEN THERE IS A WILL, THERE IS A WAY bewees. Hij besluit met de woorden: 'Moge de band tussen je kinderen hecht blijven; zij handhaven dan een traditie, welke wij zessen van onze ouders meekregen en liefhebben en die jij jouw en wij allen onze kinderen toewensen.' Een verwijzing naar de Ullerberg. Geen enkele verwijzing naar Corrie. Maar dit herinner ik mij nog: Plotseling ontstaat er onrust in de zaal, menigeen kijkt ineens om en een licht geroezemoes stijgt op. Als ik ook omkijk, zie ik een vrouw in een lange regenjas en een tas aan haar arm helemaal achterin staan, alleen. Mijn grootmoeder Corrie, begrijp ik. Een immens gevoel van compassie maakt zich van mij meester. De stoet naar het graf wordt gevormd. Ik loop achter mijn vader en moeder aan, ze lopen gewoon door, en ik kijk schuin naar wat de ex-vrouw van mijn grootvader zal doen. Aarzelend sluit zij zich bij de menigte aan. Terwijl de stoet vooruit schuifelt, verdwijnt mijn compassie en ik denk wat mij stilzwijgend met de jaren is bijgebracht: het is haar eigen schuld.

Na Hermans dood laten de Erven het landgoed taxeren in verband met de erfenis. De waarde blijkt sinds de aankoop bijna vertienvoudigd. Voor Eg reden om op te merken: 'Gevoeglijk kunnen wij aannemen dat wij de Ul al deze tijd voor niets hebben gehad.' De vijf Erven beseffen dat tot dan toe het beheer met zijn zessen en aangehuwden redelijk goed is verlopen, maar dat het met de beste wil van de wereld niet meer mogelijk zal zijn voor erven der Erven, achttien in getal - van Lily, die 41 is, tot Erlandine van 12 – om het gezamenlijk beheer in hun trant voort te zetten. Ze zoeken een rentmeester en vinden die in het Schoutenhuis, een firma die zich belast met het algehele beheer van landgoederen.

17. VAN DUINEN EN VAN DUINEN

'In den beginne was de Ullerberg woest en ledig, maar... daar was Dirk van Duinen.' 250 hectare bos en hei, een golfbaan, aardig verwaarloosd sinds de oorlog, een golfhut, een uitzichtkoepel, een theehut, stallen, schuren, het Grote Huis, de boswachterswoning, Penni, een moestuin om te onderhouden, roedels herten en rotten zwijnen, én een veelkoppige familie: de Erven met hun wederhelften, hun kinderen, die weer hun eigen gezinnen vormen en allemaal beurtelings in en om het landhuis vertoeven en door bos en hei banjeren. Dan moet er wel één iemand zijn die alles in de gaten houdt en aan wiens aandacht niets ontsnapt: de steun en toeverlaat van het landgoed: Dirk van Duinen. 'Van Duinen hoort bij de Ul,' zegt een kleinzoon van Herman. 'Die gaat nooit dood.' Als de kleine man, altijd met pet, een enkele keer bij warm weer met hoed, en gekleed in een donkergroen ribfluwelen pak, in februari 1951 de pensioengerechtigde leeftijd bereikt, wordt hij samen met zijn lieve vrouw Gerritje en hun kinderen

Dirk van Duinen

flink in de bloemetjes gezet. Hij heeft een grondige kennis van zaken en een bijzonder scherpzinnig verstand. Zijn toegenegen dienstbaarheid en zijn innemende souplesse in de omgang maken hem bijzonder geliefd bij alle familieleden, groot en klein. De boswachter wil echter niets van zijn pensioen weten. Hij wil blijven werken en zijn uitkering opsparen. Daar is iedereen blij mee. Zijn werk wordt enigszins verlicht, omdat er in de hal van het Grote Huis een centrale oliekachel is geïnstalleerd, overigens zonder de grote schouw aan te tasten. Nu heeft hij niet meer de dagelijkse zorg voor de reeks potkachels overal in het huis, hoewel de kachels nog wel op hun vertrouwde plaats blijven staan. In de keuken staat ook nog het oude, charmante, emaillen bloemetjesfornuis, met ijzeren ringen die je met een pook moet optillen om er hout en kolen in de gooien, maar daarnaast is inmiddels een nieuwerwets, vierkant en vierpits gasfornuis met oven neergezet.

Gerrit van Duinen

Naast Jan van Roozelaar, die hem al jarenlang bij staat, krijgt van Duinen in 1952 nog meer hulp: zijn neef, Gerrit van Duinen, zwaait af uit militaire dienst en zoekt werk. Hij treedt bij zijn oom in dienst. Twee jaar later trouwt Gerrit met Geertje, de liefde die hij in Bennekom heeft leren kennen, en met zijn kersverse vrouw mag hij zijn intrek nemen in Penni. Vuur en licht zijn vrij, hij verdient fl. 42,00 per week en krijgt zes vakantiedagen per jaar. Samen zullen ze zesentwintig jaar op het landgoed lief en leed delen. In de volgende jaren, waarin zoon Bram en dochter Lia geboren worden, leert de oude van Duinen zijn neef alle kneepjes van het vak totdat in augustus 1960 het uur der waarheid aanbreekt: Dirk van Duinen moet zijn functie aan Gerrit overdragen. De oude bosbaas heeft er dan vijftig jaar boswachterschap op zitten. Hij is begonnen in 1910, op vierentwintigjarige leeftijd, als meester Peereboom het stuk land van Sandberg koopt en de huizen nog gebouwd moeten worden.

Eg schrijft aan zijn broers en zusters: 'Zoals je waarschijnlijk weet, is van Duinen thans ruim 74 jaar oud. Wij hebben het daarom nuttig en nodig geoordeeld, met ingang van 1 augustus 1960, Van Duinen van het beheer en van de verantwoordelijkheid te ontlasten en Gerrit van Duinen daarmede te belasten. Dit is uitvoerig met Van Duinen en Gerrit besproken en beide gaan geheel akkoord.'

Dirk van Duinen, die in dat voorjaar op verzoek van de Erven benoemd is tot Onbezoldigd Ambtenaar van het Korps Rijkspolitie, zodat hij ongewenste bezoekers van het landgoed, dagjesmensen en stropers[*9], op de bon kan slingeren, zal nog vijf jaar van zijn pensioen kunnen genieten, terwijl hij Gerrit en de familie nog met raad en daad bijstaat. Het verhaal gaat dat hij op zijn vijfenzeventigste nog het dak van het Grote Huis opklimt, om met zorgvuldig uitgezochte douglassparrentakken waaraan hij een steen heeft bevestigd de schoorsteen goed schoon te vegen. Iedereen wordt verzocht vanaf 1 augustus alles met Gerrit te bespreken en te regelen: reparaties in het huis, de was, de regeling met Diny, het hout voor de haard, het komen en weggaan etcetera. Van Duinen houdt echter de moestuin en de kippen. Groenten en eieren komen dus nog van hem. Ten slotte schrijft Eg: 'Gerrit moet derhalve nu laten zien wat hij waard is.' En dat zal Gerrit van Duinen gedurende de volgende twintig jaar zeker doen.

Hamertje Tik 5

GLADIOLEN

Het was een zonnige zondagmiddag. Een luchtig windje woei over de toppen van de bomen. Claar had de gewoonte van haar schoonmoeder Dorothea overgenomen en was met haar twee oudsten naar de koepel gegaan. Destijds liet haar schoonmoeder zich vaak brengen, met paard en wagen, vanwege haar pijnlijke knieën en enkels. Zíj was gaan lopen. Het was een stevige wandeling. Nu zaten ze uit te rusten en te wachten op de dienstmeid. Vanuit de koepel had je een mooi uitzicht. Naar rechts keek je over de kruinen van de dennenbossen van Sandberg, de vijand, vóór je rolde de heide een glooiend lila tapijt uit, en keek je links, dan zag je de verhoogde zoom van de zangerige dennen langs de Drieweg.

Daar kwam Dini. Ze moest de heuvel van de koepel nog opklimmen met de mand.

'Het is geen heuvel. Het is een berg', zei kleine Herman. 'Een echte berg.'

Eenmaal boven haalde Dini de theepot uit de mand, zette de kopjes op de schoteltjes, deed een schepje suiker in elk kopje, schonk de thee in en overhandigde een kopje aan Claar. Vervolgens legde ze de koekjes op een schaaltje en ging er mee rond.

'Ik wil die met chocola', zei kleine Herman.

'Ik die roze', zei Margje.

Dini ging aan de achterkant van de koepel zitten wachten.

Claar zag hoe een vlinder kwam aangefladderd en op één van de ronde boomstammen van de koepelwand neerstreek. Het donkerrood en de vier ogen staken af tegen het verbleekte hout. 'Kijk eens jongens! Een dagpauwoog!' De kinderen luisterden niet.

De vlinder vloog verder en Claars gedachten vlogen naar het kinderhuisje, dat ruim tien jaar geleden was gebouwd aan de rand van de zandkuil, in dezelfde stijl als de koepel. Dat was op initiatief van haar schoonmoeder. De kinderen waren dol op dat huisje. Huisje maat 140, dacht ze. Opgetrokken met boomstammen uit het bos en met oude ramen uit het Grote Huis. In de woonkamer was toen naast de openslaande deuren een raam gemaakt, waardoor er veel meer daglicht naar binnen viel. Daarboven was een balkon aangelegd en op de vliering waren twee dakkapellen gebouwd. Nu werd er wéér gebouwd: een logeerhuisje op ongeveer 150 meter afstand van het Grote Huis.

Kleine Herman zat zijn zusje achterna. Hij wilde haar pakken en in de houten, opklapbare bank van de koepel opsluiten, haar vetmesten en daarna opeten. Dat idee beviel Margje helemaal niet en gillend rende ze weg tussen de dennenbomen op zoek naar een goede verstopplaats.

De zon scheen schuin over de heidevlakte en verfde de kleine bloemetjes diep paars.

Claar zei tegen Dini dat ze naar huis kon gaan. De dienstbode verzamelde de kopjes en schoteltjes, stopte alles in de mand en liep behoedzaam de weg naar beneden af.

'Kom, jongens, we gaan!'

De kinderen kwamen aangehold.

'Wie het eerst bij die boom is!' Onvermoeibaar renden ze over het zandpad de heuvel af. Ze wisten de weg. Als dartele veulens roken ze de stal.

Toen ze het Grote Huis naderden, wees Claar naar de plaats waar ze het logeerhuisje aan het bouwen waren. In de enige houten muur die was opgetrokken op de recent gestorte betonvloer zat een deur.

'Weet je wie daar woont? Oma Takkebos! Zou ze thuis zijn?'

Claar deed alsof ze aanbelde. 'Tring! Tring! Tring!'

Vervolgens liep ze snel naar de achterkant van de deur, deed hem open en zei met krakende stem: 'Is daar iemand? Er werd toch gebeld? Niemand te zien.' En ze deed de deur weer dicht.

Herman kreeg de smaak te pakken. Hij belde aan op de solitaire deur, 'Tring! Tring!' en rende hard weg om zich onder een grote rododendronstruik te verstoppen. De deur ging open, en er stak een hoofd naar buiten: 'Wie is daar? Ik hoorde toch echt de bel! Ik zal ze krijgen!!' En ze sloeg de deur dicht.

Nu wilde Margje niet achterblijven. Ze ging voor de deur op haar tenen staan. 'Tring, tring!' En zo vlug als ze kon verstopte ze zich tussen de rododendrontakken.

'Wel allemachtig! Alweer niemand! Nu ga ik ze echt pakken!'

Met een knalpot gezicht stapte Oma Takkebos over de drempel van het lege huis, en sloeg de deur zo hard achter zich dicht dat de enige staande muur trilde van opwinding. Onder de leergroene bladeren van de rododendron zaten de kinderen zo hard te gieren van het lachen dat hun onderbroekjes er nat van werden.

Een maand later had het huisje vier houten muren, aan de buitenkant afgewerkt met ronde boomstammen, één dubbel raam met twee witgeverfde luiken, drie ruitjesramen zonder luiken, een zadeldak bedekt met riet, en één deur met deurkruk, zonder bel. Binnen bood het een comfortabele slaapplaats aan acht à tien jongelieden.

De jongens waren studenten uit Delft, die waren uitgenodigd voor het feest dat werd gegeven ter ere van Lily, de oudste kleindochter van wijlen Frans Waller, die glansrijk haar einddiploma aan het Delftse gymnasium had behaald. Het zou ook een glansrijk festijn worden. Niet alleen vanwege alle bijzondere activiteiten die waren gepland, zoals een tenniswedstrijd, een golfconcours, een vossenjacht, en natuurlijk een copieus diner en muziek en dans, alles onder het toeziend oog van de beschermgod Thor en de wuivende taxusbomen van stiefzoon Ullr. Maar ook gedenkwaardig omdat één van de enthousiaste jongelingen die met de auto uit Delft waren komen rijden, met een enorme bos gladiolen, zo rood als zijn haar, energiek uit de wagen sprong, en de bloemen aan de jeugdige gastvrouw overhandigde. 'Wat een prachtige bos!' zei zij glimlachend met hartveroverende kuiltjes in haar wangen. Vier en een halfjaar later, op 12 maart 1943, traden zij in het huwelijk. Vol bewondering keek Margje naar haar oudste nicht gekleed in een lange witte jurk en met een sluier op haar hoofd. In het bruidsboeket zaten witte lelietjes van dalen, geen gladiolen. 'Gladiolen zijn de bloemen die ik het meest verafschuw', zei de stralende bruid.

Hamertje Tik 6

TOERBEURT TOOT

Nu is hij groot genoeg. Hij is al acht. Hij durft al alleen in het donker naar het huis van Ome Dirk van Duinen te lopen. En hij weet ook al dat Sinterklaas niet bestaat. Even werpt hij een blik op het klavertje vier dat naast de kelderdeur aan de muur hangt en vol zelfvertrouwen stapt hij de keukendeur uit achter zijn grote broer Henk aan naar het korenveld. Hij mag mee. Zijn kortgeknipte blonde haar waait op in een kuifje. Hij hoort de wind in de bomen. Hij hoort het goed. Ze ruisen zijn naam: Roe-lofff, Roe-lofff…

'Als je er een vangt, maak jij hem dan ook dood?' vraagt hij.

'Ja, natuurlijk', zegt Henk.

De akker is bezaaid met lupines. De fletsblauwe bloemenzee gaat moeiteloos over in de grijsblauwe lucht. De kaarsen wijzen nog vol verwachting omhoog. De boswachter is er al met Bruun. Achter het paard heeft hij een grote zware roller aangespannen. Om de lupines te rollen. Daarna worden de planten ondergespit.

'Zoek een goede plek, Henk.' Langs de Drieweg, halverwege de rand van het veld, gaat Henk op zijn knieën zitten. Hij wijst Roelof zijn plaats achter hem. Roelof maakt zich zo klein mogelijk en houdt zijn adem in.

'Hortsik!' Ome Dirk trekt aan de teugels.

Daar gaat Bruun. Met zijn brede paardenvoeten trekt hij de roller vooruit. Meedogenloos worden de lupinekaarsen tegen de grond gedwongen. Nu moet het gebeuren. Vol verwachting loert Henk naar de zoom van de akker. Daar schieten twee konijnen razendsnel tussen de planten uit het bospad over. Henk is te laat. Hij kreunt. Weg. Roelof kijkt ze na.

'Hortsik!' Bruun stapt verder en sleept de roller achter zich aan. Henk recht zijn rug en houdt de rand van het veld nauwlettend in de gaten. Daar beweegt wat. Daar. Nu. Met opgeheven bovenlijf en vooruitgestoken armen laat hij zich op het dier vallen. Roelof schrikt.

'Hebbes!' Met twee handen omklemt Henk de wollige vacht. Roelof staat op en kijkt ontsteld naar het grijsbruine dier. Hij aarzelt, maar dan strijkt hij toch heel even met zijn uitgestrekte rechter wijsvinger over zijn kopje. Van Duinen houdt Bruun stil. Hij schuift zijn pet iets naar achteren op zijn hoofd. Henk loopt met het spartelende dier in zijn handen over de geplette planten naar de bosbaas. Roelof treuzelt er achter aan.

'Goed gedaan! Mooi exemplaar! Doe jíj het?'

Henk deinst terug. Hij twijfelt. Dan schudt hij schuchter zijn hoofd en biedt het beweeglijke beest aan de boswachter aan. Van Duinen pakt het konijn met zijn linkerhand bij zijn achterpoten en houdt hem hoog. Zijn rechterduim zet hij achter de oren en zijn vingers omklemmen de nek van het dier. Dan drukt hij zijn duim naar beneden en met een ruk trekt hij het beest aan zijn poten omhoog. Roelof wendt zich af, knijpt zijn ogen dicht en voelt zijn maag opspelen. Henk slikt. Hij ziet hoe het beest na een paar stuiptrekkingen bewegingloos blijft hangen.

'Nu naar huis. De vrouw weet er wel raad mee.'

Henk haalt diep adem en pakt het beest bij zijn poten.

'Kom', zegt hij tegen zijn broertje en hij houdt de buit voor zich uit. Zwijgend loopt Roelof achter zijn broer aan. Zijn blik wordt steeds naar het dode beest getrokken dat op de maat van hun stappen heen en weer bengelt. Zijn grijsbruine vacht heeft hier en daar wat witte vlekken. Zijn oren hangen lang naar beneden en wiebelen heen en weer. Zijn knuffelkonijn heeft ook lange oren. Witte. Een wit konijn, gekregen van Sinterklaas. Net zo wit als de fret van ome Dirk, die af en toe in een konijnenhol wordt gestopt om de beesten eruit te jagen en te vangen. Dat wist hij wel. Wat bungelt dat beest. Daarnet rende hij nog.

Voor het boswachtershuis zit Gerritje, de vrouw, aardappels uit de moestuin te schillen. Trots strekt Henk zijn arm uit om haar de vangst te overhandigen. 'Zelf gevangen?' Henk knikt stralend. Roelof kijkt naar de kiezelstenen op de grond. Dan draait hij zich om en rent weg zo hard als hij kan.

'Stomme tante Toot.' Jenny slaat met de droogdoek op het aanrecht.

'Praat niet zo', zegt moeder Greta. 'Jullie zijn als haar eigen kleinkinderen.'

'Ik mag van haar niet eens twee kopjes tegelijk in het afwasteiltje doen.'

'Dat heeft zijn reden. En je moet blij zijn dat we altijd mee mogen naar de Ullerberg.'

Het is vakantie en Toot heeft voor haar toerbeurt op de buitenplaats weer het hele gezin van haar hulp Greta meegenomen. Opeens zwiept de keukendeur open. Hijgend komt Roelof binnen, ploft neer op een stoel en legt zijn hoofd op zijn armen op de tafel.

'Is er wat?' vraagt Greta.

Roelof reageert niet. Even tilt hij zijn hoofd op en zijn blik valt op het klavertje vier. Dat had hij gevonden in het grote, pas aangelegde grasveld, toen ze croquet aan het spelen waren. 'Dat brengt geluk,' had tante Toot gezegd en Ome Peter had er een lijstje voor gemaakt en opgehangen in de keuken onder het bellenbord, het paneel met kamernummers. Jenny droogt haar tweede wit porseleinen kopje af.

'Kom op, jongen, breng jij die mand met aanmaakhoutjes eens naar de zitkamer. Tante Toot en Ome Peter zijn even naar het Roode Koper.'

Met een vertwijfeld gezicht staat Roelof op, pakt de mand en loopt de gang door. Met zijn ellenboog duwt hij de huiskamerdeur open. Binnen blijft hij staan. Hij ziet geen haard, maar een groot roestrood kleed dat breed vanaf de hoge schoorsteenmantel naar beneden hangt. Het kleed beweegt. Hij doet een stap achteruit. Het doek wappert en wordt ineens opengeslagen met een zwarte hand. Roelof voelt zijn hart in zijn keel kloppen en staart naar het kleed. Plotseling komt er een roetzwart gezicht van achter tevoorschijn. Hij deinst achteruit, de mand valt op de grond, hij maakt rechtsomkeert en rent door de gang naar de keuken. Hij duwt de keukendeur zo onbehouwen open dat het klavertje vier op de tegelvloer aan diggelen valt. 'Zwarte P…', stamelt hij, en verdwaasd kijkt hij naar de brokstukken op de grond.

'Zo. Klaar. Meneer en mevrouw Landberg kunnen de haard weer stoken', klinkt Gerrits zachte stem. De jonge hulpkracht van Van Duinen loopt de keuken door en stapt in zijn klompen die buiten staan. 'Hier, dit kan in de was.'

'Jij ook,' lacht Greta. Ze pakt het kleed aan, schudt het buiten uit en legt het opgevouwen op de groen houten bank. Jenny lacht ook. 'Gekke Gerrit', gniffelt ze terwijl ze de afgedroogde kopjes zorgvuldig op het theeblad rangschikt. Dan haalt Greta stoffer en blik uit de bijkeuken, en Roelof ziet hoe zijn moeder zich voorover buigt en behendig de scherven van zijn schilderijtje opveegt van de roestrood geblokte keukenvloer.

Hamertje Tik 7

DANK VOOR STANK

Op zestien juli 1940 ligt het Grote Huis om 10 uur al stil te baden in de zon en staat het kinderhuisje aan de rand van de zandkuil onder de beukenbomen geduldig te wachten op de komst van de kinderen. Een lichte bries door de hoge sparren evenaart het zachte geruis van de zee. Een roedel herten draaft achter elkaar de Lilyweg over en verdwijnt geruisloos tussen de dennentakken. Niets doet vermoeden dat de Duitsers het land hebben bezet.

Van Duinen had die ochtend al een fikse klus geklaard. 'Wat ga je doen zo vroeg?' had zijn vrouw Gerritje gevraagd. 'Beter dat je het niet weet', had hij geantwoord. 'Blijf jij maar hier'. Nu zit hij in de keuken van het Grote Huis te wachten. Ze zijn laat, denkt hij. Op hetzelfde moment hoort hij autobanden op het grindpad. Zijn hartenklop versnelt. Daar komen ze. Hij staat op en loopt naar de hal. Hij vermant zich en doet de schuifdeuren open om zijn gasten te verwelkomen. Uit een grote legerauto stappen drie mannen met een strakke pet waarop een vogel met gespreide vleugels staat. Een adelaar. Hun hoge zwarte laarzen knarsen op het grind. Eén van hen helpt twee luchtig geklede dames met geverfde lippen uit de wagen. Op hoge hakken lopen ze wiebelig naar de ingang.

'Guten Tag. Mooi huis. Mooie plek. Heel goed voor ons.'

'Goedendag. Welkom.'

'Ich wil gerne het hele huis zien.'

'Natuurlijk, Herr Kommandant.'

Van Duinen laat hen binnen. In de hal wijst de

boswachter op de glas-in-loodramen waarin het familiewapen prijkt. Hij laat ze de woonkamer zien met de grote open haard en het uitzicht op de sparrenlaan die naar het roggeveld leidt. De eetkamer, met een uitschuifbare eettafel voor twintig personen. De keuken, de biljartkamer met een echt biljart en de speelkamer met de pianola. Afgemeten geeft de Ortskommandant blijk van zijn goedkeuring. 'Schön.' 'Gut.' Ze lopen onder de hertenkop met gewei dat aan de muur hangt door. 'Pass auf, Rosie', grinnikt een dame tegen de andere terwijl ze naar de kop wijst.

Van Duinen gaat hen voor de trap op. Zwijgend lopen de laarzen en hakken naar boven. Alle slaapkamers, de groene, blauwe, rode, gele, de lange en de kleine, komen aan de beurt.

'Sehr schön! Sehr schön!' lacht Rosie.

'Heel interessant. Aber… ' De kommandant brengt zijn rechterduim en wijsvinger naar zijn neus. 'Aber riecht es hier nicht etwas eigenartig?' Zijn twee kompanen knikken. De dames snuiven. Rosie haalt een sigarettenpijpje tevoorschijn, doet ze alsof ze rookt en blaast de lucht weg.

'Ik ruik niets', zegt Van Duinen terwijl hij het klaphekje van de zoldertrap openmaakt en hen voor gaat naar boven. 'En de familie heeft er ook nooit iets over gezegd. Kijkt u eens, hierboven zijn nog twee slaapkamers, en een mooi uitzicht op de bloementuin.'

In hun perken staan riddersporen en leeuwenbekken fier rechtop in de zon.

'Gut. Schön.'

'Ik ben de badkamer nog vergeten.' Ze lopen de krakende zoldertrap weer af en met een wijds gebaar zwaait van Duinen de deur naar de badkamer open.

'Ziet u wel hoe ruim, met badkuip en douche.'

'Een heel mooi huis.' De kommandant wrijft aan zijn neus. 'Heel geschikt voor een Ortskommandantur.'

Van Duinen kucht en loopt naar de trap. De twee vrouwen volgen. De drie Wehrmachtsangehörigen blijven even staan op de overloop en werpen elkaar een veelbetekenende blik toe. Dan lopen ze allen zwijgzaam de trap af.

Beneden in de hal schuift van Duinen de glazen deuren weer open.

'Dank u wel voor uw bezoek.'

'Vielen dank! Sie höre von mir.'

'Danke sehr schön, mein Herrchen', zegt Rosie met een felrode glimlach en met een zwaai zet ze het sigarettenpijpje weer aan haar mond.

Als de wagenwielen knarsend over het grind wegrijden, kijkt van Duinen hoe de hoge petten tussen de rododendronstruiken verdwijnen. Dan draait hij zich om en slaakt een diepe zucht. Hij loopt door het Grote Huis naar de keuken, gaat naar buiten, trekt de keukendeur achter zich dicht en stapt in het felle zonlicht af op de boswachterswoning. De lucht is helder blauw. De bomen zingen hun lied van de zee. Hij wil eerst een kop koffie drinken, misschien wel twee. Daarna zal hij de stankbochten van de toiletten in het Grote Huis weer in orde maken en de ramen wijd openzetten, zodat de kwalijke geur is vervluchtigd als de familie Waller tegen de avond arriveert.

Hamertje Tik 8

REGEN

Wuivend steken de sparrentoppen af tegen de azuurblauwe lucht en de zomerzon verhit de lucht die tussen de boomstammen hangt.

'Grootvader!'

Herman hoort het niet. In de hoge tuinstoel zit hij op het terras de Fabrieksbode te lezen, het bedrijfsblad van de gistfabriek. Hoewel het al twee jaar geleden is dat zijn afscheid werd gevierd, volgt hij de ontwikkelingen van de onderneming nog op de voet. Met zijn ene half functionerend oog en met behulp van een loep tracht hij het artikel te lezen over zijn broer die de vorige maand tot president-directeur is benoemd.

'Grootvader!'

Tussen de hoge sparrenbomen door en over het grasveld rent Frans naar het Grote Huis. Hijgend blijft hij naast zijn grootvader stilstaan.

'Grootvader, kom eens kijken! Ik ben nog nooit zo diep geweest!'

Herman ziet zijn kleinzoon aan. Hij ruikt het zand. Aarzelend legt hij de Fabrieksbode en de loep op de ronde tuintafel en staat moeizaam op. Als een kleine blindengeleider neemt Frans zijn grote grootvader bij de hand en ongeduldig trekt hij hem naarstig met zich mee naar de zandkuil aan de voet van het kinderhuisje. De zon zindert. Als ze het zand hebben bereikt, springt Frans in het gat dat hij die ochtend gegraven heeft en waarnaast nu een okergele berg ligt.

Herman buigt voorover en met zijn ene oog ziet hij nog net Frans' hoofd, maar ook het zand dat aan de zijkanten begint af te brokkelen.

'Kom er onmiddellijk uit!' buldert hij. 'Onmiddellijk! Hoor je!'

Frans' trots knakt. Het is menens, voelt hij. Terwijl hij zich omhoog probeert te wurmen, trapt hij met zijn benen en slaat hij met zijn armen het vallende zand zoveel mogelijk van zich af. Wanneer zijn kleinzoon eindelijk vlak naast hem staat, haalt Herman opgelucht adem.

'Gooi dicht, dat gat,' gebiedt hij. Als de put halfvol is vindt Herman het voldoende.

'Dit zijn normale proporties. We kunnen gaan.'

De middagzon werpt tussen de bewegende boom-takken een giechelend licht op de met dennennaalden bezaaide bosgrond. Frans wil het betrappen, maar nog geïmponeerd door de reactie van zijn grootvaders loopt hij schijnbaar rustig aan Hermans hand mee. De hitte broeit tussen hun handen.

Boven het rode pannendak van het huis verschijnen asgrijze wolken. De windvaan begint te draaien alsof Thor met zijn hamer zwaait.

'Zullen we een partijtje schaken?' vraagt Frans voorzichtig alsof hij zijn misstap goed wil maken. Ze gaan naar binnen. Herman neemt plaats in de fauteuil naast de haard en Frans pakt het schaakspel, stelt de stukken op en gaat op een klein leren stoeltje tegenover hem zitten.

Even later dendert er een duivelse donderslag boven het huis. Terwijl de wolken ongeremd hun zware last beginnen te lozen, zegt Frans triomfantelijk: 'Schaak aan de koning!' Met herwonnen trots kijkt hij zijn grootvader aan.

'Verdomd, gewonnen!' bromt deze, en hij leunt achterover in zijn stoel, legt zijn bril op het tafeltje, strekt zijn benen en maakt zich klaar om een dutje te gaan doen.

Frans kijkt naar de bril. Wat een dikke glazen.

En die ogen. Grootvaders ogen. Nu heeft hij ze gesloten. Frans kijkt om zich heen. Het is donker geworden en het regent pijpenstelen. Het plenst op de terrastegels en het gras. Zijn grootvader snurkt door het gekletter heen. De tuindeuren staan nog open en het spat vanaf het terras de kamer binnen. Hij ziet hoe de dikke waterstralen loodrecht naar beneden vallen. Plotseling staat hij op, loopt de gang in en met twee treden tegelijk rent hij de trap op. In de rode kamer pakt hij zijn zwembro-ek uit de kast, gooit zijn kleren op de grond en holt op blote voeten naar beneden en door de keuken naar buiten. Hij haalt een fiets uit de schuur, stapt op, gaat op het zadel zitten en fietst het pad naar de koepel op. Het hemelwater valt lauw op zijn blote lijf. Hij houdt zijn mond open om het op te vangen. Bij een bocht slipt hij bijna. Hij trapt verder langs het bedeesde beukenbos. De jonge bomen genieten voelbaar van de regen. Op de helling van het heuveltje vlak voor de golfhut gaat hij op de trappers staan om zich omhoog te trappen. Daarna freewheelt hij even en voelt hoe de regenstralen in zijn gezicht, over zijn hoofd en over blote zijn rug in zijn zwembroek glijden. De hei glimt paars van genoegen. Als hij de koepel in het zicht heeft, ziet hij dat het water zich als een wilde bergbeek een weg naar beneden baant door het zand van het pad. Hij stapt af, het natte zand kruipt tussen zijn tenen. Het laatste stuk van de helling loopt hij met zijn fiets aan de hand omhoog. De koepel wasemt de geur uit van vochtig hout. Hij zet zijn fiets neer en boven op de koepelberg gaat hij in het grijsblauwe zand languit op zijn rug liggen. Hij spreidt zijn armen en ontvangt het hemelse water als dorstige grond.

Een paar minuten later staat hij weer op, springt op de fiets en in een sneltreinvaart racet hij de berg af, terwijl het water om de wielen omhoog spat als een fontein. De dansende dennen glunderen groener dan ooit en de berkenstammen stralen friswit. Als hij de golfhut passeert, snuift hij de waterwalm van het bruine rieten dak op.

Het Grote Huis druipt. Als een natte hond schudt Frans zich uit. Op zijn zanderige tenen loopt hij naar boven naar de badkamer. In de spiegel ziet hij hoe zijn sluike haren op zijn voorhoofd zitten vastgeplakt. Hij pakt een handdoek en begint zich af te drogen. Eerst zijn hoofd en zijn haar, vervolgens zijn armen. Terwijl hij zijn rug afdroogt, valt zijn blik op een zilverachtig ovalen doosje dat op de wastafel ligt. Hij droogt zijn handen nog eens goed af. Nieuwsgierig pakt hij het doosje op en probeert het open te maken. Het zit goed dicht. Hij bevoelt het overal. Ineens springt het deksel open. Een rilling loopt door zijn lijf. Een oog. Een oog kijkt hem aan. Een grote ronde oogbol. Grootvader. Met een klap doet hij het doosje weer dicht. Het oog stuitert over de badkamervloer totdat het tegen een pootje van de badkuip in duizend stukjes uit elkaar valt. Frans krijgt het ijskoud. Hij gooit het doosje in de wastafel en vlucht de badkamer uit naar de rode kamer. Met zwembroek en al kruipt hij in bed en trekt de dekens strak over zijn hoofd. Buiten sluit de plensbui het regengordijn.

Hamertje Tik 9

SNEEUW

Hij had zich verschanst in een droge kuil in een weitje dat omzoomd was met vliegdennen. Het was hem gelukt. Hij had zijn pas verkregen jachtgeweer, waar hij veel van verwachtte, mee kunnen nemen naar zijn schuilplaats zonder betrapt te worden. Het ging om een grendelgeweer, kaliber 16, met een lange loop, en met patronen van ca. 8 mm, goed voor grofwild. Het lastige was dat je het wapen niet los kon maken. Je kon de kolf en loop niet loskoppelen. Niet eenvoudig dus om het onder een jas verborgen te houden. Hij had het zich zo comfortabel mogelijk gemaakt in de kuil. Hij wist dat hij vlak in de buurt van een hertentrek zat. Vroeg of laat zou er dus wel een edelhert of een hinde langskomen, gelokt door het weidegras. Hij kende alle kneepjes van het vak. Uit pure noodzaak was hij er al jong mee begonnen. In de crisisjaren. Nu, zo'n twintig jaar later, was de pure noodzaak er niet meer, maar het was hem in zijn bloed gaan zitten.

Het was koud en aan de hemel stond een bleke halve maan. Vanuit de kuil tuurde hij over het weitje. Niets te zien. Niets te horen. Een zware wolk schoof voor de maan. Even later begon het te sneeuwen. Stilte. Wit op stilte. Wit op wit. De sneeuwlaag werd dikker en dikker. Geduld. Hij moest geduld hebben. Een verkleumende kou beving hem. Zijn ledematen verstijfden. Plotseling hoorde hij geritsel. Als een hond spitste hij zijn oren. Het kwam van links. Hij zette zijn ogen op scherp. Nog meer geritsel en licht gekraak van takken. Een ree? Een hinde? Een bok? Zijn blik scheerde over het weiland als een zwaluw over het water. Niets.

Het werd weer stil. De herten verkozen zeker de jonge loten van de loofbomen boven het bevroren gras. Een sneeuwvlok viel in zijn nek. Hij rilde. Nog een. Dat wachten, dacht hij, dat eindeloze wachten, bewegingloos en woordeloos, en bijna altijd in de kou ... Thuis brandde de kachel. Misschien zou zijn zoon hier nog langer zijn blijven zitten. Hij ging toch maar op huis aan. Het geweer zou hij hier laten. Met verkilde kracht klom hij de kuil uit. Vlak naast het pad begroef hij het jachtgeweer en het potje met patronen onder de sneeuw, aan de voet van een dikke eik. Daar zou hij zijn wapen morgen wel terugvinden. Dan kon hij opnieuw zijn geluk ermee beproeven.

De volgende morgen rond een uur of tien stapte Dirk van Duinen, jachtopziener van de Ullerberg, op zijn fiets om zijn ronde over het terrein te maken. De vorige week had hij de achtjarige Erlandine nog op de bagagedrager meegenomen. Ze was de jongste Waller-telg van de tweede generatie erven en vond het heerlijk om samen met de boswachter de rondrit door het bos te maken. Maar vandaag wilde ze niet mee. De vorige keer was hij geslipt in een grote plas en hadden ze een flinke smak in de modder gemaakt. Nu was de lucht een grijs wolkendek. Het vocht hing te druipen in de bomen en vormde donkerbruine plekken op de grond. Het deerde hem niet. Over het Beatrixpad fietste hij in zuidwestelijke richting naar de zandblei. Nog een eind verder stapte hij af. Hij snoof. Hij keek naar beneden. Inderdaad. Een reeks verse hertensporen getuigde van een zojuist gepasseerd roedel. Wie schetste zijn verbazing toen hij nabij het pad, aan de voet van een grote eik, naast een potje met patronen een schoongepoetst enkelloops grendelgeweer, kaliber 16, open en bloot zag liggen glimmen.

Op de post van de Rijkspolitie te Ermelo zei wachtmeester Tromp tegen Van Duinen: 'Zeker een stroper, die het op de vlucht heeft weggegooid', waarna hij het wapen en de patronen als gevonden voorwerpen inschreef.

(Vrij naar 'Brood uit de nacht')

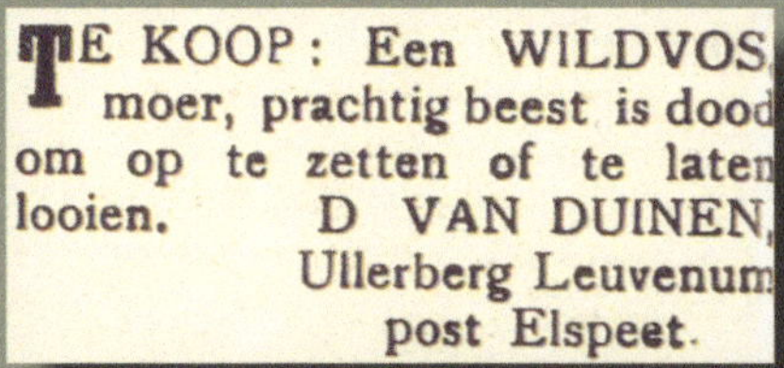
TE KOOP: Een WILDVOS, moer, prachtig beest is dood om op te zetten of te laten looien. D VAN DUINEN, Ullerberg Leuvenum post Elspeet.

L: 1940 17 februari, Overveluwsch Dagblad

R: Moeder en dochter, Corrie en Lily in rijkleding, 1938

L: De hal, 1940

L: Zitkamer met open haard, 1940

R: Lily met Piet Marinus Arnoldus (Arnold tH, oudste Ondermaat), 1944

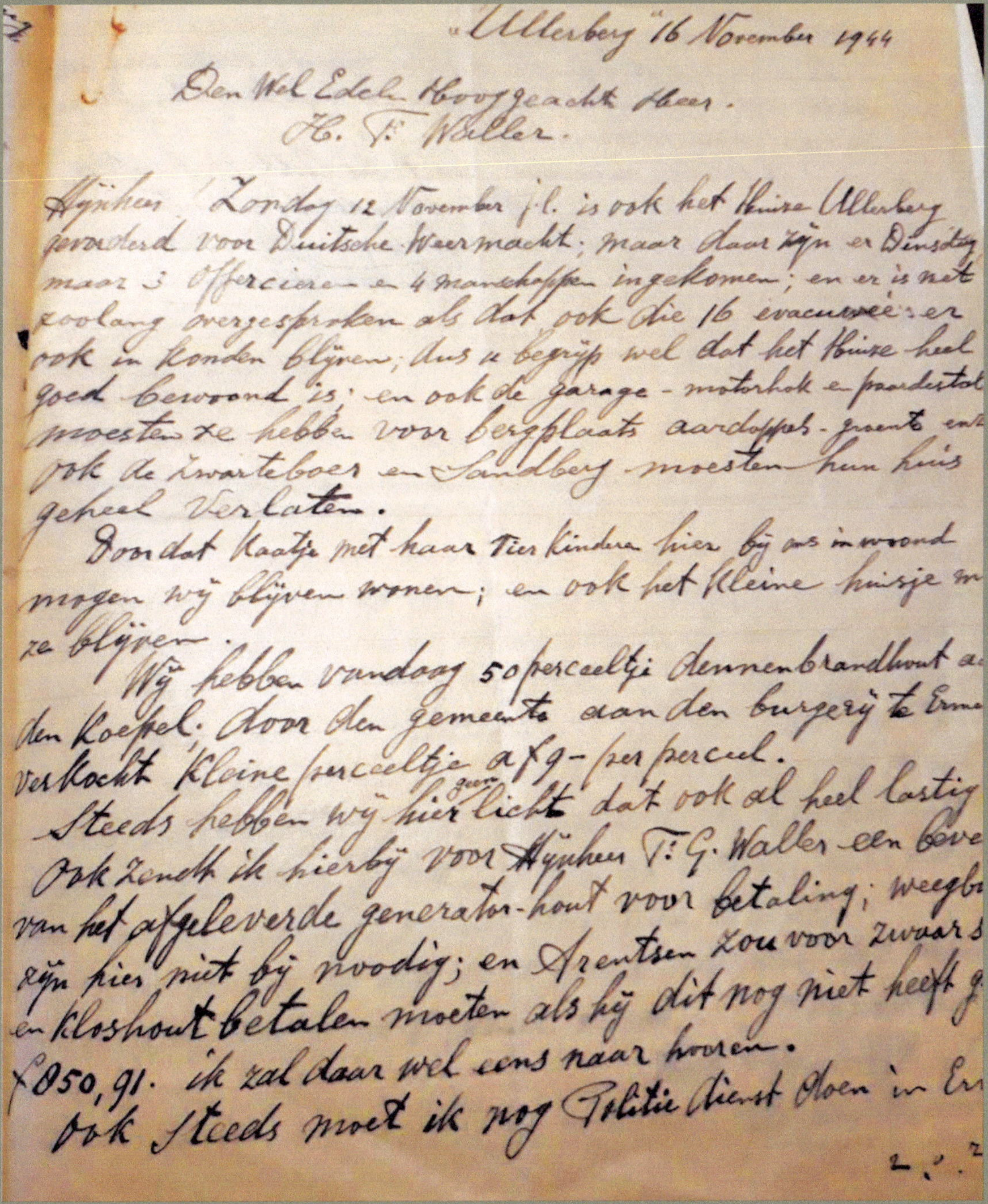

"Ullerberg" 16 November 1944

Den Wel Edele Hooggeachte Heer.
H. F. Waller.

Mijnheer! Zondag 12 November j.l. is ook het Huize Ullerberg gevorderd voor Duitsche Weermacht; maar daar zijn er Dinsdag maar 3 Offercieren en 4 manschappen ingekomen; en er is net zoolang overgesproken als dat ook die 16 evacuee's er ook in konden blijven; dus u begrijp wel dat het Huize heel goed bewoond is; en ook de garage - motorhok en paardestal moesten ze hebben voor bergplaats aardappels - groente enz ook de Zwarteboer en Sandberg - moesten hun huis geheel verlaten.

Doordat Kaatje met haar vier kinderen hier bij ons inwoond mogen wij blijven wonen; en ook het kleine huisje m ze blijven.

Wij hebben vandaag 50 perceeltjes dennenbrandhout a den Koeppel. door den gemeente aan den burgerij te Erme verkocht kleine perceeltjes à f 9 - per perceel.

Steeds hebben wij hier geen licht dat ook al heel lastig

Ook zendt ik hierbij voor Mijnheer T. G. Waller een bewe van het afgeleverde generator-hout voor betaling; weegb zijn hier niet bij noodig; en Arentsen zou voor zwaar s en kloshout betalen moeten als hij dit nog niet heeft g f 850,91. ik zal daar wel eens naar hooren.

Ook steeds moet ik nog Politie dienst doen in Er

z.o.z.

R: Brief van Van Duinen aan Herman 16 nov. 1944

L: Ondermaten Door tH, Arnold, Frans tH + bevriende tweeling, keukenterras, 1949

R: Greta (hulp van Toot) met haar kinderen: Atie, Jenny, Henk, Roelof op het keukenterras, 1949

L: Kinderhuisje, met Jenny en Roelof (van Greta, hulp van Toot), 1953

R: Roelof en Henk (van Greta) + zoon van Kaatje van Duinen op het roggeveld, 1954

L: Van Duinen met kinderen van Greta, ± 1953

R: Toot met kinderen van Greta in zwembadje, 1953

L: Greta en anderen spelen crocket op het grasveld

R: De Doorkijk (het Zeemaneffect), ± 1950

L: 29 april 1950 30 jarig huwelijk Heleen en Tjalling

29 april 1950 30 jarig huwelijk Heleen en Tjalling

L: Heleen & Tjalling met vrienden, 1952

R: Schilders Nieuws en Advertentieblad, 1954 24 dec.

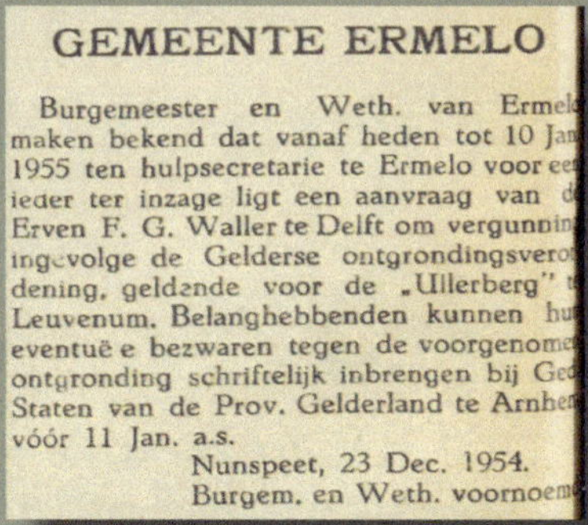

GEMEENTE ERMELO

Burgemeester en Weth. van Ermel
maken bekend dat vanaf heden tot 10 Jan
1955 ten hulpsecretarie te Ermelo voor ee
ieder ter inzage ligt een aanvraag van d
Erven F. G. Waller te Delft om vergunnin
ingevolge de Gelderse ontgrondingsvero
dening, geldende voor de „Ullerberg" t
Leuvenum. Belanghebbenden kunnen hu
eventuële bezwaren tegen de voorgenome
ontgronding schriftelijk inbrengen bij Ge
Staten van de Prov. Gelderland te Arnhe
vóór 11 Jan. a.s.
Nunspeet, 23 Dec. 1954.
Burgem. en Weth. voornoem

L: Toot en Peter bij vennetje, 1953

R: Boshulpen, rechts Jan van Roozelaar, 1955

Gerritje van Duinen door Cara Waller

L: Lilian 7 jaar, in de hal (1958), door Cara Waller

R: Lily en Eppy, 1959

R: Houtopslag en stal achter bloementuin

Van Duinen ruimt op

L: Herman en Van Duinen op het terras

R: Familieberaad, de drie zusjes vlnr. Erven Toot, Heleen, El, 1960

Familieberaad. V.l.n.r. Erven Herman, Frans jr. Toot, Eg, Claar, 1960

Familieberaad, vlnr. Erf Herman, Erlandine, Marga, man van Carlijn, Carlijn, Eppy, 1960

L: De bad-kamer

R: De oude bad-kamerkachel, 1960

De Oldsmobile van Eppy, 1960

L: Na vergadering diner Roode Koper. vlnr. Claar, Aline, Erven Eg en Toot, 1960

R: Na vergadering diner Roode Koper. Vlnr. Erven Frans jr., Heleen, Herman en El, Peter L., 1960

Heleen, Toot, El, Frans jr., Eg

DERDE HAMER (1961-1982) MIN VIJF

I. MATEN EN ONDERMATEN

Wanneer en hoe de term precies is ontstaan, kan ik niet achterhalen, maar vermoedelijk heeft het te maken met de oprichting in 1958 van de Maat-schap en Hermans overlijden drie jaar later, want vanaf die tijd worden de kleinkinderen van Frans Waller aangeduid als de *Maten* – maten in het gemeenschappelijk bezit. In de herfst van 1962 vragen de Erven Frans jr. en Eg in een brief aan alle Maten zich op de toekomst te bezinnen. Eerst schetsen ze de situatie: 'De Ullerberg, als grondbezit van de zes Erven Dr. F.G. Waller, is sinds het heengaan van jullie Grootvader Waller in 1935 altijd in de volmaaktste harmonie bestuurd en in stand gehouden. Deze eendracht is stellig bevorderd uit hoofde van het feit, dat de zes eigenaren uit één gezin kwamen, maar stellig ook doordat de Ullerberg geen financiële problemen heeft gesteld.' Na de uitleg van hoe dit zo is gekomen, uiten de twee broers hun bezorgdheid: 'Helaas wordt - naarmate de gelederen van de Erven gaan dunnen – de vraag steeds actueler: wat willen straks de kleinkinderen van Dr. F.G. Waller met de Ullerberg doen? Het is practisch ondenkbaar – hoe goed neven en nichten zich relatief met elkaar verstaan – dat hetzelfde regime, dat de zes Erven zonder moeilijkheden konden volhouden, ook voor de achttien kleinkinderen zal gelden.' Daarna volgt een enquête waarin de Maten een aantal mogelijkheden voorgelegd krijgen ten aanzien van het beheer van het Onverdeeld en de Ullerberg. De uitslag is zoek maar hoe die ook geweest moge zijn, de tijd wijst uit dat ze op dezelfde voet willen doorgaan.

Steeds meer Maten zetten zich actief in voor het landgoed. Lily en broer Elbert als representanten van de tak Herman. Door V. en Kia als oudsten van de tak Heleen, na haar dood in 1963. Was het aanvankelijk zo dat de Maten in principe altijd met 'hun Erf' op Ul waren, nu zijn zij er steeds vaker autonoom, met hun eigen gezin. De kinderen die de Maten onder hun hoede hebben, vormen de derde generatie, en op een mooi moment kopt een Maat – of was het een Erf? – de voor de hand liggende term in het doel: Ondermaten. Onder die naam gaat de derde generatie de Ulse geschiedenis in. De toerbeurten worden nog steeds ingedeeld naar rato van elk Erf-aandeel. Eerst gebeurt het nog wel dat het huis een weekend niet bewoond is, maar met de toename van het aantal gegadigden én de landelijke invoering van de vrije zaterdag, is dat nauwelijks meer het geval. Zelfs Toot, die in 1967 uit de Maatschap stapt, eist nog wel één weekend per jaar voor haar enige dochter Carlijn. De andere takken krijgen per jaar twee aaneengesloten weken zomervakantie plus zeven of acht weekenden. De betreffende Maten verdelen die weken vervolgens onderling. Jaarlijks wordt zo'n toerbeurtenschema in elkaar gezet. Een hele toer. Ook omdat menigeen zijn voorkeuren heeft en niet altijd even tevreden is met de weekenden die hij krijgt toebedeeld. Dan wordt er overlegd of er geruild kan worden. Om de moraal hoog te houden zet de maker van het schema *Tob niet, het wordt toch anders* eronder. Of: *Quand on n'a pas ce qu'on aime, il faut aimer ce qu'on a.* Ieder jaar is er een vergaderweekend gereserveerd voor familieoverleg en 'inspraak', hét modewoord volgens Frans jr. Wanneer in 1966 ook Penni beschikbaar komt, schept dat een nieuw probleem. Zullen ze een apart toerbeurtenstelsel voor dit kleine huisje opstellen? Na een korte discussie wordt het afgewezen. 'Rassen-vermenging', zoals letterlijk in de notulen staat, blijkt niet gewenst: 'de toerbeurt voor het kleine huis is gebonden aan degene die de toerbeurt voor het Grote Huis heeft.'

2. VERGADERING

Na Herman[*10] neemt Frans jr. de leiding van de familievergadering op zich. Zoon Fransje vertelt: 'Stel je de zitkamer voor, met die erker, daar had hij een soort desk gecreëerd, waar allemaal papieren op lagen. Daaraan hield hij, als echte researchman, een heel verhaal.' Dat gaat bijvoorbeeld over de verbouwing van de badkamer boven, het gedrag en bezoldiging van de huishoudelijke hulp, of over het kappen van een aantal bomen rond het huis. Fransje vertelt dat de aangetrouwde partners er aanvankelijk niet bij mogen zijn en in de eetkamer moeten wachten tot het vergadergedeelte is afgelopen. Dat Van Duinen ook paraat staat, voor als er vragen komen die hem aangaan. De jachtopziener wacht in de hal, oproepbaar als een deus-ex-machina. Fransje: 'Na het verhaal van mijn vader volgde er een beleefd applaus. "Zijn er nog vragen?" vroeg hij. Toot merkte een keer op: "Ik kom hier nu twintig jaar en ik heb hier nog nooit een vlaggenstok gezien." Waarop mijn vader geïrriteerd zei: "Ik altijd." Toen liep hij naar de gangdeur, klopte erop en Van Duinen kwam tevoorschijn. Mijn vader vroeg hem te reageren op Toots klacht: "Inderdaad mevrouw Landberg. U hebt twintig jaar geleden gezegd dat u die vlaggenstok zo hinderde, dat die het uitzicht bedierf, dus elke keer als u komt wordt die weggehaald."'

Als zoon van Frans jr. mag Fransje er bij zijn, maar ondertussen zitten zijn moeder en Claar en misschien nog anderen in de eetkamer te wachten. Maar als Lily haar echtgenoot Eppy meeneemt, is deze situatie niet langer houdbaar en krijgt de koude kant toestemming om bij de vergaderingen aanwezig te zijn.

3. JANNIE VAN ROOZELAAR

Nadat in de jaren 50 verschillende huishoudelijke hulpen de revue zijn gepasseerd – de dochters van Van Duinen hebben inmiddels hun ouderlijk huis verlaten – komt in juli 1961 de dochter van Jan van Roozelaar in dienst. Jannie is in de tweede klas mulo blijven zitten en wil niet meer terug naar school. Misschien is het wel iets voor mijn dochter, heeft Van Roozelaar tegen mevrouw El gezegd. Jannie woont tegenwoordig in Elspeet, waar ik haar heb opgezocht. Ze weet nog verbazingwekkend veel te vertellen over de dertien jaar dat ze op de Ullerberg werkt: 'Ik was vijftien. Ik hoefde niet op sollicitatiegesprek te komen. Mevrouw El kwam bij ons thuis om te zien wat voor iemand ik was.'

Als ze op de Ullerberg begint, is de verbouwing van de badkamer boven net voltooid. De voorhistorische houtgeiser en het niet schoon te krijgen ouderwetse bad met de lange douchepijp zijn verdwenen. De ene grote kamer is veranderd in twee luxe kleine, elk met twee wastafels, wc, bidet, douche en voorraadkastjes voor elke familie. Ze werkt zes dagen per week en is alleen woensdagmiddag vrij. 'Je moest zorgen dat donderdags het huis aan kant was en er weer anderen in konden. De ene week had je een familie met z'n vieren, en het weekend daarop had je er een met twintig. Dat begon dan maandag met een enorme stapel afwas die ze gewoon lieten staan, want er was nog geen afwasmachine. Verder stoffen, dweilen, ramen lappen, stoepen schrobben, bedden afhalen en opmaken, de was tellen voor de wasserij, de eettafel groter of kleiner maken met die zware planken, en tafeldekken. Het was een bewerkelijk en stoffig huis, vooral vanwege de hout- en kolenkachels.' Buiten de vakanties, als het vooral om de weekenden gaat, is ze grotendeels alleen in het huis en kan ze haar eigen tijd indelen. In de zomer zitten de families er hele weken. Dan leeft ze met hen mee: 'Je hoorde er dan eigenlijk een beetje bij. Na de ontbijttafel moest je weer zorgen voor de middagtafel, weer afruimen en dan voor de avond. Koffiezetten en binnenbrengen op een dienblaadje met een kleedje. En aardappels schillen en groenten schoonmaken.'[*11]

Wat een luxe!

Ze heeft voornamelijk met de vrouwen te maken. De mannen werken en komen vaak alleen voor het weekend. Mettertijd regelt Jannie dat ze ook zaterdags na enen naar huis kan, maar sommigen zetten haar dan toch aan het werk: 'Een keer op een zaterdag 12 uur, ik had alles klaar en toen moest ik toch maar even de luiken aan de achterkant wassen van mevrouw Door. Die luiken gaan nooit dicht. Ik dacht dat doe ik mooi niet. Je kon wel merken dat ze in het buitenland woonde en daar baas was, en dat wilde ze ook hier. Mevrouw Aline was ook baas, die had er een handje van je op zaterdag nog zilver te laten poetsen. Maar zij vroeg het netjes en dan deed ik het.'

Met plezier denkt Jannie terug aan de jaren op de Ullerberg. Ze vindt dat er sindsdien veel veranderd is. 'Toen was je echt personeel. Je deed wat je werd opgedragen. Tegenwoordig is het personeel net zo baas als de baas. Maar vroeger was je de meid of knecht, en deed je wat er werd gezegd.' De familie

Waller hanteert dit principe in verschillende gradaties. Sommigen menen dat personeel komt om te werken en niet om te praten. Anderen drinken koffie en eten samen met Jannie in de keuken. Maar Jannie heeft het nooit tot ruzie laten komen.

4. ONTVANGST

Dertien jaar zorgt Jannie in haar eentje voor het wel en wee van het Grote Huis. Ze maakt mee hoe haar vader in 1963 door de familie wordt gefêteerd als hij 25 jaar in dienst is: hij krijgt een echte Solex cadeau! Het jaar daarop helpt ze mijn moeder Lily met de voorbereiding van een ontvangst. Ik, Dorothea, kortweg Door, vernoemd naar de stammoeder van de Ul, ben gaan studeren aan de Leidse universiteit en lid geworden van de VVSL. Mijn moeder heeft de prille vriendinnen van mijn jaarclub uitgenodigd. Veertien dappere, onbevangen, verlegen meisjes uit het hele land. Een indrukwekkende gebeurtenis. 51 jaar na dato vertelt één van hen het zo:

'Het is 1964, een dag in september en jouw moeder ontvangt onze kersverse jaarclub Panache in de hal, staand. Er is thee, er zijn bloemen, er kijken wat hertenkoppen op ons neer. Jouw moeder vertelt dat zij met haar eigen Leidse jaarclub elk jaar haar diës op de Ullerberg viert, en dat er dus sprake is van een traditie. Wij zijn onder de indruk. Het enige waarmee wij voorzichtig moeten zijn is het Laken van de Erven. Dat moet kunnen. Het zichtbare plezier waarmee je moeder ons ontving, de gastvrijheid en de schaterlach waarmee zij ons allemaal geruststelde, zijn dingen die altijd bij mij zijn gebleven.'

Traditie. Bindweefsel. De Ul, een anker. Warmte, gastvrijheid, geborgenheid. Het zit in de krakende houten trap, de steunbalken van het plafond, de uitschuifbare eetkamertafel, het grote vuur in de openhaard. De edelste delen van de Ul. Nog elk lustrumjaar komen mijn Panache-vriendinnen een lang weekend bij elkaar op de Ullerberg. In de herfst van 2019 vieren we ons elfde lustrum. De sfeer is in al die jaren geen spat veranderd getuige deze woorden die mij na het weekend per email bereiken:

I have thanked you before
For warmth, trust, togetherness and more...
But I want you to know for sure
That the "Ul" breathes life and love galore.

5. ROUW

Wanneer de bejubelende feestelijkheden rondom het aftreden van Frans jr. als president-directeur van de Gistfabriek goed en wel zijn geluwd en een nieuwe driekoppige directie is aangetreden, waaronder mijn vader Eppy ter Horst, daalt er op 8 oktober 1965 een regen van rouw op de Ullerberg neer. Thor is ontzet. Hij pakt de donkere wolken bijeen. Als een loodgrijze mist plooit hij het verdriet om de bossen en over de hei. Roedels herten staan stil en heffen hun geweide koppen. De berken verliezen terstond al hun blad, de eiken ritselen hevig verontrust, de lariksen verschieten van kleur en de dennen

ruisen een psalm. De vaan op het dak van het Grote Huis is zijn windrichting kwijt Dirk van Duinen is niet meer.

Meer dan een halve eeuw lang heeft hij zich met onverflauwde inspanning en bijzondere kennis ingezet voor het stuk land dat hem was toevertrouwd. Hij stelt zich verantwoordelijk voor de goede gang van zaken en overwerk bestaat voor hem niet. Zijn interventies tussen zandman De Bruin en de Provincie zijn al geroemd, en met evenveel tact heeft hij twee jaar voor zijn dood nog onderhandeld met ir. Maliepaard van Faunabeheer. Deze instantie wil grensrasters plaatsen om de omliggende landbouwgronden te beschermen tegen vraatschade van de herten. Hij krijgt voor elkaar dat ze twee en een halve kilometer raster leveren voor langs de betonweg, aansluitend op dat van de freule Sandberg, en dat ze een tweede voerakker op de Ullerberg aanleggen. Dat raster werkt goed, zoals Van Duinen al verwachtte, en de hertenstand op het landgoed ontwikkelt zich gunstig. 'Bij de jaarlijkse hertentelling is wederom gebleken dat ook voor hen de Ullerberg de meest geliefkoosde verblijfplaats op de Noord-Veluwe is', zegt ir. Maliepaard in 1966.

LEUVENUM

BOSWACHTER VAN DUINEN OVERLEDEN

Vorige week vrijdagmorgen jl. is in het ziekenhuis „Salem" op 79 jarige leeftijd overleden de heer D. van Duinen, die langer dan een halve eeuw als boswachter werkzaam is geweest op het landgoed „de Ullerberg" van de fam. Waller. Van 1948 tot 1955 diende hij de Herv. gemeente als diaken. Dinsdagmiddag had onder grote belangstelling op de algemene begraafplaats te Ermelo de teraardebestelling plaats. Vooraf was in het landhuis „de Ullerberg" een rouwdienst gehouden, welke geleid werd door de oud-Ermelose predikant ds J. P. van Roon. Ds. van Roon schetste de overledene als iemand van een grote plichtopvatting. Dit werd eveneens uitgesproken door een van de leden van de fam. Waller.

Aan de geopende groeve sprak ouderling G. Roelofsen (Staverden).

14 oktober 1965, Veluwsch Nieuwsblad

Egs oudste zoon Herman F. – als ik hem spreek is hij 87 en woont hij in Frankrijk – weet nog dat hij Van Duinen op zijn sterfbed heeft bezocht: 'Wij waren op de Ul en mijn moeder en ik gingen naar het ziekenhuis waar hij lag. Toen ik bij zijn bed stond zei hij alleen maar: "Herman, Herman, Herman." Ik herinnerde me dat hij dat ook zei toen ik als jongetje van acht alleen terug kwam lopen uit het bos. Ik had de geit uit de deel gehaald, voor het vierwielige karretje gespannen en meegenomen naar het paardenweitje, in de hoop dat het beest mij in het karretje terug zou rijden. Maar voordat ik er in kon gaan zitten, rende de geit naar huis met het lege karretje achter zich aan dat zodanig tegen takken en boomstammen aan botste dat het uit elkaar viel. Ik was heel bang dat Van Duinen boos zou worden, maar toen hij mij zag, zei hij alleen maar: "Herman, Herman, Herman". Ik heb hem nooit boos gezien.'

Uit naam van de Erven looft Eg de bijzondere bosbaas: 'In den beginne was de Ullerberg woest en ledig, maar … daar was Dirk van Duinen. Steunend op zijn geloof en overtuiging dat Onze Lieve Heer de aarde aan de mensch in bruikleen heeft gegeven, met de opdracht deze tot het welzijn der menschen in cultuur te brengen, is hij erin geslaagd op de armste grond een oogstrelend bosch – in het byzonder rondom het huis – doen verrijzen, waarvan velen onzer elke twijg en elk blad kennen. Zelfs ook op de Ledigheid – zo geheten wegens het leed dat de toenmalige eigenaar ondervond toen dit bosch door brand werd verwoest – staan thans weer een aantal boomen wier kruinen ver boven het dak van het huis reiken.'

Zonder Van Duinen geen Ul. Maar gelukkig is er nóg een Van Duinen, onderricht door zijn oom, en al vijf jaar als boswachter in touw.

6. VERBOUWING BOSHUIS

Na de dood van haar man gaat Gerritje bij haar zoon in Putten wonen en komt de boswachterswoning leeg te staan. Gerrit krijgt een mooi vooruitzicht. Willy, de vrouw van Maat Elbert, is binnenhuisarchitect. Ze maakt een plan om het boshuis volgens moderne inzichten te verbouwen tot een ruime dienstwoning, maar tot ieders verdriet en ontsteltenis krijgt Willy vlak na de geboorte van haar derde kind acute leukemie en sterft in zes weken tijd. Desondanks wordt de verbouwing volgens Willy's plan doorgezet. Het bedrijfsgedeelte, de deel, wordt bij het woongedeelte getrokken. Er komen beneden een slaapkamer en een badkamer bij, en een trap naar de verdieping. Daar worden twee slaapkamers gecreëerd, en er ontstaat een vide met overloop. De keuken krijgt een groot aanrecht. Vreugdevol betrekken Gerrit en Geertje en hun drie kinderen, Bram, Lia en Gerrie, hun nieuwe huis. Geertje is de koningin te rijk met haar grote keuken en blij dat ze af is van de zoldertrap in Penni. Om Bram daar op zolder te slapen te kunnen leggen, heeft ze de trap altijd met een touw moeten neerlaten midden in dat kleine keukentje, pal voor het aanrecht.

Het Grote Huis ondergaat ook een aantal verfraaiingen. Om meer licht in de zitkamer te krijgen, wordt het raam naast de dubbele deuren vergroot. En tot grote vreugde, niet in de laatste plaats van Jannie, worden de biezen matten op de trap en de overloop gesloopt. Zij had er een hekel aan, want ze bleef er regelmatig met haar hak in haken. De matten worden vervangen door een nieuw soort tapijt dat textielfabrikant Hatéma heeft ontwikkeld. Frans jr. is commissaris van dat bedrijf en hem is dringend gevraagd of hij de nieuwe vloerbedekking wil uitproberen. Zonder enige aarzeling, maar wel na onderling overleg, komt boven op de gang en op de trap een hoogpolig zandkleurig tapijt te liggen. Met succes. Na zeer intens gebruik is het pas vijftig jaar later in de zomer van 2016 vervangen. Tegenwoordig zijn de overloop en de trap bekleed met een zachtgroen tapijt, de kleur die terugkomt in de vloertegels in de hal en in het middelste glas-in-lood raam boven de ingang, waar symbolische regendruppels de zandgrond bevruchten. Eindelijk is ook binnenshuis het zand geweken voor het groen.

Niet alle Ondermaten zijn tevreden. Zoon Ruerd van Ruerdje vertelt me: 'Een heerlijke herinnering van vroeger: eindeloos spelen boven op de eerste verdieping met de autootjes op het gele tapijt. Ik was zwaar gechoqueerd toen het ineens groen was!! Mijn jeugdherinnering ging in één keer weg!'

7. VERLANGENS

Maar het huis heeft nog meer aandacht nodig. Twaalf van de achttien Maten zijn meisjes. Van de zes jongens zijn er eigenlijk maar twee actief bij het Ul-gebeuren betrokken: Hermans zoon Elbert, als opvolger van zijn vader, en Tjalling, zoon van Heleen. De andere vier stappen om verschillende redenen in de loop van een kwart eeuw uit de Ullerberg. De nichtjes tonen aanzienlijk meer enthousiasme en inzet. Lily belegt met nicht Kia een samenkomst om een verlanglijst voor het huis op te stellen. Ze besteden ruim aandacht aan de wensen van de Ondermaten. Op het lijstje noteren ze: een poppenhuis, vijftig autootjes, een abonnement op Donald Duck, fietsen, nieuwe tennisrackets en een tafeltennistafel. Gezamenlijk besluiten ze nieuwe gordijnen en dekens te bestellen bij Pander en Metz en Co, en ze willen de pianola in de kinderkamer laten stemmen – dat is prettig als Tjalling of Carlijn zich in de muziek willen uitleven– en ze willen een vaatwasmachine, een zonnescherm voor het terras, en last but not least: een tweede huis voor iedereen.

Er komt een tafeltennistafel, een abonnement op de pianostemmer, vijfentwintig autootjes en een vaatwasmachine. Een tweede huis komt er echter niet, net zo min als een reuze caravan, zoals Frans jr. voorstelt. In het bestemmingsplan van de gemeente Ermelo wordt de Ullerberg opgenomen als natuurreservaat en dat betekent dat bos en heide hun oorspronkelijke karakter moeten behouden. Frans jr. en Eg protesteren hiertegen in een brief aan B&W, omdat in de Ullerkring de wens voor de bouw van een tweede huis sterk leeft. Met een zekere arrogantie besluiten zij de brief als volgt: 'Tot slot tekenen wij aan, dat vrees voor een precedent bij het tegemoet komen aan onze wensen Uwerzijds niet of nauwelijks hoeft te bestaan, omdat de situatie van de "Ullerberg" en de wijze waarop wij dit landgoed beheren en leiden als zeer uitzonderlijk moet worden gekenschetst.' Het is fraai geformuleerd maar de gemeente gaat niet door de knieën. Er mag niet worden gebouwd. Per december 1972 gaat die droom helemaal van de baan wanneer er besloten wordt het landgoed – uitgezonderd Het Gat van Waller – om fiscale redenen te rangschikken onder de NatuurSchoonWet, NSW. Dat houdt in dat het gedurende vijfentwintig jaar ongerept in stand moet worden gehouden. Omdat niemand van de familie het terrein open wil stellen voor het publiek, komt de Ul niet in aanmerking voor overheidssubsidie.

Aangezien El, 'de linnenkastmevrouw', al aanzienlijk op leeftijd is, organiseren Lily en Kia nog een inspraakbijeenkomst voor huishoudelijke zaken waar alle nichten hun wensen, irritaties en creatieve ideeën kwijt kunnen. Dit bevalt zo goed dat Lily pleit voor een vaste inspraakdag. Vanaf 1973 worden er jaarlijks in het toerbeurtenschema twee dinsdagen voor de huishoud-nichtjes ingepland. De Nigtendagen worden een begrip. Graag met een g. Ter onderscheiding van de andere betekenis van nicht.

8. GERRIT

Na de dood van zijn oom gaat de jachtakte, ondanks de vete met Sandberg, over op Gerrit. Als verdienstelijk jager is hij goed op de hoogte van de wildstand en weet hij regelmatig die exemplaren voor de loop te krijgen waarvan hij afschot noodzakelijk acht: een edelhert, een reebok of een zwijn; deels voor eigen consumptie – voor zíjn familie én de Wallers – , deels voor de verkoop. Wel heeft hij te lijden van concurrentie. Het beruchte stropersstel Koppiës en Zoon maakt de bossen rond Harderwijk onveilig.[*12] Als iemand een van die twee signaleert, moet hij dat direct doorgeven aan de boswachter van de Ullerberg. Gerrit is op zijn hoede. Zijn vrouw Geertje – als ik met haar spreek is ze 88 en woonachtig in Ermelo – weet nog: "s Avonds ging hij vaak met een bevriende politieman het bos in om stropers te vangen. Een keer hebben ze er één in z'n kraag kunnen grijpen: Koppiës. Die man was een grote stroper, daar stond hij om bekend. Later is hij zelf ergens boswachter geworden, met zo'n groen pakje aan. Dat geloof je toch niet.'

Ook vandaag de dag worden er wildstropers op de Ul gesignaleerd. De huidige bosbaas Peter de Ruiter spreekt uit ervaring: 'Vroeger waren stropers eigenlijk prima aanspreekbare kerels. Ze gingen met je mee en betaalden de opgelegde boete. Stropers van tegenwoordig doen het louter voor de kick. Als je ze nu op hun activiteit aanspreekt, kun je zomaar een kogel door je achterste krijgen.' Hoe Koppiës zich gedraagt nadat hij is gesnapt, weet ik niet, maar feit is dat Gerrit, die ook onbezoldigd ambtenaar der Rijkspolitie was, daarna een verzoek indient om een vuistwapen te mogen dragen. Hij krijgt toestemming en komt hij in het bezit van een pistool, waar hij mee oefent en dat hij altijd bij zich draagt. Gelukkig heeft hij het vuurwapen nooit nodig op zijn rondgang door het bos. Ook niet als hij nabij de betonweg een berg afval ziet liggen. Tussen het vuilnis vindt hij een naam en adres, waar hij thuis een telefoonnummer bij zoekt. Hij belt en dreigt met de politie als ze niet onmiddellijk hun eigen vuil weer op komen halen. Dat werkt. Een aantal weken daarna valt er een brief van de gemeente Ermelo in de bus. Ze vragen de medewerking van de boswachters uit de omgeving voor het schoonhouden van de bossen, tegen het illegaal storten van vuil. Voor Gerrit is dat geen enkel probleem. Dat er zo'n acht jaar later een legale vuilstort op Uls grondgebied wordt gevestigd weet nog niemand.

9. BRAND

Op zaterdag 27 juni 1970 rijdt Gerrit rond negen uur 's ochtends met zijn broer langs de zandkuil. Ze zien rook uit Uls gebied opstijgen en grijpen direct in. Met het gebruikelijke primitieve brandwapen, een drie meter lange stok met platte pan op het eind, gaan ze het vuur te lijf, maar het vuur is niet te stuiten. Gerrits broer slaat alarm. Waarschijnlijk is de brand al gesignaleerd door een van de branduitkijktorens, want al heel gauw gieren er meerder brandweerauto's over het bospad richting golfterrein. 'Machtig vierwiel aangedreven knapen met 3000 liter water aan boord die op oordeelkundige wijze de periferie van de brand doofden', schrijft Frans jr., die op dat moment het Grote Huis bewoont, twee dagen later aan de familie. Als het donker wordt, houdt Gerrits veertienjarige zoon Bram de wacht om te zien of het vuur toch niet weer oplaait. Pas na een forse regenbui omstreeks middernacht is alle gevaar geweken. Ondanks dat anderhalve hectare grondig is verbrand, is de schade beperkt. Iets wat Frans jr. pas goed beseft na een bezoek aan het terrein van de bosbrand die enkele dagen eerder in 't Harde heeft gewoed. Hij realiseert zich dat bij andere weersomstandigheden de brand héél anders had kunnen uitpakken. Bij een zuidwestenwind kracht 5 zou er weinig van huizen en opstallen zijn overgebleven. Om huizen en opstallen in de toekomst voor vlammen te vrijwaren, krijgt de familie een uitvoerig kapplan over vier hectare voorgelegd. De voorgestelde kaalslag wekt grote beroering. Lily, die haar studie biologie vanwege de oorlog niet heeft kunnen voltooien, heeft haar liefde voor de natuur aan de Ulse bossen en bloementuin geschonken. In een rondbrief vecht ze voor haar bomen en geeft in een bijgevoegde

Bosbrand snel geblust

Zaterdag werd de Elspeetse brandweer gealarmeerd voor een brand in de bossen, „De Ullerberg" tussen Leuvenum en Harderwijk. Door een krachtig ingrijpen was men het vuur spoedig meester, zodat er maar een paar hectaren door het vuur werden

2 juli 1970 Veluwsch Nieuwsblad

tekening gedetailleerd aan welke coniferen zouden moeten blijven staan 'ter wille van de vriendelijke aanblik van de Ul en van die bijzondere vreugde, welke alleen oude en eerbiedwaardige naaldbomen kunnen geven.' Ook schrijft ze dat het haar uitermate verbaast 'dat het mondelinge advies van een niet met name genoemde expert als een soort dwangbevel of onontkoombare ramp wordt opgevat. Stel dat ieder buitenhuis op de Veluwe deze maatstaf zou aanhouden, hoe zou de bebossing er dan uit gaan zien?'

Maar de natuur haalt het kapplan in en sust een dreigende familieruzie. Tijdens de orkaanstormen van november '72 en april '73 worden talloze naaldbomen in hun kruinen gegrepen en met bruut geweld ontworteld. Hele percelen bos waaien om waar in vorige jaren nog wel duizenden dennen en sparren zijn aangeplant. Dit betekent veel werk, dat ook nog zo snel mogelijk uitgevoerd moet worden. Op dat moment heerst er namelijk een grote angst voor een plaag van de dennenscheerder. Dit piepkleine snuitkevertje nestelt zich bij voorkeur in de bast van dode of afstervende grove dennen, maar als er teveel kevers komen beschadigen ze ook gezonde bomen. De larve vreet de twijgen van binnenuit op waardoor die afvallen en de boom een geschoren aanblik krijgt. Derhalve moeten de gevelde bomen geschild en bezaagd uit het bos worden verwijderd. Ook Bram helpt een handje mee. De grove den is de boom die verreweg het meeste voorkomt op de Ul, zo'n 85% van het totale bos. Het is goed hout waar men planken van kan zagen, maar na de orkanen brengt het bijna niets op. Van alle kanten wordt immers stormhout aangevoerd. Met ook nog de noodzakelijke herbeplanting voor de boeg vormt de staatsstormsubsidie een schrale troost. Het zal zeven jaren duren voordat de herplantplicht volledig is volbracht.

10. FAMILIEPERIKELEN

Wanneer uiteindelijk in 1971, na keurig gekissebis, in het Grote Huis centrale verwarming wordt aangelegd, verdwijnen de kachels. Eg schrijft in een brief aan de deelgenoten (drie Erven en de bevoegde Maten): 'De elf potkachels, waarvan een aantal met ijzerdraadjes bijeen gehouden moesten worden, zullen na vijftig jaar trouwe dienst niet meer hoeven te branden. De eierkolen zullen niet meer door de kamers rollen en evenmin zal de weeë geur van de dichte grijsblauwe rook meer geroken behoeven te worden.' Dit zweempje nostalgie klinkt ook in de volgende alinea door: 'Bedenk dat wij ons ruim dertig jaar hebben gewasschen in kommetjes, die gevuld werden uit een lampetkan met bruin water, en dat het gebruikte water in een giebeltje moest worden gestort en het giebeltje daarna in de w.c. moest worden gegooid.' Wat een giebeltje is, weet ik weet niet, maar de emaillen lampetkannen die op alle slaapkamers stonden, kan ik me nog goed herinneren.

Ten behoeve van de CV worden de beneden-badkamer en de bijkeuken aangepast en verbouwd en komt er in het huis 'een heirleger aan electrische boilers' te hangen, die overal voor warm water zorgen. Gerrit en Jannie zijn onverdeeld verheugd met de nieuwe situatie. Deze vernieuwing ontlokt aan Egs brein de volgende overdenking: 'Voor elke stap op de weg der vooruitgang zijn er initiatiefnemers geweest en telkens is het zoo geweest, dat de initiatieven door sommigen luide werden toegejuicht en door anderen met minachting werden verafschuwd of als geldverspilling werden uitgekreten. De besluitvaardigheid was daarom traag en zoodoende kon het bestaan, dat de bewoners zich jarenlang in lijdzaamheid met de meest primitieve middelen hebben bediend om dan plotseling, met het overslaan van verschillende trappen der vooruitgang, met de meest moderne utiliteiten te worden geconfronteerd.'

Niet iedereen is content met de gang van zaken. Aan 'de volmaaktste harmonie' waarmee het landgoed onder de zes Erven is bestuurd, wordt getornd. Niet alle Maten lopen met evenveel plezier door het familiebos en sommigen zien met ergernis hoe vast hun erfdeel is geworteld in Ulse grond en steen. Toot Kachelpoets heeft zich al teruggetrokken. Twee zonen van Herman, Frans en Hans, keren de Uller Wallerclan in 1974 definitief de rug toe. Er vindt scheiding en deling plaats. Weer wordt er getast uit de onverdeelde buidel. Ook Fransje en zus Renée geven een voorzet voor hun uittreden, al zal dat nog tien jaar duren.

Maar tussendoor klinkt ook een ander geluid: 'Als je de Ul wilt houden, moet je met je nichtje trouwen.' Elberts vrouw Willy, de binnenhuisarchitecte, vraagt op haar sterfbed aan Eg's oudste dochter of ze voor haar drie kleine kinderen wil zorgen. Na intense aarzelingen stemt Marga in met dit beladen verzoek. Na luttele seizoenen mondt dit uit in een huwelijk dat met toestemming van de koningin en met een feestelijk banket, uiteraard op het landgoed, wordt ingeluid: Echtpaar Waller-Waller. Ulser kan niet. Een riem onder het Ulse hart, een band die hierdoor stevig wordt aangetrokken.

Twee jaar later, in 1970, laat mijn moeder Lily haar creatieve organisatietalent los op mijn trouwfeest. De eerste Ondermaat die in het huwelijk treedt. Ik ben 25 jaar, bijna afgestudeerd in de Spaanse taal en letterkunde, en apetrots op mijn baan als student-assistent. Mijn partner, goedgekeurd door mijn beide ouders, heeft als kersverse jurist net een werkplek op het Ministerie van Justitie bemachtigd. Omdat we het idee uit willen dragen dat de maatschappij nabij is waarin man en vrouw echt helemaal gelijk zijn, is het thema: UNISEX. Uitgenodigde paren dienen gelijk gekleed te komen. Mijn moeder laat met hulp van Gerrit de garage ombouwen tot schouwtoneel waar de toneelclub van de VVSL onder leiding van Nel Bol (nu: Nelleke Noordervliet), en anderen ten overstaan van een volle tribune in cabareteske teksten en ondeugende liedjes ons tweeën te grazen nemen. Na een loslopend diner leggen we langspeelplaten op de pick-up en barst de vinyl beatlesmuziek los. De Leidse studentenjaarclubs Panache en Cosa Nostra dansen de jive en de twist tot diep in de nacht en doen het Grote Huis op haar grondvesten trillen. Thor ziet met een glimlach hoe herten, reeën en zwijnen het zekere voor het onzekere nemen en het bos van de vijand in vluchten.

11. DE ZILVEREN SUIKERPOT

'De Ullerberg vroeg om gezelschap. Je moest er niet met z'n tweeën gaan zitten, maar met een heleboel was het altijd enig' zegt Fransjes vrouw Suzette. Zo denkt menigeen erover. Tak Heleen, de Halbertsma's, organiseren naast de jaarlijkse speurtocht naar de Ulevellenboom frequent hakpartijen. Gewapend met hakbijlen en plaggenschoppen baant het gezelschap zich dan een weggetje door een dennenbos. *13 De familie Waller-Waller haalt een stel fantasievolle jongelui bij elkaar die zich storten op de creatie van een Uller kwartetspel. Voordat Fransje zich laat uitkopen, profiteert hij nog van het landgoed en brengt jaarlijks vanuit Italië twee weken door op de Ullerberg. Dan verzamelt hij daar al zijn golfvrienden om te spelen om De Zilveren Suikerpot. Als zoon van Frans jr. was hij eigenlijk voorbestemd om als chemicus in de gistfabriek te gaan werken. Maar de studie scheikunde stond hem zo tegen dat hij ziek werd na het behalen van zijn propedeuse en toen besloot rechten te gaan studeren. Een studie die hem ook in staat stelde zich verder in het golven te bekwamen: 'zes maanden studeren, zes maanden golven'. Eenmaal afgestudeerd heeft hij een baan in Italië gevonden, ver weg van de gistfabriek.

Uitreiking van de Zilveren Suikerpot, 1968

Fransje: 'Op vrijdagavond kwamen er zo'n twintigtal vrienden van overal aan. Zaterdag werden er taken verdeeld: boodschappen doen, bloemen plukken, haardhout halen, etcetera. Maar vooral werd er geoefend op de golf. Rond borreltijd verzamelde iedereen zich bij de open haard. Zondag was de grote golfwedstrijd met als sluitstuk de uitreiking van De Zilveren Suikerpot aan de winnaar. Die werd dan het jaar daarop de gastvrouw of gastheer van het golffestijn, zodat de last van het gastvrouwschap niet altijd bij Suzette lag.'

'Het tweede weekend was voor de kinderen van die vrienden', vertelt Suzette. 'Dat waren er twaalf, plus de drie van ons zelf. Het was geweldig. Springen in de grote zandkuil. Eigenlijk was dat dodelijk gevaarlijk, maar het was natuurlijk een zaligheid. Herten kijken was ook een hele belevenis. De kinderen hebben er levenslange vriendschappen aan over gehouden.'

Gerrit zal dit met lede ogen hebben toegezien. Zijn kinderen mogen niet in de grote zandkuil komen. Wel in de kleine, bij het speelhuisje, maar alleen als de familie er niet is. Zijn dochter Lia vertelt: 'Wij stonden los van de familie. We mochten wel in het zwembadje, op de tennisbaan en in het kinderhuisje, maar beslist niet als de familie er was. Het was strikt gescheiden.'

Na tien jaren valt in 1977 het doek over De Zilveren Suikerpot. Suzette: 'Het was uniek. Het was een uitrekbaar huis. Er kon altijd wel iemand bij. En her en der hingen briefjes van Lily: NIET AANKOMEN, TERUGZETTEN, NA GEBRUIK AANVULLEN. Als je aankwam, stond alles klaar en als we weggingen, lieten we een puinhoop achter.' Eerst voor Jannie. Later voor de Wijmpjes.

12. DE WIJMPJES

Jannie van Roozelaar vindt in Henk uit Elspeet de ware Jacob en in 1971 stapt ze in het huwelijksbootje. Niet veel later zal ze haar vertrek aankondigen als er een baby op komst is. Een laatste festiviteit waarvoor haar hulp wordt ingeroepen, is het dertigjarig trouwfeest van mijn ouders, Lily en Eppy. Een enorme tent overdekt de hele tennisbaan. Er is een podium gebouwd voor liedjes, toespraken en voordrachten. Er zijn wel honderd gasten. Familie, vrienden en Gist-collega's.

Tussen de bediening door werpt Jannie even een blik in de aloude kinderwagen. Daar ligt Lili, een andere Lili dan 53 jaar geleden, die ondanks het feestgedruis haar een hartveroverende glimlach schenkt: het is Lily's eerste kleinkind, mijn eersteling en de eerste van de vierde generatie Erven, die later de Dondermaten zullen heten.

Nu Jannie gaat vertrekken, komt haar post vrij. Haar man Henk attendeert Wijmpje, de jonge dochter van boer van der Zande uit Elspeet, op de advertentie in het huis aan huisblad De Band. 'Dat is wat voor jou, Wijm,' heeft hij gezegd. Ze is al regelmatig langs het landgoed gefietst maar ze heeft geen idee wat zich achter de twee witte paaltjes bevindt die aan weerszijden van de toegangsweg staan. Ze gaat een keer met Jannie mee en raakt diep onder de indruk van het enorm grote huis. Gerrit moedigt haar aan: 'Ik zou het maar doen.' En ze doet het. Eerst werkt ze nog een maand of vier met Jannie samen, en met z'n tweeën kunnen ze het aantal werkdagen reduceren tot twee. Daarna komt Marie Tamboer, ook uit Elspeet, met Wijm samenwerken. Wijm en Marie, het duo dat al snel de naam *de Wijmpjes* krijgt, zorgt gedurende twee decennia voor het hebben en houden van het Grote Huis en Penni. Getweeën vormen zij een pijler waar het Ulse genieten onvoorwaardelijk op kan steunen. Ze werken op woensdag en donderdag en zijn beschikbaar voor in de weekenden als er extra werk aan de winkel is door feesten, partijen of vergaderingen.

Na twintig jaar familie Waller vindt Marie het welletjes. Wijm speelt het klaar om dertig jaar lang voor iedereen van de steeds uitdijende familie te allen tijde voor allerlei klussen ten dienste te staan. Ze heeft zichtbaar plezier in het werk en weet het vertrouwen te winnen van alle familieleden. Ze is onbeperkt oproepbaar en werkt als schoonmaakster, als kokkin, als kinderoppas, als zilverpoetster, als naaister, als gezelschapsdame, als serveerster, als tuinvrouw. Loyaliteit en trouwhartigheid staan hoog bij haar in het vaandel. Dat blijkt ook als ik haar thuis in Elspeet opzoek. Tijdens ons gesprek – ze wil liever niet dat ik het opneem – valt er geen onvertogen woord over de bonte familie die het huis alternerend en elk met eigen eisen bewoont. In al die jaren laat ze slechts één keer verstek gaan wegens ziekte. Thuis heeft een koe het op haar gemunt. Het beest heeft net gekalfd en Wijm wil de nageboorte eruit halen. Ze glijdt uit op de natte stalvloer en komt onder de koe terecht, die het terstond op haar heupen krijgt en met haar hoorns op Wijm inbeukt. Drie lange weken ligt ze op de intensive care met diepe steekwonden. 'Ik kreeg zoveel aandacht van de familie! Kaarten en bloemen!'

Wijm, getekend door Cara Waller

Tot grote vreugde van de Wallers wordt Wijm spoedig weer helemaal de oude en gaat ze weer aan het werk tot aan haar dertigjarig jubileum.

Gerrit heeft minder geluk. Als hij voor onderzoek naar het ziekenhuis gaat omdat hij zich niet goed voelt, wordt er huidkanker geconstateerd en wordt hij opgenomen voor een operatie. Uit naam van de ongeruste familie stuurt Lily hem een grote bos bloemen en een fruitmand. Zijn zoon Bram springt voor hem in. Na de operatie herstelt hij zich goed. Hij pakt zijn werk weer op en legt zich toe op het onderhoud van de golfbaan. Hij breidt de golfhut uit met een veranda waarvoor hij van Uls hout tafels en banken vervaardigt. Helaas zal de ziekte een paar jaar later weer de kop opsteken.

13. KAALSLAG

Toot

Bomen sterven staande. Tenminste, als ze niet voortijdig door een storm of kap worden omgelegd. In vier jaar tijd gaan drie waardige bejaarde Erven heen. Staande, als oude eerbiedwaardige bomen. Alle drie op een respectabele leeftijd van rond de tachtig jaar. Thor legt zijn hamer in zijn schoot en laat zijn hoofd hangen. Drie dikke tranen spatten op Mjöllnir uiteen.

Vlak nadat de centrale verwarming in het Grote Huis is geïnstalleerd, laat Toot het leven. Ze schenkt al haar meubilair aan de Ullerberg. Dit betekent een nieuwe, volledige inrichting voor Penni. Ondanks hun droefenis over het verlies, zijn de huishoudnichtjes er verheugd mee en ook opgetogen met de nieuwe ronde tafel voor bij de grote openhaard, die zo geprepareerd wordt dat er *genever* op gemorst mag worden. Tussen de twee orkaanstormen door geeft El de geest. Lily rouwt om het heengaan van haar lievelingstante. Gelukkig blijft haar aimabele geest op het landgoed rondwaren. Vooral rondom het logeerhuisje, waar ze zich graag in de middag terugtrok om te lezen of brieven te schrijven. Uiteraard staan haar pleegkinderen in haar testament, maar haar aandeel in de Ullerberg laat ze hen niet na. Dat schenkt ze aan haar neven en nichten, de Maten, in de realistische mening dat het al ingewikkeld genoeg zal worden met zoveel erfgenamen en dat de bestuurbaarheid van het landgoed in het geding zou kunnen komen.

El

In april 1974 overlijdt Frans jr. Zijn wieg heeft onder een gistpers gestaan, en de Gistfabriek aan de wieg van de Ullerberg. Hij heeft in 1970 nog het honderdjarige bestaan van de onderneming mee gevierd. Nu doet de fabriek zijn ex-president-directeur op imposante, dankbare wijze uitgeleide. De Ul verliest een intelligente beleidsmaker met een enorme werkkracht en doorzettingsvermogen, charmant en 'met gevoel voor droge humor', om met Jannie te spreken. 'Als ik snel alle rommel netjes had opgeruimd merkte hij op: "Het is net of hier kaboutertjes wonen, Jannie." Tegen zijn zuster die zich een elegante hoed had aangemeten zei hij: "Wat een raar pispotje heb jij op je hoofd, Toot.'"

Hoe nu verder? Een vraag die nog dwingender wordt als naar aanleiding van de erfenissen van de ontslapen Erven het landgoed weer wordt getaxeerd. Dan blijkt dat de waarde sinds Hermans dood ruimschoots is verdubbeld. Eg had het probleem in 1971 in een epistel met de titel "Wat willen wij met de Ullerberg?" al zo geformuleerd:

Frans Jr.

'Gelijk een kikker die in een emmer met melk is gevallen wordt gered, niet door zijn voortdurende vruchtelooze pogingen om zwemmende tegen de kant op te komen, maar wel doordat al zwemmende een kluit boter onder zijn derrière is gaan groeien, die, ook als hij moe wordt, hem drijvende zal houden, zoo is het met ons en de Ullerberg. Immers, al vacantie- en feesten vierend en al recreatie bedrijvend, is de Ul – mirabile dictu – tot een belangrijk vermogensbestanddeel van ieder onzer gegroeid, en nu lijkt het een geschikt ogenblik om onze gedachten over de in den aanhef gestelde vraag laten gaan.'

Uitvoerig beschrijft Eg vijf verschillende inzichten over de richting die het landgoed zou kunnen inslaan: aan de hand van de homo economicus, de illusionist, de planoloog, de boekhouder en tot slot de realist. In een reactie hierop ventileren de deelgenoten hun ideeën over eventuele exploitatiemogelijkheden, variërend van bungalowpark, via pretvijver tot dierentuin.

Eg, de laatste Erf, zoekt nu medebestuurders. De gelijkheid tussen mannen en vrouwen is nog ver te zoeken. Actieve Uller-mannen zijn echter dun gezaaid. Elbert, nu met Marga aan zijn zijde, gaat de Ul zeker zeer ter harte, maar zijn werk stuurt hem met zijn gezin voor vijf jaar naar een ander werelddeel. Als oudste Maat voelt Lily zich verantwoordelijk en ook zeer begaan met de Ul. Volgens mij is zij zelf capabel genoeg, maar wellicht bij gebrek aan een vrouwelijk voorbeeld zoekt ze een oplossing bij haar man. Die is inmiddels haar oom opgevolgd en sinds 1972 president-directeur van de KNG&SF die dan Gist-Brocades heet. Ze vraagt hem of hij zich alsjeblieft actief met het bestuur van de Ullerberg wil gaan bemoeien. Hij wil wel. Eg en het gros van de Maten zijn tevreden. Met hem halen ze een erkend beleidsman binnen en wederom de nuttige achterban van de voortvarende gistfabriek. Als ondernemend realist hakt Eppy voorlopig de knoop door: 'De Ul in de oude staat houden is op dit moment het enig mogelijke en daar moeten wij nu van uitgaan. Fantasieën over pretvijvers, paardenkampen, caravans en golfterreinverhuur frustreren zeker het genoegen van diegenen die thans nog steeds van de Ul genieten als een wonderlijk schoon privé vacantieverblijf.'

14. ZAND

Nederlanders hebben altijd tegen het water moeten vechten, zegt men. Dat is waar, maar voor de bewoners van de Veluwe zijn zandstormen eveneens een enorm gevaar geweest. In de herfst van 1642 woedt een heftige storm over de Noord-West Veluwe. Naast de bedreiging van het opgestuwde water van de Zuiderzee teistert de wind het gehucht Voluwe met voortwaaiend zand. Drie dagen houdt de stormwind aan en de zes houten huisjes en twaalf plaggenhutten veranderen in een dorp van louter zand. Bouwlanden, beken, paden, bomen en huizen worden bedekt onder een zandlaag van nagenoeg twee meter hoog. Als de storm is gaan liggen, zijn er wel dertig doden te betreuren, allen door verstikking om het leven gekomen.

Met het oprichten van zandweringen, versterkt met struiken en bomen, en het aanplanten van bossen probeert men de zandstormen en -verstuivingen tegen te gaan. Niet voor niets vertelt men graag dat halverwege de 19e eeuw Baron Sandberg vanuit zijn kasteel de Essenburg te Hierden menige rit te paard onderneemt om dennenzaad uit te strooien. Als Frans Waller in 1920 het landgoed koopt, bestaat dit slechts voor ongeveer 30% uit bos. De rest is heide, én zand. De nieuwe eigenaar doet zijn uiterste best en laat veel bossen aanplanten. Er blijft genoeg zand over, vooral in het noordwestelijke deel van het terrein. Menigeen heeft er wel een ritje met paard en wagen voor over om zand te halen. Wanneer rond 1932 in het kader van de werkverschaffing de Harderwijkerweg wordt aangelegd, halen ze het benodigde zand daar vandaan.

Dirk van Duinen houdt de graverijen nauwlettend in de gaten. Er worden verschillende soorten zand gedolven. Betonzand is het meest hoogwaardige, metselzand is iets minder waardevol, en klapzand of vulzand is het minste, goed voor bestrating. Begin jaren zestig gaat het om vier groeves, die door verschillende firma's worden geëxploiteerd. Maar omdat niet elke firma altijd even netjes handelt – soms wordt er gedolven betonzand als metselzand afgevoerd – krijgt firma de Bruin uiteindelijk alle groeves onder zijn hoede. In het archief vind ik deze notitie van de hand van Van Duinen uit 1963: 'Zandgroeve voorheen Gebr. Panhuis. Vooraan die zandgroeve licht een grote partij puin dat opgeruimd moet worden, en aan de groeve zelf moet een partij bovengrond afgezet worden eer weer zand kan worden weggehaald; nu vinden de Erven Waller het goed dat J. de Bruin die steeds zand haalt uit de grote zandkuil, deze zandgroeve er ook bij krijgt, om ook daar zand uit te halen, op dezelfde voorwaarden, als hij altijd op Ullerberg gewoon is.' De Bruin komt de voorwaarden na. Hij werkt volgens de richtlijnen en zal mettertijd ook de oplevering verzorgen. De Bruin en zoon zijn prima kerels die verstand van zaken hebben en te vertrouwen zijn. Ze zijn uniek in de Veluwse zandwereld, enig in hun soort, meent Frans jr. De zandopbrengst stijgt. Het Gat van Waller wordt steeds dieper. Wie een kuil graaft …

15. WATER

In 1969 verschijnen er wolken boven de kuil. De gouden zandjaren lijken eindig. Volgens de ontgrondingconcessie mag nog maar een kleine vijf jaar gegraven worden. Bovendien beweert Waterstaat dat er dieper is gegraven dan is toegestaan. Er klinken zelfs geruchten dat er zand teruggestort zal moeten worden, met de financiële gevolgen van dien. Donderwolken. De Bruin, aan wie de naleving van de zandconcessie is overgedragen, meent echter dat er nog zand is voor zo'n dertien jaar en dat er van te diep graven geen sprake kan zijn, want: 'Waterstaat heeft al die tijd bijna maandelijks controle uitgeoefend en nooit opmerkingen gemaakt, alleen maar lof geuit.'

De ondernemersgeest van de Ulse stamvader ontsnapt uit de fles. Als je de bodem van de zandput nog een paar meter dieper uitgraaft dan het grondwaterniveau ontstaat er een meertje. Een privé zwemmeer, voor strikt persoonlijk gebruik, dat klinkt de Erven en de Maten wel goed in de oren. Frans jr. schrijft een brief aan de Koninklijke Heidemaatschappij met het verzoek een concreet meerplan te maken: 'In onze fantasie denken we dit meertje aantrekkelijk te maken door hier en daar eilandjes te laten bestaan, maar bovenal door het glooiende talud zodanig te beplanten en eventueel van kleedkamertjes te voorzien zodat daar een aantrekkelijk natuurbadje ontstaat.' De Bruin wil daar wel aan meewerken. Hij kan ook nat zand graven. Dat moet dan eerst uitdruipen, voor het verkocht kan worden, maar dat is geen probleem.

Om dit meerplan kracht bij te zetten richt de rentmeester van de Ul van het Schoutenhuis zich in een brief tot de Directeur van Provinciale Waterstaat. Hierin vergeet hij de diminutieven die Frans jr. in zijn brief bezigt, en schetst een creatief en fantasievol opleveringsplan met waterpartijen en waterwild: meeuwen, bergeenden, en riet langs de oevers voor waterhoentjes, beplantingen met bomen, vogelbosjes en struiken met nestkastjes. De waterpartijen zullen ook dienst doen als drinkplaats voor rood- en zwart wild. Hij eindigt de brief als volgt: 'Summa summarum is het de bedoeling de ontgronding op te leveren op een zeer unieke wijze, die ten voorbeeld gesteld kan worden aan de oplevering van andere ontgrondingen.'

Eind 1969 stuurt de Heidemaatschappij haar ontwerp op, waarin elementen uit het plan van de rentmeester te herkennen zijn, samen met een gedetailleerde tekening en beschrijving: 'Een diepliggende vijver in droge vliegdennen- en heidelandschap zorgt zondermeer voor een verrassende noot. Voor de dieren, met name het zwart- en rood wild, kan de plas een drinkplaats betekenen. Ook de vogelstand kan op en rondom de vijver een opbloei beleven.' Het zogenoemde Ullerplasplan is een paradijselijk geheel: het betreft ca. 15 á 20 hectare, met een zwemgedeelte, een zonnestrand, bereikbaar via een meanderend toegangspaadje over de talud, en drie eilandjes. 'Het watervlak van ± 5 hectare is hierdoor onderbroken. De vijver is niet meer in één keer overzichtelijk en het element "verrassing" speelt een rol. Rechte lijnen en hoeken worden vermeden waardoor een harmonieuze opname van het enigszins ongewone element in het landschap gewaarborgd wordt.' Na deze uitleg volgt een beplantingsplan: twintigduizend bomen en struiken, onder andere zomereiken,

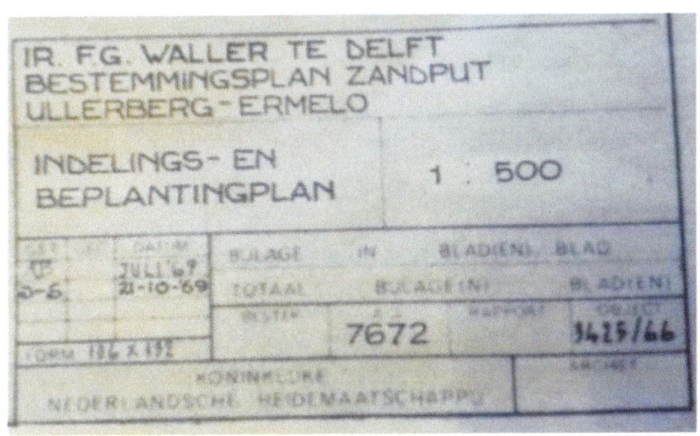

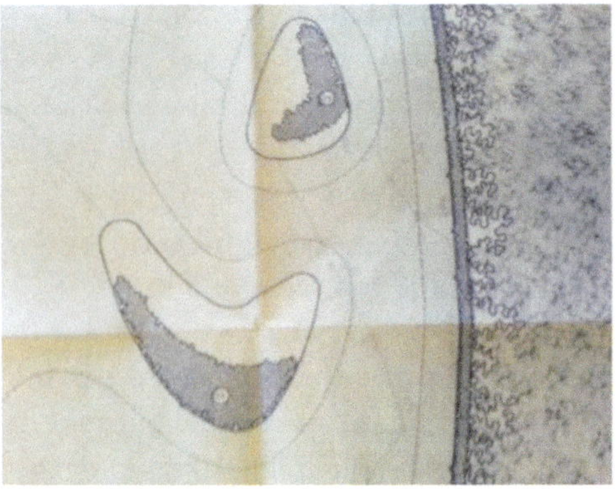

Twee van de drie eilandjes

ratelpopulieren, boswilgen voor de taluds, langs de oevers en op de eilanden, en struiken als hondsroos, meidoorn en krenteboompjes langs strand en paden. Plus de suggestie goudlariksen, grove dennen en fijnsparren in groepen van honderd te mengen.

De reacties van de familieleden zijn geenszins eensluidend: 'Mieters! Een lustoord!' 'Hoe zit het met onze privacy?' 'Dit is een landschappelijk gedrocht!'

16. FOTO'S

Om meer grip op de situatie te krijgen besluiten Frans jr. en Eg om met een vliegtuig van de Topografische dienst de kuil te laten fotograferen. Het toeval wil dat de constructeur die kort geleden de centrale verwarming in het Grote Huis heeft aangelegd, lid is van een vliegvereniging en bevoegd is met clubvliegtuigen te vliegen.

Bovendien heeft hij een bekwaam topografisch fotograaf als vriend. En op 15 mei 1972 wordt de zandput vanuit de lucht uitgebreid gefotografeerd. Frans jr. schrijft in het verslag: 'Eg en ik plus Jannie stonden opgesteld bij de put, Gerrit maakte de dag van zijn leven mee, omdat hij mee mocht met de aviateur en zijn hulp. Met Gerrit had ik van tevoren een aantal houten paaltjes geplaatst, met daaraan geprikt een wit kartonnen schijfje, in de put en ook langs de contouren van onze ontgrondingsconcessie, in de hoop hierdoor straks het oppervlak en de inhoud van de nog niet uitgevoerde ontgronding te kunnen bepalen.' Ondanks de miezerregen verloopt de vliegtocht goed. En op de volgende algemene vergadering zet de familie het vijverplan op de eerste plaats van hun verlanglijstje en de poging tot uitbreiding van de zandconcessie op de tweede.

Kort daarna, of misschien daarvoor, ziet Gerrit bij zijn rondgang over het terrein twee donker geklede personen lopen. Hij heeft nota bene recentelijk nog nieuwe bordjes Verboden Toegang geplaatst. Zelfs met 'Ook voor Militairen'. Er liggen immers twee kazernes vlakbij. Hij wil ze terechtwijzen en uitzetten. Hij voelt even of hij zijn pistool wel bij zich heeft. Dan blijkt dat hij niet op het punt staat militairen te arresteren, maar de nieuwe burgemeester van Ermelo en zijn vrouw. Ze zijn op zoek naar de zandput. En de burgemeester vraagt geïnteresseerd wat ermee gaat gebeuren, waarop Gerrit, die goed op de hoogte is van wat er in de omgeving zoal rondgezongen wordt, quasi langs zijn neus weg zegt: 'Misschien wordt het wel een vuilstort.'

De Ullerput heeft faam. Wanneer Eg de Harderwijker stortplaats de Haspel bezoekt en aan de bewakers vraagt wat er gaat gebeuren als die put vol is –een kwestie van een paar jaar – is het antwoord: 'Dan gaan we naar de Ullerberg.' Zo'n drie jaar eerder, in 1970, heeft de gemeente Harderwijk al een verzoek aan de Erven gericht om te mogen rekenen op de Ulse kuil als hun vuilput

'Sparrendal' vol zou zijn. Toen heeft de familie dat verzoek unaniem radicaal afgewezen, omdat het iedereen een verschrikkelijk idee toescheen. De gemeente heeft echter die mogelijkheid toen toch niet definitief uitgesloten en in ambtelijke kringen af en toe ter sprake gebracht. Nu zet Eg 'vuilstort' onderaan zijn lijstje. Uit een rondbrief van zijn hand: 'Uwe bestuurderen zoeken naar mogelijkheden de waarde van de Ul te verhogen en/of grotere inkomsten daaruit te verkrijgen, hetgeen zeer geboden is, tegen de tijd dat de zandvoorraad uitgeput zal zijn. Dan zijn er drie mogelijkheden: Vijver, Verkaveling, en Vuilnis.'

17. DE LEDIGHEID

'Indien men nu in het donker biljart zou willen spelen, dan zou men met enig overleg nog wel een bal een stoot kunnen geven en als deze maar hard genoeg zou zijn, dan zou men nog wel een andere bal kunnen raken. Dat men op die wijze echter een carambole zou maken, is practisch uitgesloten en zo dit toch het geval zou zijn, dan zou men dat, wegens de duisternis, niet eens kunnen constateren. Zo is het met ons Ul-beleid.' Dit schrijft Eg in juni 1973 in een brief aan Frans jr. en Maten Elbert, Tjalling, en Eppy. 'Hebben wij in de duisternis een carambole gemaakt?' vraagt hij zich af. Eg kan het op dat moment nog niet geheel overzien, de tijd moet nog optrekken, maar de kiem van het succes van de put is dan inderdaad al gelegd. Verkaveling is eind jaren '50 al uitgebreid ter sprake gekomen en als niet uitvoerbaar verworpen. En de vijver, het Ullerplasplan, valt in het water. Misschien veegt de Calvinistische geest van Frans Wallers vader, die dominee was, het paradijselijke waterplan als te lichtzinnig en te kostbaar van tafel. Aannemelijker is echter dat de zojuist in het bestuur aangetreden Eppy, die dezelfde energieke ondernemersgeest ademt als zijn schoongrootvader en diens zoons, een beslissende rol hierin speelt. Want nu ontstaat het inzicht dat het vullen van de put minstens zo winstgevend kan worden als het uitgraven ervan. De zandgraverij is eindig, zoveel is zeker. Als die wegvalt, kan de Ul met de inkomsten van vuilstort in stand worden gehouden. Bovendien kunnen ze nog steeds rekenen op het advies van deskundigen op allerlei gebied die het Delftse bedrijf ter beschikking stelt. Daar komt ook nog bij dat Eppy in Delft een interessante, aardige buurman heeft: Willem Zegwaard, de 'koning der vuilstort', die alle ins en outs betreffende vuilstorten in zijn vingers heeft.

Luchtfoto zandgroeve-vuilstort 1978

Let wel, de put beslaat slechts een klein deel aan westelijke zijde van het hele landgoed (ca. 35 ha van ca. 250 ha) en ligt ver en uit het zicht van het Grote Huis. Het geheel is omgeven door de geliefde bossen. Indachtig dit alles én de zegswijze van eigen bodem: Wie op een houtje bijt, moet zijn bos verkopen, zullen het bestuur en de familie besloten hebben, gesteund en gestimuleerd door vriend-notaris Buttingha Wichers, actie te ondernemen. In het voorjaar van 1975 vindt er een eerste Ronde Tafelconferentie plaats met alle autoriteiten, elf in getal, die zich ambtshalve met vuilstorten hebben te bemoeien. In 1977 wordt de vergunning voor de oprichting van een vuilstort op de Ullerberg door de Gelderse Gedeputeerde Staten aan B&W van Ermelo afgegeven. De bestuurders laten zich inspireren door het motto van de Ulse stamvader dat op diens EX LIBRIS stond: DOE HET NU. Want hoewel ze aanvankelijk menen dat ze de exploitatie van de kuil beter aan derden kunnen overlaten, zoals ze ook met het zand doen, besluiten ze toch zelf het ondernemerschap op zich te nemen. Eg en Eppy richten met alle Maten, op twee na, de C.V. DE LEDIGHEID op. De toepasselijke naam verwijst niet naar de lege kuil en al helemaal niet naar de mogelijke verveling van de bestuurders, maar naar een stuk bos en het leed dat de toenmalige eigenaar ondervond toen dit door brand was verwoest. Het bestuur van de Ul en het Onverdeeld zal ook het bestuur van de vennootschap vormen: Eg, Eppy, Elbert vanuit de verte, en voor de balans der takken Door V., oudste dochter van Erf Heleen.

Tevens wordt de REVU gesticht, de Regionale Vuilverwerking "Ullerberg", een samenwerkingsverband tussen de gemeenten Ermelo, Harderwijk, Putten, Nijkerk en later ook Hoevelaken. De Bruin verhoogt de bodem van de kuil tot de verplichte hoogte. Ze tekenen een contract met de REVU voor tien jaar, met de mogelijkheid tot verlenging met nog tien jaar.

Ondertekening contract met de REVU, rechts Eg en Eppy, links burgemeester Veen van Ermelo

Er komen onder andere: een asfaltweg, een weegbrug met weegbaas, een dienstwoning met stortbaas, een twee meter hoge afrastering, en het allerbelangrijkste: Zegwaard levert een speciaal geconstrueerde compactor, waarmee machinist Berend Slijkhuis het vuil ter plaatse dagelijks moet verdichten en iedere avond de hele stortplaats met een laag zand moet bedekken. Dit alles om het jonge bedrijf volgens de meest recente milieu-inzichten op optimaal verantwoorde wijze te laten functioneren.

CONTRACT IS ONDERTEKEND

Vuilstort „Ullerberg" kan gaan beginnen

6 maart 1978 Nieuwe Harderwijker Courant

Eppy, die vriendjes is geworden met prins Bernhard toen deze in Delft de nieuwe penicillinefabriek kwam openen, nodigt hem uit om een kijkje te komen nemen. 'De prins is lief', zegt Eppy, en hij komt inderdaad graag en laat het niet bij een blik op het Gat van Waller en een rondje over het stortterrein, maar slaat ook nog een balletje op de heidegolf. De golfbaan is keurig in orde gebracht om waardig door Z.K.H. bespeeld te worden. De prins speelt alle negen holes en maakt op de laatste bovendien een birdie, hetgeen het bezoek aan de Ullerberg voor hem onvergetelijk maakt. Daarna rust hij even uit in de oude schuilhut die Gerrit recentelijk heeft omgebouwd tot golfhuis: een nieuw rieten dak en een ruime veranda met eigenhandig gemaakt meubilair. Gerrit straalt van trots.

V.l.n.r.: Eg, prins Bernard, Gerrit, Burgemeester Veen van Ermelo

De keuze voor de vuilstort zal meer dan uitstekend blijken voor het behoud van het landgoed. De vijf gemeenten hebben de stortplaats hard nodig en in de komende jaren neemt het aantal tonnen aangevoerd vuil alleen maar toe. Jaarlijks stijgt de prijs die de gemeenten per ton betalen. Na uitvoerige berekeningen over de omvang van de kuil is de prognose dat er twintig jaar gestort kan worden. Daarna zou het terrein weer natuurreservaat moeten worden en de bouwwerken neergehaald. In werkelijkheid duurt het dertig jaar voordat het stort gesloten wordt. Niet omdat de kuil dan vol is, maar omdat de milieueisen zijn veranderd. In 1981 krijgt de familie ook nog een verlenging van de zandconcessie. Dat is heel praktisch voor het dagelijks benodigde afdekzand. Daar wordt op gedronken. 'De kuil is het Gouden Gat van Waller', zegt Eppy, en terwijl hij het glas heft: 'En wie een kuil graaft voor zichzelf stort erin.'

18. ERF EG

'Nu kunnen wij op ons visitekaartje zetten: *Erven Dr. F.G. Waller, erkende vuilstorters*', zegt Eg schertsend. De nieuwe 'Asheer', zoals hij zichzelf in die hoedanigheid ook wel noemt, wordt in december 1981 tachtig jaar. Lily bundelt haar creativiteit en familiezin en organiseert een verjaardagsfeest voor haar oom 'met de warme bruine ogen'. Als meisje van zes was mijn moeder een keer door haar lange, tweeling-lijkende ooms in de hal van het Grote Huis staande gehouden terwijl ze haar om de beurt met hun handen vroegen: 'Wie ben ik?' 'En wie ben ik?' Nerveus sloeg ze haar vlechtjes over haar schouder en keek voorzichtig omhoog in de hoop hun ogen te kunnen zien. De mannen bogen welwillend iets voorover. Ze zag koude blauwe ogen. 'Oom Frans' zei ze dapper, terwijl ze hem aanwees. Snel keek ze in de warme bruine ogen. 'Oom Eg.' 'Goed zo!' lachten de mannen in koor en elkaar op de schouder kloppend liepen ze verder naar de biljartkamer.

Voor Egs feestdag heeft ze nu over de gehele tennisbaan een tentdoek laten spannen en daaronder komen alle leden van de Waller-familie bij elkaar. Een bakker met een hoge, witte koksmuts draagt een reusachtige vruchtentaart binnen waarop in grote slagroomcijfers tachtig staat en waarop tachtig kaarsjes staan te branden. Alle kleinkinderen springen bij om ze uit te blazen. Het oudste dochtertje van Erlandine en mijn jongste zoon, allebei vier jaar, blazen om het hardst, en hebben er geen idee van dat ze een hele generatie schelen. Esmeralda, de negenjarige dochter van Elbert en Marga Waller-Waller, feliciteert haar grootvader en oudoom met een mooi voorgedragen gedicht. En terwijl er wordt gezongen, gedronken en gelachen, begint het buiten geruisloos te sneeuwen.

Ruim een jaar later sluit Eg voor altijd zijn warme bruine ogen. Als jongste van de Erven, die ook nog de tachtig is gepasseerd, heeft hij het langst met de Ul geleefd. Wat een brieven heeft hij geschreven. Zijn welsprekendheid is legendarisch. Hij is degene die de vete met de vijand, freule Sandberg, heeft bijgelegd. Na de eerste toenadering in 1963 tijdens een vergadering van Faunabeheer, nodigt hij haar tien jaar later op eenzelfde vergadering uit: 'Na een bezoek aan de golfbaan werd thuis door mijn echtgenote thee en borrel aangeboden waarbij de freule haar bewondering over de huiskamer en deszelfs uitzicht op het grasveld uitte. De legende dat haar overgrootvader te paard met een zak dennenzaad over de Ullerberg reed en na dertig jaar ongestoord bezit het gebied in eigendom had gekregen, was haar onbekend. Zij vond het een mooi verhaal dat zij aan haar moeder zou vertellen. Bij het afscheid zeggende dat wij in vijftig jaar de deur bij elkaar niet hadden plat gelopen, antwoordde zij dat dat ook niet nodig was!' De buitenplaats zit binnen in Egs hart. De vlammen van het grote haardvuur hebben hem waar dan ook verwarmd. De geur van de bloeiende golfhei heeft hem overal vergezeld. En het gefluister van de dennenkruinen zingt altijd in zijn hoofd. Ik denk dat hij er misschien wel het hardst voor heeft geijverd om de Ul vóor en mét de familie te behouden. Met enig geluk en assistentie is dat geslaagd.

Eerst brengt de graverij geld in het laatje, bij zijn heengaan is het vullen van de put een lucratieve bezigheid. 'Veel dank zijn wij de Gistfabriek verschuldigd voor de bijstand ons verleend, door zijn deskundigen – op technisch, grondmechanisch, commercieel, economisch en juridisch gebied – op elk gewenst en nodig ogenblik ter beschikking te stellen,' schrijft hij in een jaarverslag. Ook beseft hij dat wegens de diversiteit aan wensen van de wassende familie het steeds moeilijker wordt om daarin de grootst gemene deler te vinden. Niettemin kan hij gerust heengaan. Thor buigt deemoedig zijn godenhoofd. De toekomst van de Ul als familiebezit is gegarandeerd.

Claar en Eg op zijn 80ste verjaardag

Hamertje tik 10

DE GEHEIME TUIN

… *Hoeveel mooier ziet een mens eruit als hij glimlacht*, las ze. En aardiger, dacht ze. Snel trok ze een glimlach om haar mond. Dien keek naar het huis. Wat zat ze hoog. De takken zaten in de weg, anders had ze door de bovenste ramen op de overloop kunnen kijken. Iedereen zat nu in de woonkamer. Ook haar zus, maar ja, die was dertien jaar ouder. Weer vergadering. Oom Herman, met zijn glazen oog, die glimlachte. En lange Oom Frans, die zo op haar vader leek, keek soms wel een beetje streng. Tante Aline glimlachte helemaal niet. Ze droeg een goudbruin vosje om haar nek met z'n snoet naar beneden en met scherpe nagels aan de pootjes. Met een zuur gezicht had ze gezegd dat zij het alleen heel even mocht aaien. Tante El met het golvend zilveren haar glimlachte juist altijd.

Een windvlaag woei door de sparrentakken en blies ritselend een bladzij van haar boek om. Boven haar schoven de wolken door het blauw voorbij. Een rilling kroop over haar rug. *Ze maakte zichzelf sterker door te vechten met de wind*, las ze nu. 'Goed zo, Mary', zei ze zacht tegen de hoofdpersoon. 'Laat ze maar praten, over de badkamer en de maatschap en zo. Jij en ik, wij vechten met de wind.' Tante Heleen met haar donkere krullen en dat kleine brilletje, die was ook heel lief. Van haar had ze het boek gekregen, de Geheime Tuin. De geheime bloementuin. Met die hoge beukenbogen en met varens groter dan Mary zelf. *Alles is magisch*, las ze verder, *de bladeren en de bomen, bloemen en vogels, dassen en vossen, en eekhoorns en mensen*. Ze keek op. De kraalogen van het hangende vosje keken haar aan. En in de biljartkamer, daar stond dat dode zwart-witte dassenbeest. *Magie is overal.* Ze keek om zich heen. Een roodborstje! Op een tak onder haar zat een roodborstje. Mary's vriendje, dacht ze. En ze boog zich voorover naar het vogeltje.

Krak, pats. Trapsgewijs viel het boek van haar schoot tussen de takken door tot het met een plof op de grond terecht kwam. Het roodborstje was gevlogen. De magie ook. 'Sorry Dougly, ik moet naar beneden.' En terwijl ze met haar handen de takken ter hoogte van haar hoofd vastpakte, zette ze geroutineerd haar voeten steeds op een lager zijtak van de hoge rechtstandige douglasspar en in een oogwenk stond ze naast het boek. Ze sloeg de sparrennaalden van haar trui en rok af en raapte het boek op. Gelukkig, het was niet kapot. 'Tot morgen, Dougly', zei ze en met het boek tegen haar borst geklemd stapte ze richting huis. De schuifdeuren waren niet op slot. Ze schoof ze open. De deur naar de woonkamer was dicht. De raampjes in de deur waren verlicht. '…Neeltje is…' hoorde ze erachter vandaan komen. Ze bleef staan. Neeltje? Wie zei dat? De stemmen van de drie broers leken erg op elkaar. Ze ging vlak voor de deur staan en spitste haar oren. '… officieel verloofd. Haar verloofde maakt bezwaar … na acht uur moet blijven.' Het was de stem van Oom Herman. Ze nam nog een stapje dichter naar de deur. '… heb de ouders van Neeltje bezocht en … uiteengezet dat … jongmens bezwaren … door de voordeur … geen herrie moet schoppen aan de achterdeur … niet getrouwd is… nog geen rechten over zijn meisje doen gelden … Van Duinen…' Ze zuchtte en dacht aan Neeltje uit Elspeet met haar bloemetjesschort, die was altijd één en al glimlach. Verloofd, dat betekende trouwen en dan weg, wist ze. Haar zus was ook al bijna verloofd.

O ja, Van Duinen. Vandaag mocht ze mee op jacht! Ze draaide zich om en met het boek in haar hand rende ze de trap op. Op de zachtgele vloer van de overloop maakte ze een sprongetje en wierp een blik door het hoge raam om een glimp van Dougly op te vangen. Eén moment keek ze haar vaders vader, die aan de muur hing, recht in de ogen. Glimlachte hij? Moeilijk te zien onder die grote snor. Daarna stapte ze met twee treden tegelijk de zoldertrap op. In de driekamer legde ze het boek onder haar hoofdkussen en dekte het zorgvuldig toe. Met een elastiekje bond ze haar haar in een staart. In een sneltreinvaart holde ze de trappen weer af, de hal, de gang en de keuken door, trok de tweedelige keukendeur open en liep naar buiten.

Haar stappen kraakten op het grind. De deur van de deel stond los. 'Dag varkentjes, dag geitjes', groette ze de beesten. Gerritje zat in de keuken boontjes te doppen. Zwarte rok, zwarte trui, zwarte kousen, ruitjesschort en opgestoken haar. 'Kom zitten meid', zei ze glimlachend met een piepstemmetje. 'Koffie?' Ze zette de pan met boontjes op het aanrecht en schonk koffie in een beker, goot de opgeklopte melk erbij en voegde er twee scheppen suiker aan toe. 'Asjeblief.' Eigenlijk hield Dientje niet van koffie. Maar hier, met de zachte stem van Gerritje, de geur van de varkentjes, het warme kleedje op de keukentafel smaakte het heerlijk.

De boswachter kwam binnen, zette zijn pet af en ging zitten. 'Ga je straks mee?' Ze knikte overtuigend. 'Wel stil zijn hè?' Gerritje zette een kop koffie voor hem neer. Weer knikte ze. Op zijn glanzende, kalende hoofd kon ze nog precies het rondje zien waar de pet had gezeten. Even later zat ze achter op de bagagedrager van zijn fiets. Een vertrouwde plek. Het vertrouwde rondje over het terrein. Nu hing er een geweer over Van Duinens schouder. Langs de grensweg met Sandberg, langs de Wildekamp, rechtsaf de Grietenweg op. Het geweer stootte tegen haar aan. Nu naar boven naar de koepel. Ze stapte af. Vorige week was hij daar in het zand geslipt. Ze kon maar beter dat stuk even lopen. Boven zette de boswachter zijn fiets tegen een boom en met zijn geweer in de hand ging hij op het koepelbankje zitten. 'Mondje dicht straks. Kijken en wachten.' Ze ging naast hem zitten en knikte drie keer. De wind was geluwd. De stilte werd omlijst door het hardnekkige gehamer van een specht. De hei lag languit te wachten op de lente. Van Duinen spiedde met scherpe ogen de boszoom af. Erboven donkerde het hemellicht.

'Kom.' Soepel reden ze naar beneden, richting Mijnweg. Ze kruisten de Lilyweg. Daar was het paardenweitje. Ze stapten af. De boswachter legde zijn wijsvinger op zijn lippen. Hij ging op de bank naast het schuurtje zitten. Zij kroop achter hem. Hij hield zijn hand aan zijn geweer en keek rond. Zij keek ook rond. Dennen, grillige takken. De geur van dennennaalden hing als een nevel boven de bosgrond. Berken, met hun witte stammen. Gras op het weitje, lekkernij voor paarden, en herten. Tien minuten gingen voorbij. Dennenappels. Bosbesplanten, nog geen bessen. De lucht was donkerblauw gevlekt. Magie is overal. Ze ging verzitten, bungelde met haar benen. Weer legde van Duinen zijn vinger op zijn lippen. Stilte. Kijken. Luisteren. Stilte. Niet bewegen. Plotseling wees van Duinen voor zich uit. Daarginds. Een ree! Hij legde aan, mikte. Zij zag het hertje. Haar hart klopte in haar keel.

Ze hield zich in, beet op haar onderlip, zag zijn goudkleurige vacht, zijn slanke poten, zijn grote ogen, zijn gespitste oren, zijn ... NEE!! gilde ze uit alle macht. Met elegante sprongen verdween het dier tussen de dennenstammen.

'Ga maar zitten.' Over de oude Lijkweg reden ze terug. Het geweer botste tegen haar aan. De schreeuw zat nog in haar keel. De blik van het hert danste nog in haar hoofd. Die snuit, dat bekje. Het was een glimlach. Thuis parkeerde Van Duinen zijn fiets tegen de muur. 'Kom binnen.' Aarzelend stapte ze de deel op. Ze groette de varkens en de geiten niet. De boswachter zette zijn geweer in een hoek en nam zijn pet af. Toen verdween hij achter de kamerdeur. Gerritje was er niet. De beesten waren doodstil. Het was donker. Ze veegde een haarlok uit haar gezicht en verplaatste haar gewicht van de ene voet op de andere. Van Duinen kwam weer tevoorschijn. Hij hield iets vast. 'Voor jou', zei hij. Ineens had ze een goudkleurige eekhoorn in haar handen met een pluimstaart en een nootje in zijn voorpoten. 'Pas goed op hem. Hij komt uit het bos.' Vertwijfeld keek ze de boswachter aan. Zacht en duidelijk zei hij met een glimlach: 'Je mag niet meer mee op jacht. Nooit meer.'

Met de stijve eekhoorn in haar armen liep Dientje over het grind. Ze haalde haar neus op en slikte. 'Kind, wat een schattig beest heb je daar!' riep Neeltje die in de keuken stond af te wassen. Zij klemde haar kaken op elkaar en zei niets. De vergadering was afgelopen. Haar ooms liepen lachend de zitkamer uit. Haar vader plaagde zijn zus. 'Waar is je pispothoedje, Toot?' 'Hou nou eens op, Eggie', zei ze terug. De vossenogen hingen om tantes nek. Dassenogen stonden boven het biljart. Magie is overal. Vossen, dassen en eekhoorns. 'We gaan eten in de Zwarte Boer', hoorde ze hen zeggen. 'Biefstuk met gebakken aardappels. Ga je mee?' Met de kraalogen van de eekhoorn liep ze de trap op. Haar grootvader zag ze niet. Ze vergat Dougly. De zoldertrap kraakte. Boven op haar kamer ging ze op haar bed zitten. In gedachten zag ze het hertje dat sierlijk het bos in sprong. Wat moest ze met dit stugge beest? Ze pakte het met twee handen vast en staarde in de bolle bruine ogen. De ogen keken vragend terug. Het diertje had witte snorharen en goudgele pluimpjes aan zijn oren. Zijn vacht glansde. Zijn neusje glom roodbruin. Dat bekje. Glimlachte hij? Met haar rechterhand streek ze langzaam over het vraagteken van zijn ruige staart. Toen tilde ze hem op en zette hem neer op het nachtkastje naast haar bed, met zijn blik op het kussen gericht. Ze pakte het boek eronder vandaan, sloeg het open en las: *Als je goed kijkt, zie je dat de hele wereld een tuin is.* Opengeslagen legde ze het boek op het kussen. Hij kon het zien. Ze trok het elastiekje uit haar haar, schudde het los, sjorde haar rok recht en holde naar beneden achter haar familie aan.

(De geheime Tuin, van F. Hodgson Burnett, 1911, klassiek Brits kinderboek)

Hamertje tik 11

ZO ZIJN ONZE MANIEREN, MANIEREN

'Au! Potverdorie!'

Hartgrondig rolt de pijnkreet over de overloop tot in alle kamers van het lege huis. Ze heeft er al eentje goed neergezet, maar bij de tweede gaat het fout. Ze kijkt naar haar rechterhand en met haar linkerhand haalt ze de klem van de val los. Dat zal wel een blauwe nagel worden. Waar is dat stuk kaas gebleven? Ze kijkt om zich heen. Daar ligt het, op de mat bij de trap. Nog een keer proberen. Voorzichtig zet ze het stukje lokkaas vast en trekt de val strak. Ze bukt en zet hem op de grond van de voorraadkast naast de strijkplank. Nu gaat het goed.

'En nou bijten, jullie!'

Jannie van Roozelaar drukt de kastdeur dicht en draait hem op slot. Ze was al vroeg op de fiets uit Speuld gekomen. In de lage ochtendzon fietste haar eigen lange schaduw met haar mee de Betonweg over. Ze keek goed naar links en rechts, maar zag niks. Geen auto, geen Henk. Toen reed ze de Grietenweg op en het onherbergzame bos in. Daarna langs Penni, voor het huis van Van Duinen langs, en vervolgens rechts over het zandpaadje naar het Grote Huis. Ze zette haar fiets in de bijkeuken en met haar eigen sleutel maakte ze de keukendeur open. Maandagochtend. Op het aanrecht in de keuken stond de vuile vaat torenhoog opgestapeld. Soepborden, dessertborden, al het zilveren bestek, kristallen glazen, messenleggers. Het was een druk weekend geweest. Wel bijna twintig mensen. Mevrouw Claar, met Door en de kinderen, en een tiental gasten. Eerst werkte ze de afwas weg. Niet op de manier van mevrouw Aline met eerst een bak sop, dan een bak spoelwater, en dan pas het afdruiprek. Dat duurde haar veel te lang. En als ze alleen was, konden ze trouwens de pot op met al die verschillende doeken: glazendoeken, bordendoeken, theedoeken, de een wit met een gele rand, de ander met een blauwe of rode. En dit was typisch mevrouw Claar: in de eetkamer lag geen wit damasten tafelkleed, maar twee gebloemde spreien uit de rode kamer waren als een bloeiende zomerwei over de lang uitgerekte eettafel gedrapeerd. Dus spreien wassen, buiten ophangen - gelukkig scheen de zon –, de zware tafelbladen er uit tillen en wegzetten tot de tafel weer tot een bescheidenere proportie was teruggebracht. En dan wel een onbevlekt sneeuwwit tafellaken erop.

Ze kijkt naar haar rechter wijsvinger. Het bovenste kootje is rood geworden en wat opgezwollen. Even stopt ze hem in haar mond. Nu de bedden. Zijn ze allemaal beslapen? Ze besluit een rondje te maken om de omvang van dit deel van haar taak in te schatten: de balkonkamer, de lange kamer: dat zijn er vier. Het bed in grootvaders kamer is zowaar ongerept en ze werpt een blik naar buiten. De zon danst over de toppen van de sparren en op het grote grasveld huppelt een konijn de theehut in. O ja, die hut heeft ook een beurt nodig. Dan inspecteert ze de rode, de blauwe en de groene kamer: zeven bedden. De zoldertrap kraakt alsof hij ieder moment in duigen kan vallen. Ze had het kunnen weten: alle vijf. Ze was dan wel in de tweede mulo blijven zitten, en op haar vijftiende op het landgoed komen werken, maar ze wist donders goed wat zestien bedden betekende. Afhalen, lakens en slopen tellen voor de wasserij, weer opmaken en de dag was om. Ze moest aan de slag. Henk, hij wou naar Parijs... Tussen Keulen en P...

'Uch, uch!' Ze schrikt op. Van Duinen.

'Koffietijd, Jannie. Kom je mee?'

Ze knikt en haar donkerblonde paardenstaart springt op en neer. Snel gooit ze de gebruikte handdoeken van de rode kamer op een stapel. Zou ze hem nog weer zien? Een paar dagen geleden had hij haar bijna met zijn auto aangereden op de Betonweg. Er was niets ergs gebeurd, maar ze was wel geschrokken. Met een lieve lach en twinkelende ogen had hij zich verontschuldigd. In gedachten reed hij in zijn gloednieuwe lichtblauwe tweedehands besteleend al naar Parijs, legde hij uit. Henk was zijn naam, uit Elspeet. 'We zien elkaar vast wel weer, Jannie', had hij bij het afscheid gezegd. Die korenblauwe ogen twinkelden de hele tijd door haar hoofd.

'Wat ben je stil, meid. Nog koffie?' vraagt Gerritje van Duinen terwijl ze al een tweede kopje inschenkt. 'En neem nog een krakeling, kind.'

Ze is net zeventien geworden. Voor haar verjaardag heeft ze van mevrouw Claar een kettinkje gekregen met als hangertje een hartje, waarin diamantslijpsels zitten. Die glinsteren zo mooi. Marquisette, heet dat. Dat zou ze dan omdoen. En ze zou hem vertellen dat ze van plan was haar rijbewijs te gaan halen, wat ze zelf kan bekostigen met haar baan van zes dagen in de week. En ze zou ze ook haar paardenstaart afknippen en een permanent nemen. Dat zou haar een stuk beter staan dan dat steile haar.

'Kijk nou', zegt Jannie en laat haar wijsvinger zien. 'Rotdingen die muizenvallen. Maar 't is niet zo erg als die keer met de poedel van Carlijn.' Dat beest had jongen die boven in de wasmand lagen. Ze had haar even een aai gegeven, maar mooi dat dat beest haar lelijk te pakken nam! 'Je moet een poedel nooit aaien, als je hem niet kent', zei Carlijn. Wist zij veel. 'En ik houd helemaal niet van honden.'

'Vrijdag komt mevrouw Landberg weer,' zegt Van Duinen.

Mevrouw Toot, Carlijns moeder. Haar man is al overleden. Zij komen hooguit met z'n drieën. Een makkie. Dan kan ze zaterdag vast wel eerder weg. Jannie staat op, bedankt Gerritje voor de koffie en gaat naar buiten. In de zandgele lentezon loopt ze over het paadje tussen de wit bloeiende rododendrons en de sparren naar het Grote Huis. Henk. ...Ligt de weg naar .... Tante Toot. 'Tootje kachelpoets'. Maar ook lampenpoets. Zij vindt niets heerlijker dan de 'rokjes'-lampenkap uit de erker in bad te doen. De vier touwtjes waaraan hij hangt, moeten dan losgepeuterd, al een heel gedoe, en dan stopt ze hem in een lauw sopje in de badkuip. De kleedjes van de kaptafels boven gaat ze natuurlijk ook weer wassen. En stijven! En hoe! Je kon er iemand een gat mee in zijn hoofd slaan. Die korenblauwe glinsterogen, een eigen auto. Maar tante Toot wast en strijkt zelf. Zíj heeft ook tegen Jannie gezegd dat als ze het huis aan kant heeft, ze niet nodeloos hoeft te blijven wachten tot er wordt opgebeld om te zeggen wie er zou komen, met z'n hoe velen en wanneer. Dat heeft zíj gezegd. Ja, ze zal er voor zorgen dat haar kamer lekker naar boenwas ruikt, want tante Toot is verzot op die geur. Eén klodder Erdal op de vloer is genoeg. En een flinke scheut chloor door het toilet. Ze hoort het haar al zeggen: "Oh, wat ruikt het hier verrukkelijk fris!" Houdt Henk ook van fris?

Het Grote Huis ligt er afwachtend bij en zwijgt. Stilaan groeit de stapel gebruikte lakens en slopen. Uit de linnenkast pakt ze acht schone katoenen lakens nummer 1 voor de kamers met de grote bedden. Even later een stapel met de nummers 3 en 4. Allemaal zijn ze gemerkt met ULLERBERG. Vorige week heeft ze nog met de linnenkastmevrouw, El, de stand van het linnengoed doorgenomen. Nu valt de zon schuin over het grote grasveld en reikt tot op het terras. Ze zal nog even de badkamers meenemen. Toen zij kwam werken in de zomer van 1961 waren die net gemoderniseerd. De ene grote badkamer was in twee gelijke kleinere verdeeld. Elk met twee wastafels, voorraadkastjes voor de families onder de ramen - daarin had ze gelukkig nog geen muizen aangetroffen - en een toilet. En nóg een soortement toilet. Ze draait de kraan open.

'Potverdorie!!'

De straal van het bidet spuit midden in haar gezicht. De druppels druipen langs haar neus en haar kin op haar truitje en haar rok. Zelfs haar paardenstaart is nat. Met een ruk draait ze de kraan weer dicht.

'Dat rotding ook! Waar dient dat toch voor?!'

Ze pakt een schone handdoek uit de linnenkast en droogt zichzelf omstandig af. Daarna dumpt ze hem op de stapel wasgoed en loopt de trap af naar de keuken. Ze trekt haar jas aan en sluit het huis af. Ze haalt haar fiets uit de bijkeuken en fietst het zandpad over, linksaf langs Van Duinen, rechts voorbij Penni en dan het donkere bos in. Opgelucht rijdt ze het bos weer uit en bij de Betonweg stapt ze af. Met twee handen aan het stuur kijkt ze naar rechts en dan naar links. Ziet ze daar niet iets blauws? Komt daar niet een auto aan? Even blijft ze staan turen in de verte. Dan kijkt ze naar haar gezwollen rechter wijsvinger en stopt hem even in haar mond. Parijs. Al wie met ons mee wil gaan die moet onze manieren verstaan... Daarna stapt ze weer op en terwijl ze de Betonweg oversteekt, fietst haar langgerekte schaduw, nu aan de andere kant, gewillig met haar mee.

Hamertje tik 12

KOPPIëS EN ZOON

Samen met zijn zoon had hij zich die zondagmiddag in een dennenbos tussen afgehakte takken genesteld, in de nabijheid van een hertenwissel. Voor de Vliegende Brigade van de Rijksveldpolitie hoefden ze niet bang te zijn. Het grondgebied van de Ullerberg was gemarkeerd met borden waarop stond dat het volgens artikel 461 van het Wetboek van Strafrecht streng verboden was je toegang tot het terrein te verschaffen. Het landgoed was een waar paradijs voor dieren geworden door de jarenlange toegewijde zorg van boswachter Dirk van Duinen. En nadat in begin jaren 60 een afrastering aan de west- en zuidkant was geplaatst, waren er veel herten, hinden en zwijnen te vinden, tot verontwaardiging van de jagers van de belendende landgoederen Sandberg en Staverden.

Vader en zoon hielden zich stil en zeiden geen woord terwijl ze gespannen tussen de takken door tuurden, verlangend een stuk rood wild in het vizier te krijgen. De zoon hield het geweer in de aanslag. Ze hoopten dat de wind niet zou draaien en dat er gauw een beest binnen schootsafstand voorbij zou komen.

Plotseling stootte de zoon zijn vader aan en wees in de richting van het Grote Huis. Ze wisten dat de gemeentepolitie van Harderwijk enkele dagen geleden een brief had rondgestuurd over het beruchte duo dat zij vormden: 'Houd Koppiës en zoon in de gaten in verband met veelvuldige wildstroperij in de bossen rondom Harderwijk. Observaties doorgeven aan de politie te Nunspeet of aan de boswachter van de Ullerberg.' In de verte stond Gerrit van Duinen met de kijker aan zijn ogen. Prompt zagen zij hoe hij op de fiets sprong en in hoog tempo hun richting uitkwam. De zoon nam het zekere voor het onzekere. Hij koppelde zijn geweer los, stopte de twee delen onder zijn jas en nam zo vlug als hij kon de benen. De vader zag de boswachter naderen en zonder lang na te denken sprong hij plotsklaps behendig voor zijn fiets. Gerrit liet zich niet van de wijs brengen:

'U bevindt zich op verboden terrein. Weet u dat?'

'Ja, dat weet ik.'

De jachtopziener slingerde hem op de bon.

'Dat kost u dan dertig gulden.'

'Het zij zo.' Van Duinen had hem wel te grazen, maar zo kon zijn zoon toch mooi de dans ontspringen. 'Mooie kijker heeft u daar. Welk merk is dat?'

Thuisgekomen knorde de zoon van ongenoegen. De gefrustreerde poging een stuk grof wild van de Ullerberg te halen zat hem dwars. De volgende dag wilde hij naar de voederwei nabij de koepel.

'Dat kun je toch niet maken!'

'Van Duinen denkt echt niet dat wij daar zo snel weer aan de slag gaan. Kom mee.'

Het kostte hem weinig moeite zijn vader over te halen en tegen het middaguur reden ze getweeën richting Ullerberg. Ze parkeerden de auto tegenover Sparrendal, de oude vuilstortplaats, goed verscholen achter een groep eikenbomen. Ze stapten uit en de zoon zette direct koers richting koepel. Bij nader inzien besloot de vader bij de wagen te blijven wachten. Gerrit van Duinen was snel, fors en had arendsogen en hij had tenslotte een door de polio veroorzaakte mankepoot. Om de kruipende tijd te doden liep hij heen en weer onder de eikenbomen. Het afgelopen jaar was een mastjaar geweest. De eikels lagen nog voor het oprapen. Nerveus schopte hij er een paar voor zich uit. Hij haalde zich de voederwei voor de geest. Daar vlakbij was een zwijnentrek, wist hij. Het pad liep onder een groep eikenbomen door. Zwijnen hielden van van alles, maar vooral van eikels. In gedachten legde hij aan. Plotseling klonk er een schot. De knal kwam uit zuidelijke richting. Hij wilde onmiddellijk het bos in rennen om het resultaat te zien. Nee. Dat schot kon slapende honden hebben gewekt. Even later kwam zijn zoon breed grijnzend tussen de bomen tevoorschijn:

'Een edelhert! Zo groot als een paard. Het ligt in de struiken. Kom, we halen het op.'

'Ben je gek geworden! Wegwezen na die knal. Dat doen we vanavond.'

De avond was al vroeg en donker gevallen en alleen zeer ervaren boswandelaars konden weten waar ze liepen. Ze trokken het grote dier uit de struiken en sjorden en sleepten het over takken en bladeren naar de wagen.

'Hij is zo stijf als een hark. Die krijgen we onmogelijk de achterbak in.'

'Zet hem dan maar naast je, op de voorbank. Ik klim wel achterin.'

Met veel geduw en getrek paste het beest ten slotte toch in de achterbak. Vader en zoon stapten in. De motor werd gestart en langzaam reden ze de grindweg vol hobbels en gaten af. Achterin klonk het gebonk van het hert. Toen ze het hek gepasseerd waren met Streng Verboden Toegang artikel 461 Wetboek van Strafrecht wierpen ze elkaar een voldane glimlach toe. Ze waren aan Arendsoog ontsnapt en wisten dat het dode dier de boete van de vorige dag ruimschoots zou goedmaken.

(Vrij naar 'Brood uit de nacht')

Hamertje tik 13

PIPPELOEN

'Kijk eens wat ik kan!!'

Tussen de verzorgde noten van Schuberts pianosonate die vanuit de openstaande kinderkamerdeuren opstijgen, tuimelen de triomfantelijke woorden van Jan Laurens over het dak naar beneden tot vlak voor de keukendeur. Marietje schrikt ervan en drukt haar knuffelbeer dicht tegen zich aan. Ze doet een paar stappen achteruit en kijkt omhoog. In de bleke ochtendzon ziet ze tegen de blauw bewolkte hemel het profiel van neef Jan Laurens, die met hoog gestrekte armen op het dak staat te zwaaien. Ze zet haar rechterhand als een zonneklep boven haar ogen en ziet tot haar stomme verbazing nog een jongensfiguur uit het zolderkamerraam naar buiten kruipen. Hij zich laat zakken totdat hij op het dakje van een dakkapel staat. Arnold. Hij zwaait ook. Intussen klimt Jan Laurens als een aap nog verder naar boven en gaat schrijlings op de nok van het rode dak zitten, tussen de schoorsteen en de grote bel in. Marietje staat te trillen op haar benen. Ze knijpt haar beer fijn en wendt haar blik naar de grond. Dat hij dat durft! Met zijn hoofd in de wolken! En neef Arnold is hem gevolgd. Ze hoort nog iets daarboven en langzaam richt ze haar blik weer omhoog. Neef Tjal klimt ook uit het raam. Haar hart bonst in haar keel. Ze wil haar vader roepen. Pap! Nee. Niet klikken. Ik klik niet, zegt ze zonder woorden tegen beer Pippeloen. Ze slikt haar onbehagen in.

Vader Tjalling ruikt onraad. Bruusk breekt hij de sonate af en snelt door de openstaande deuren naar buiten. Marietje slaat haar handen voor haar oren. De zachte vacht van haar beer klapt in haar gezicht. Vlug verschuilt ze zich tussen de sparren achter het houten fietsenhok. Het gedonder is niet van de lucht. Angstvallig hoort ze het gebulder van haar vader door haar handen heen. Ze doet haar ogen dicht. Het silhouet van de juichende Jan Laurens ziet ze nog voor zich. Wat nu? Hoe loopt dit af? Komt de speurtocht in gevaar?

De speurtocht. Grootmoeder Heleen had ieder jaar in augustus haar verjaardag op die manier gevierd. Vroeger met haar vijf kinderen en later ook met de groeiende schaar kleinkinderen. Dit is de eerste keer zonder haar. Grootmoeder had het aan haar hart en was een paar maanden geleden overleden. De familie wilde de traditie nog voortzetten. 'De tweede Erf van de Ul die heengaat', heeft haar vader gezegd. Waarheen? Wat is een Erf? Marietje mist haar. Haar grootvader heeft ze nooit gekend. Die is gestorven in het jaar dat zij is geboren, weet ze, nu bijna acht jaar geleden. De Ullerberg is vreemd leeg zonder grootmoeder. Ze kon zo mooi zingen en zo gezellig voorlezen. En mooi verven. Ze was iets hoogs bij de padvinderij en zette altijd van die spannende vossenjachten uit. Eigenlijk is grootmoeder nog niet echt van de Ullerberg verdwenen. Straks ziet ze haar toch gewoon met haar brilletje op haar neus zitten in de leunstoel naast de theetafel met Chinese theekopjes, zilveren lepeltjes en het blauwwitte suikerpotje. Misschien stopt ze haar dan nog een keer stiekem een suikerklontje toe.

'Marietje! Jij gaat met Heleen mee.' De stem van haar vader. Met nog een suikersmaak in haar mond springt ze op. De speurtocht!! En haar nicht, die grootmoeders naam draagt, is al veertien dus ze hoeft ze niet bang te zijn. Die zal zeker niet verdwalen. Ondanks dat ze bulderend op hun kop hebben gekregen vanwege hun gevaarlijke apenstreken mogen de jongens toch mee.

'Jan Laurens, jij neemt de andere groep. Met Hylkia en Corine. Zo zijn de vier meisjes eerlijk verdeeld. Jullie vertrekken vanuit de keuken.'

'Zet Pippeloen maar op de bank,' zegt Heleen tegen haar. 'Kom jongens! We gaan. Zoeken en kijken. Als je iets ziet, niet aankomen! Wachten tot iedereen er is.'

Marietje kijkt meewarig naar Pippeloen voor ze de beer hardhandig op de bank gooit. Ze stuift de schuifdeuren uit en rent het grind op.

'Een pijl! We moeten die kant op!' Opgewonden loopt Heleens groepje tussen de rododendronstruiken door. Marietje op kop.

'Een briefje! Ik zie een briefje!' Ze trappelt van ongeduld. 'Heleen, mag ik het lezen?'

Heleen haalt een wit papiertje van de dennentak en geeft het aan haar nichtje. Marietje vouwt het open, wacht tot iedereen om haar heen staat en leest dan langzaam en monotoon hardop voor:

'Zoek de appel van een den
en ook een lange sparrenvrucht.
Zeg wat de verschillen zijn.
En spring een groot gat in de lucht.'

Op nagenoeg religieuze wijze wordt de opdracht uitgevoerd.

'Sparrenappels lijken net drollen', giechelt Marietje en springt zo hoog mogelijk in de lucht.

Iedereen maakt grappend een sprongetje onder de bomen en Heleen probeert tevergeefs de bladeren van de Amerikaanse eik te raken. Dan gaan ze verder en volgen de pijlen op de grond die gevormd zijn van eikentakken, varens of getekend in de grijze zandgrond van de Drieweg. Hier en daar hangt een kleurig lintje aan een larikstak in de zuinige zon te glinsteren. Een lange pijl met een bocht wijst naar een smal weggetje dat een jong dicht dennenbos in kronkelt. Marietje aarzelt. Het is er donker. Ik ben niet bang, Pippeloen. Ze haalt diep adem en dapper stapt ze het donker in. Maar na tien stappen is het nog donkerder en er is geen taal of teken te zien. Plotseling draait ze zich om.

'Weet je echt de weg, Heleen?'

'Wat dacht je. Dit paadje heb ik zelf gehakt met oom Tjal, jouw vader! Wat een dennen hebben we weggesleept! De grond hebben we ook eigenhandig weg geschept. We hebben het paadje het Halbertsma-pad gedoopt.' Dat klinkt vertrouwd. Marietjes angst glipt weg tussen de dennentakken en in de verte gloort het licht.

'De boom! Ik zie de boom!' roept Marietje buiten zichzelf en zo snel als haar benen haar door de struikheide kunnen dragen, holt ze in de richting van een hoge berk naast de golfhut, die in vol ornaat zijn takken ten hemel uitspreidt. Tussen zijn groene blaadjes hangen talloze gekleurde pakjes.

'De ulevellenboom!!' klinkt er van de andere kant. De tweede groep heeft ook de pijlen gevolgd en opdrachten uitgevoerd. Nu kijken ze met z'n allen verlangend naar de onwaarschijnlijk bonte bladertooi van de wonderboom.

De zon staat al laag als op het terras voor het Grote Huis als de buit wordt verdeeld. Voor elk kind een opwindbaar racebootje en een ulevel.

'Ik heb vannacht gedroomd dat we allemaal een echte bijl cadeau kregen', zegt Heleen.

'Wat?! Ook de meisjes?' vraagt Jan Laurens.

'Tante Door kreeg voor haar veertiende verjaardag van grootvader Tjal een hakbijl. Om laantjes mee te hakken! Oom Tjal heeft die hobby van niemand vreemd.'

Marietje hoort het niet. Ze heeft Pippeloen van de bank gepakt en is naar haar zolderkamer gerend. Ze doet de stop in het afvoergat van de wastafel en laat het bassin vol water lopen. Ze zet haar beer op de tafel voor het raam en windt het bootje op. Daarna draait ze de kraan dicht en laat het vaartuigje los in de plas water. Het racet in het rond als een ziel die naar ruimte snakt. Even ziet ze het aan. Dan gaat ze op haar tenen staan en zet het raam van de dakkapel wagenwijd open. Ze pakt de beer bij een poot en klimt op de vensterbank. Terwijl het bootje zijn laatste trage pogingen doet om vooruit te komen, glijdt haar blik van het rode dak naar de hoogte erboven. De eerste tonen van een pianosonate komen langs en lossen op in de lucht. Dan strekt ze haar rechterarm en met een wat onzekere brede zwaai gooit ze het bruine beertje Pippeloentje het grijsblauw bewolkte hemelruim in.

14 aug. 1961 v.l.n.r: Jan Laurens, Heleen jr., Arnold IH, Marietje, Tjalling Ha,

14 aug. 1961, de Ulevellenboom

L: Gerrit en Geertje van Duinen, 1954

R: Gerrit en Geertje van Duinen

Gerrit en Geertje van Duinen met Bram, Lia en Gerrie

L: Fransje met moeder Aline

R: Rust tijdens de strijd om de Zilveren Suikerpot (1968)

L: De Grote Zandkuil KinderUllerberg van Fransje en Suzette, 1978

R: Golfhut, oefenen voor de Zilveren Suikerpot (± 1975)

R: 1972 2 juli Schilder's Nieuws- en Advertentieblad

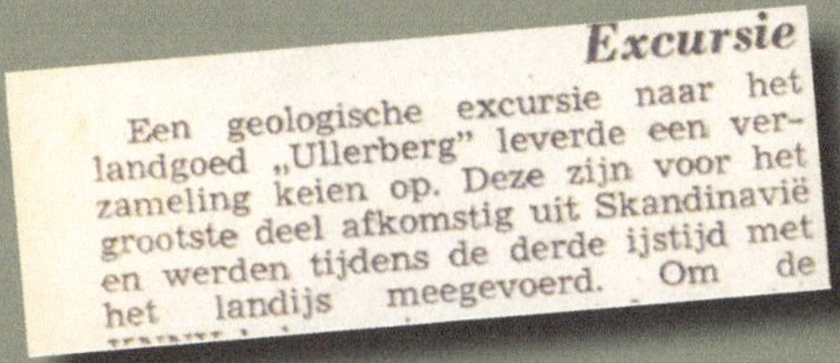

Excursie

Een geologische excursie naar het landgoed „Ullerberg" leverde een verzameling keien op. Deze zijn voor het grootste deel afkomstig uit Skandinavië en werden tijdens de derde ijstijd met het landijs meegevoerd. Om de

L: Unisex bruidspaar, december 1970: Door + Julian

R: Op het toneel in de stal/ garage huwelijk Door tH 1970. Vlnr. Ondermaten Frans tH, Lilian, Frans V.

L: Eerste Dondermaat: Lili, 1973

R: Dondermaat Lili op de wip met Ondermaat-moeder Door, mei 1975

R: Eppy 60, 1977, feest vanaf het balkon. dondermaatjes Lili en Olivier

L: Juli 1980, Tweede Dondermaat Olivier 6 jaar, hij ment, olv. Ondermaat Titia, +Dondermaat Lili

R: Eppy 60 (1977), Harmoniekapel van de gistfabriek speelt op het grasveld

L: Eppy 60 jaar, 1977

R: Eppy 60 jaar (1977), Diner in de eetkamer

L: Een kijkje in de zandgroeve, 1977

R: Familie Gerrit van Duinen op het grasveld: V.l.n.r. boven, Gerrit, Geertje, Bram. Onder: Heymen, Gerrie en Lia. (± 1978)

L: De compactor met Berend Slijkhuis als chauffeur

R: 80ste verjaardag Eg, Esmee draagt gedicht voor, 1981

L: 80ste verjaardag Eg, Elbert brengt Eg en Claar met auto naar de overdekte tennisbaan, 1981

L: Eg 80 jaar, Frits Reynvaan zingt hem toe

R: Eg 80 jaar, tent op de tennisbaan, (dec. 1981)

R: Ullerbergse stoelen, door Cara Waller

L: Houtzagerij Ullerberg, 1975, door Cara Waller

R: De bloemen-tuin door Cara Waller

L: Het Grote Huis in de sneeuw

L+R+B: Uller-kwartetspel

De Maten Lily, Erlandine, Marga en DoorV

VIERDE HAMER (1982-1996): DE MATEN

1. BRAM

Wanneer de laatste van de zes Erven in de herfst van 1982 onze wereld verlaat, heeft zich een jaar daarvoor noodzakelijkerwijs een wisseling van de wacht in de boswachterswoning voorgedaan. Al jong heeft Bram zijn vader bijgestaan. Als de brand op het landgoed woedt, waakt hij 's nachts bij de fatale plek. Ook helpt hij mee met het schillen van de dennenstammen na de stormen van de jaren 70. Menigmaal houdt hij, als zijn vader een hert heeft geschoten, samen met zijn zus Lia, de achterpoten van het beest zo uit elkaar dat Gerrit het dier kan ontweien. En tijdens het verblijf van zijn vader in het ziekenhuis, springt hij voor hem in. Geboren en getogen als hij is op het landgoed, kent hij elke kronkel van alle bospaadjes als zijn broekzak.

Abraham van Duinen komt op 5 april 1956 in de slaapkamer van Penni ter wereld. Beneden. Zijn zuigelingengehuil wordt gedempt door een roerloze, dikke laag sneeuw die op dat moment alle Ulse dreven bedekt. Aanvankelijk slaapt hij beneden maar als Lia in '58 wordt geboren, moet hij voor zijn zusje wijken naar de rommelzolder. De vliering is slechts bereikbaar met een ophaaltrap die midden in de keuken recht voor de gootsteen neerkomt.

Penni

Een eerste herinnering van Bram is het waterpompen op maandagochtend: 'Heel in het begin was er nog geen waterleiding. Dus maandagmorgen voordat ik naar school ging, moest ik eerst waterpompen, zodat mijn moeder de was kon doen. Elektriciteit was er wel, maar water kwam pas toen ik een jaar of acht was, in '64 ongeveer.'

Hij kan zich zijn oom Van Duinen nog goed herinneren: 'Ik was ongeveer zes en fietste langs het kippenhok van Oom Dirk. Er zat een kip wild met haar snavel tegen een ruitje van het hok te pikken, die wilde ik wegjagen. Toen sloeg ik hard met mijn vuist tegen het ruitje, waardoor het glas brak en in mijn pols sneed. Het bloed stroomde eruit en gillend van de pijn rende ik naar mijn moeder. Zij belde direct de dokter. Maar daar was Oom Dirk, die pakte mijn pols en drukte er heel hard op met zijn duim. Ze waren bang dat het een slagaderlijke bloeding was.' Het loopt met een sisser af, maar dit teken van ondeugendheid raakt hij zijn leven lang niet kwijt.

Na de dood van oom Dirk verhuist Gerrits gezin naar het verbouwde Boshuis. Bram en Lia zijn verguld met ieder een eigen kamer boven, mét wastafel! Wellicht heeft deze ruimtelijke uitbreiding ook bijgedragen aan een geestelijke verruiming, want na het behalen van zijn eindexamen atheneum besluit Bram in Wageningen Landbouw, Plantenteelt en Graslandcultuur te gaan studeren. Geen bosbouw dus, terwijl op de Ullerberg niet veel grasland is, slechts een paar voerakkers, en alleen op het roggeveld wat landbouw, eigenlijk louter voor het oog. Hij rekent er niet op zijn vader op te volgen. Het ziet er immers naar uit dat Gerrit, die goed herstelt van zijn operatie, nog wel jarenlang boswachter van de Ullerberg zal blijven. Het loopt echter anders.

2. TREURNIS

In 1980 steekt Gerrits ziekte weer de kop op. Nu is het ernst. Een longoperatie en een chemokuur zijn niet in staat de bosbaas terug te voeren naar de paarse hei en zijn zelf gefabriceerde tafels en banken op de veranda van de golfhut. In de zomer van 1981 pakken zich zwarte wolken samen boven de Ulse bossen en op 6 augustus daalt er een grote grauwsluier over de hele Ullerberg neer. Op 52-jarige leeftijd verlaat Gerrit voorgoed zijn gezin en het landgoed.

Zijn vrouw Geertje: 'Gerrit was een lieve, makkelijke man. Hij was altijd gezeglijk. De laatste zes weken is hij nog thuis geweest en heb ik hem zelf verpleegd. Bram was net getrouwd en Lia trouwde vlak erna. Dochter Gerrie ging in Zwolle de verpleegstersopleiding volgen. Ik bleef alleen met Heymen achter, die was pas negen. De laatste tijd werkte Gerrit niet meer zo hard, maar hij heeft nog heel lang als opzichter door het bos gefietst, om toezicht te houden op de bossen, de vuilstort en de wildstand. Dan nam hij Heymen altijd mee, gezellig voor allebei. Dus die miste zijn vader verschrikkelijk.' Bram weet nog dat zijn vader nog maar net één dag overleden is of ze stonden al op de stoep om het pistool op te halen. 'Toen hebben ze ook de jachtgeweren mee genomen,' herinnert Geertje zich. 'Dat vond ik niet erg, want ik was niet blij met die geweren in huis zonder man.'

Bram heeft net zijn studie afgerond en is eind juni met zijn uitverkorene Cora in het huwelijk getreden. Omdat zijn vaders dood voor niemand onverwacht komt, heeft de familie Waller, die in hem de ideale opvolger ziet, al eerder gevraagd of hij de plaats van zijn vader wil innemen. De jonge ingenieur pakt die kans. Vijftien jaar lang zal de nieuwe boswachter, of beter gezegd 'houtvester' – de derde Van Duinen – de scepter zwaaien over het bos, het wild en de huizen en een meer dan oplettend oog in het zeil houden van de vuilstort. Het prille paar installeert zich in een caravan aan de rand van de groentetuin vlakbij de houtschuur en Bram gaat aan de slag met het ontwerpen van een bosplan voor het landgoed.

Lia van Duinen

Het is in die tijd niet gebruikelijk dat de boswachtersfamilie over het Grote Huis kan beschikken, maar voor Brams zus Lia wordt op dat moment een uitzondering gemaakt. En eind september, terwijl de schaduw nog over het Boshuis hangt, schijnt de zon over het terras en het gazon van het Grote Huis met gulle gaven en op het dak snijdt Thors windvaan fier een blauwe hamer uit de blauwe lucht. Kinderen spelen op het grasveld en een engelachtige bruid, die zojuist in het kapelletje van Staverden haar jawoord heeft gegeven, ontvangt met haar jonge echtgenoot de gasten voor een receptie in de feestelijk versierde hal en zitkamer en een diner in de eetzaal. De Wijmpjes brengen de hapjes en drankjes rond en op de schoorsteenmantel zit de goudgele eekhoorn stiekem te glimlachen bij het zien van Lia's stralende lach.

'Het was wel heel bizar, zo vlak na de dood van mijn vader. We konden het wel uitstellen tot februari, daar hebben we het ook over gehad, maar dat maakte het niet anders', vertelt Lia. 'Dus hebben we het maar door laten gaan. Het was prachtig weer. De deuren stonden open en buiten waren allemaal zitjes. Het was een mooie dag.'

3. BOSPLAN

Het jaar daarop koopt de familie Waller voor Geertje een huis in Ermelo, zodat Bram en Cora de boswachterswoning kunnen betrekken. De jonge houtvester zet met twee boshulpen de uitvoering van het bosplan in gang. Bram vertelt: 'Toen ik daar kwam in 1981 heb ik een plan gemaakt om het bos te verjongen. Het bos was eigenlijk gemiddeld gesproken te oud geworden, dan is de kans op stormgevaar nogal groot. Idealiter zou het gemiddelde veertig jaar moeten zijn, maar het was ruim vijftig. Een dennenbos is na ongeveer tachtig jaar kaprijp. Ik heb berekend dat er ieder jaar zo'n twee hectare aan bos gekapt en weer verjongd moest worden. Zo hield je voor de toekomst het bos beter in stand. Dat beleidsplan is door de familie aangenomen en dat ben ik toen gaan uitvoeren.' Het betreft het principe van een productiebos, bossen die zoveel mogelijk opleveren. Volgens Van Dale is dat 'een bos bestaande uit snel groeiende boomsoorten voor de productie van hout of houtvezels'. Dennenbossen wel te verstaan, want loofbomen groeien erg langzaam op de schrale Veluwse grond.

Een aantal jaren later gaat men een nieuw inzicht betreffende de bosbouw hanteren: 'natuurlijke verjonging'. Hierbij wordt een bos niet in zijn geheel gekapt, maar 'gelicht': dan wordt er meer gekapt dan alleen voor de dunning nodig is, om zo de ondergroeiende opslag levensruimte te geven. Opslag in deze context is gewas dat opkomt zonder door de mens te zijn geplant of gezaaid. Een proef met deze natuurlijke verjonging slaat goed aan en deze methode zal gaandeweg de overhand krijgen. Maar vooralsnog maakt Bram zich nog grote zorgen om het achterbos, het dichte dennenbos achter de koepel, waar hele percelen na de stormen van '72 en '73 opnieuw zijn aangeplant. Roedels herten doen zich dermate te goed aan al het jonge groen dat de boompjes het erg moeilijk hebben. Hij vraagt zich ernstig af of er nog wat van die aanplant terecht komt, maar de wonderen der natuur zijn de Ul nog niet uit. Op den duur winnen de bomen het van de vraatzucht van de herten en wordt het toch weer zeegroen achter de koepel. Dat daar zo'n dertig jaar later een bewuste kaalslag plaatsvindt ten behoeve van een heidecorridor ligt dan nog diep in de schoot der goden verborgen.

De goden zijn Bram en Cora trouwens goed gezind. In 1984 wordt dochter Wilma geboren. Misschien is het aan dit wondertje te danken dat Bram, die altijd al belangstelling had voor godgeleerdheid, deze interesse omzet in een concrete studie, zonder te weten dat het zijn leven en dat van zijn gezin ingrijpend zal veranderen. Na tien intensieve jaren waarin hij het beheer van het landgoed combineert met de avondstudie theologie in Utrecht en die tot slot succesvol afrondt, wordt hij in 1995 beroepen. Dan neemt het vierkoppige gezin afscheid van de multi-koppige familie Waller en vertrekt naar een puike pastorie in Friesland.

Bram van Duinen

4. NIGTENBERICHTEN

'Lieve Erfjes, komen jullie weer allemaal gezellig naar de Uller nigtendag op 25 maart? Wederom zoals gewoonlijk van de koffie tot de thee, dat wil dus zeggen van 11 tot 16.30. Nee, er hoeven geen stofjes meegenomen, we moeten ons beraden over de kleur van de keuken, die geverfd moet worden! Hopelijk tot ziens dus, en mocht je verhinderd zijn geef dan even een telefoontje. Liefs, Lily.'

Zo nodigt het oudste Erfje in maart 1981 haar elf volle nichtjes uit. De aangetrouwden mogen zowaar ook komen, maar die maken er nauwelijks gebruik van. Het is dan al de zesde of zevende 'vergadering', zoals schuchter staat vermeld in de eerste notulen, die een halve bladzij beslaan. Maar met de jaren worden de nichten steeds serieuzer en de notulen volumineuzer. Tot 1996 komen ze dertig keer bij elkaar. Waarover spraken zij? Daar op die Ullerberg? Over korenbloemen blauw, zeer zeker. Uit de verslagen blijkt dat de bloementuin een belangrijk onderwerp is. Als Kia en Marga geen rode en paarse dahlia's willen en Carlijn juist wel, dan is dat een serieuze kwestie.

Al tijdens de eerste bijeenkomsten is gebleken dat de nichtjes niet altijd op één lijn zitten. Unanimiteit in het nemen van beslissingen over aan te schaffen tuinkussens, gordijnstofjes, kinderboeken, keukengerei, enzovoort, is een zeldzaamheid maar ze doen hun best om zo positief mogelijk met de verschillende karakters om te gaan. Lily notuleert: 'Het wordt steeds gezelliger, en we krijgen steeds meer waardering voor elkaars inzet en steeds minder kritiek op elkaars smaak. En ten slotte werd de vrome wens geuit dat afkeurende kritiek voortaan slechts zwijgend zou worden uitgesproken!' Of de dames zich hieraan hebben weten te houden, is niet op schrift gesteld, wat legitimeert te veronderstellen dat ze elkaar tijdens de vergaderingen nooit letterlijk in de keurig gekapte haren zijn gevlogen. Met uitgebreide afspraken- en wie-doet-watlijsten en soms enquêteformulieren, als iedereen het gevoel moet hebben gehoord te zijn, proberen ze op een beschaafde, democratische, en dus wat omslachtige wijze het Ulse huishouden in goede banen te leiden. Maar het is ook vooral heel gezellig. Een gewoonte die ze niet willen missen. Wijm en Marie verzorgen trouw de koffie en thee, Cora bereidt en serveert heerlijke lunchgerechten en na de vergadering maken ze een gezamenlijke wandeling over het gezamenlijke bezit met een gezamenlijk streven. En tot slot, soms, een glaasje sherry. Dan toasten ze op hun grootvader, die vanaf de muur op de overloop streng doch rechtvaardig op zijn kleindochters neerziet.

5. SERVIES EN ZILVER

Wat ieder nichtje wel gelijkelijk in de greep heeft, zijn de serviezen en het zilver. Het Engelse Real Old Willow (R.O.W.) theeservies met een Chinees tafereeltje, dat in 1920 uit het Noordwijkse buitenhuis naar de Veluwe is verhuisd, is door iedereen zeer geliefd, hoewel in de loop van de tijd het aantal onderdelen is gereduceerd. Tot ieders grote vreugde weet Door H., dochter van Eg, een aantal Real Old Willow theekopjes op de kop en schotel te tikken.

Uit de notulen: 'Iedereen wilde graag een groot aantal van deze kopjes aanschaffen opdat er weer voldoende theekoppen zijn van hetzelfde beminde patroon. En tot vermeerdering van de vreugde bracht Lily een R.O.W. theepot mee, geschonken door haar jaarclub, de Poesmipoeljoe, die al negenenveertig jaar diës viert op Ullerberg.' Tot op de dag van vandaag is dit blauwwitte theeservies het visitekaartje van het Grote Huis.

Ook het eetservies wordt zo nodig met eenparige goedkeuring aangevuld tot voor minstens zesendertig gasten. Daar hoort het zilveren bestek bij, dat ook uit Noordwijk is meegekomen. Dit wordt bewaard in een met groen vilt beklede buffetlade in de eetkamer en door Wijm en Marie met regelmaat en liefde zorgvuldig verwend. Zonder wrijving geen glans. Maar op een nacht, als het Grote Huis onbewoond op zijn zandgrond ligt te slapen en een halvemaan de zuidwesthoek van het huis zilverachtig verlicht, sluipt een duistere gedaante op kousenvoeten door een raam naar binnen.

Het is 16 november 1984. Carlijn doet verslag: 'Bij mijn aankomst op 16 november 's avonds rond kwart voor tien, was de voordeur wel dichtgeschoven, maar niet op de klink. Het was koud in huis. Volgens plan sliep ik in de meegebrachte caravan. De volgende ochtend ging ik eerst boodschappen doen. Bij terugkomst bleek dat mijn hulp het zilver niet kon vinden. De lade van het buffet was dicht, het kleedje opgeslagen, enkele glaasjes van de kandelaars waren in gruzels. De lade geheel leeg. Het raam van de badkamer beneden bleek geforceerd te zijn.'

De schrik slaat de Waller-nichtjes om het hart. De familietraditie is aangevreten en gedwongen moeten ze een stap zetten naar een nieuwe tijd. De Maten-nichtjes Door V. en Marga gaan op zoek naar nieuw bestek. Het wordt een compromis: geen echt zilver meer, maar plated, en messenleggers hoeven niet meer. Omdat er frequent feestdiners worden georganiseerd[*14], schaffen ze het bestek voor meer dan zesendertig personen aan. Van nu af aan krijgt één nichtje de taak het verzilver regelmatig te tellen aan de hand van een uitgetypte lijst. Van de zilverdief is nooit iets vernomen.

Naast deze onvoorziene uitgave wordt er ook zuinigheid met vlijt betracht: Marga vermaakt oude tafelkleden tot kinderdekbedhoezen, Wijm naait kussenslopen en Cora kalefatert de gordijnen in de eetkamer op. Daarnaast is de lijst van concrete huiselijke zaken die de aandacht van de nichtjes vragen, nagenoeg onuitputtelijk. Vloerkleden, lampen, aanschaf modern kookboek – Wannée graag – kleedjes voor op de dienbladen – kunststof mag wel, maar pas op, ze mogen niet burgerlijk zijn –. Allen koesteren de wens het Grote Huis in een zo oorspronkelijk mogelijke staat te behouden.

6. VERBOUWINGEN

Aan Penni mag wel getornd. Een architectenbureau maakt een vernieuwend ontwerp met uitbouw en een bewoonbare zolderverdieping. Weer rijst de vraag: moet Penni een eigen toerbeurtenlijst krijgen? Of mag alleen degene die het Grote Huis heeft ook Penni gebruiken, zoals het in de praktijk al gaat? En als er een andere tak van de familie in Penni zit, wie krijgt dan prioriteit op de golf en tennisbaan? Het koninklijke gevoel een weekje alleenheerser over het landgoed te zijn is heilig voor iedereen. Voor iedereen? Nee, er klinkt een zacht toekomststemmetje. Erlandine, het jongste Erfje, oftewel de jongste Maat, vijf jaar jonger dan de oudste Ondermaat, waagt te beweren dat er best wel twee familietakken tegelijk op de Ullerberg moeten kunnen verblijven. Maar vooralsnog is ze een roepende op de heide. Voor zo'n ingrijpende ommezwaai is de tijd nog niet rijp. Er zal nog heel wat wind door de bomen moeten waaien voordat die verandering überhaupt bespreekbaar wordt.

Administratie

Wegens gebrek aan eendracht gaat de verbouwing van Penni niet door. Wel zorgt Bram ervoor dat er een terras komt, met tegels die uit de vuilstort worden gered. De plannen voor de herbouw van het koetshuis annex garage krijgen wel eenstemmige bijval. De oude paardenstal wordt volledig afgebroken. Bram heeft het dagelijks toezicht en aanvankelijk neemt mijn oom Elbert de leiding van de bouw op zich. Marga vertelt: 'Op de dag dat de garage werd afgebroken, werd Elbert ernstig ziek. Hij werd met bloedvergiftiging naar het Academisch Ziekenhuis in Leiden overgebracht. Omdat ik vroeger op een architectenbureau heb gewerkt, nam ik het over. Ik moest de aannemer ervan overtuigen dat ik als vrouw dat ook wel kon. Toen ze de prefab-plafondvloer hadden aangebracht, en ik hem erop wees dat het gat van de w.c. verkeerd zat, kreeg hij vertrouwen in mij. Drie maanden lang heb ik tussen het ziekenhuis en de Ul heen en weer gereden. Tegen die tijd ging het langzaam weer beter met Elbert.'

De oude heidehut

Het oude koetshuis wordt in dezelfde oude stijl maar groter opgebouwd en wordt voortaan de Administratie genoemd. Er komt een administratie- en vergaderruimte voor het bestuur van de Ledigheid en de administrateur, een werkplaats met berging en hooiopslag en een keukentje voor besturende Maten. Aan de oostzijde komen drie dakkapellen vanwaar je uitzicht hebt op het bos van de vijand. Als de Administratie er goed en wel staat, komt Bram met het bericht dat de oorspronkelijke heidehut naast de garage bij zijn huis geheel is ingestort.

Het familiebestuur is van mening dat het Openlucht Museum beter de taak van het levend houden van de historie kan verzorgen dan zijzelf, en met planken van eigen bodem en een minimum aan kosten laten ze op dezelfde plaats een nieuwe gepotdekselde houten schuur annex garage optrekken. Ondertussen heeft Bram erop toegezien dat de koepel is gerenoveerd, het dak van het slaaphuisje en de golfhut met verse rietplaggen is bedekt en ook de vloer van een nieuwe theehut aan de rand van het grote grasveld is gestort. Een heerlijk vooruitzicht voor de nichtjes: theedrinken uit de R.O.W. kopjes in een nieuwgebouwde, vertrouwde theehut.

7. FORNUIZEN

Door alle nigtendagen loopt één roodgloeiende draad: het fornuis. Het charmante, elegante, antieke kolenfornuis staat al sinds Uller heugenis in de keuken en vormt een wezenlijk onderdeel van het hele huis. Het wordt vroeger, voordat de familie arriveert, altijd kundig opgestookt met dennenhout en kolen door Van Duinen. Hij zorgt ervoor dat het altijd warm is in de keuken en er altijd heet water in de ketel zit. Hoe vaak wordt er niet een heerlijke hertenstoofpot op klaargemaakt van wild uit eigen bos. Maar op een gegeven moment wordt het fornuis niet meer als zodanig gebruikt, en er komt een vierpits gasfornuis naast te staan. De nichten kunnen het echter niet eensgezind over hun hart verkrijgen de nostalgische kookkachel uit de keuken te verbannen. Er gaat geen nigtendag voorbij of de gemoederen raken verhit als het fornuis ter sprake komt. 'We zetten er een Ultra Plat Atag vierpits kookplaat op'. 'Dat is toch geen gezicht!' 'Laten we er nog een vierpits gasfornuis naast zetten, aan de andere kant.' 'We zoeken een op maat en naar wens gemaakt romantisch fornuis uit België ervoor in de plaats!' 'Kind, veel te duur!' 'De nichten fornuizen weer', is het commentaar van de mannen.

Pas in 1992 gaat de kogel door de kerk en maakt de charmante bloemetjeskookkachel plaats voor 'twee antraciet kleurige fornuizen met turbo oven en electrische aansteker'. Het museumfornuis wordt geparkeerd in de gepotdekselde schuur naast het Boshuis. Voorlopig zijn de nichten uitgefornuisd. Niet lang daarna wordt er met ieders toestemming nog een moderniteit in de keuken aangebracht: een R.V.S. aanrecht. En ruim een decennium later komen de nichtjes tot het besluit zich wederom aan te passen aan de eisen van de nieuwe tijd: onder de aloude schouw in de aloude keuken komt een supermodern zespits gasfornuis met twee gas- en luchtovens te staan.[*15]

Het fornuis, ets Cara Waller

8. BLOEMEN

La jardinière

'De sleutel van mijn hart is die van deze tuin', zal Lily met de woorden van Constantijn Huygens hebben gedacht, want zij is het die jarenlang met hart en ziel de bloementuin beheert. Met veel liefde en kennis zoekt ze de planten uit en zorgt ervoor dat ze met hulp van Bram in de juiste perken terecht komen. Ik kan me goed voorstellen dat wanneer ze de botanische rozen 'Rosy cushion' bestelt, ze even een hele rozentuin voor zich ziet, zoiets als het fameuze rosarium van de vrouw van Napoleon in Frankrijk. Joséphine de Beauharnais heeft naast de grote variëteit aan rozen nog een andere biologische schat gekoesterd: strobloemen.

Als je op een zonnige dag voor de openslaande deuren van het Grote Huis staat en over het grasveld kijkt, zie je de Doorkijk tussen de hoge sparren: twee rechte lijnen die je meevoeren naar een mysterieuze horizon. Het Zeemaneffect, uitgedacht door Lily's grootmoeder Dorothea en haar moeder Corrie Zeeman. In de horizon kruisen de lijnen elkaar en precies daar ontwaar je een aantrekkelijke open plek vanwaar de vrijheid opstijgt tot boven de bomen. Het is het roggeveld. Een groene oase, omzoomd door lariksen, eiken en een beukenhaag. De landbouw op dit veldje, aanvankelijk rogge maar laatstelijk beplant met een mengsel van groenvoergewassen waarvan de reeën heerlijk snoepen, is in feite alleen voor het oog. 'Een grapje' heeft Eg ooit gezegd. Een aangenaam grapje. Met een knipoog naar Joséphine komt de gedachte bij de nichtjes op om er iets mooiers en nuttigers mee te doen: strobloemen. Dat moet een mooi gezicht zijn: een veld vol rood-gele asters en blauwe riddersporen. Met als voordeel dat er zo weer een – zij het bescheiden – inkomstenbron wordt aangeboord. Bloemdrogerij Florino heeft ervaring en blijkt belangstelling te hebben.

Er wordt gezaaid en de planten komen op. Omdat de zomer van 1990 uitzonderlijk heet en droog is, wordt alle sproeiapparatuur uit de bloementuin naar het roggeveld overgebracht. Er wordt geoogst en iedereen helpt plukken. Terwijl Bram hard bezig is de laatste stormschade van het begin van dat jaar weg te werken, rijdt Cora met een vrachtwagen vol bossen knisperende asters naar Dronten.

Op de nigtjesdag in september blijkt dat de strobloemenkweek zoveel aandacht heeft opgeëist dat het onderhoud van de bloementuin erbij in is geschoten. De nichtjes laten hun ontevredenheid over de povere aanblik niet onbetuigd. 'Verdorie, wat ziet de bloementuin er deplorabel uit!' 'Geen enkele roos meer in bloei, verdomme.' De eens zo vrome wens afkeurende opmerkingen slechts zwijgend te uiten vergeten ze en ze leveren onverbloemde kritiek. Lily voelt zich aangesproken en ze maakt een hernieuwd ontwerp, met kruidentuin, en dat stuurt ze rond aan alle nichten en jonge Ondermaten: 'Een nieuw tuinplan van jullie zeventig jaar oude nicht Lily.' Als de verbolgenheid eenmaal is geluwd, zegt Marga: 'Zo hard als er gescholden is, was toch echt niet nodig.' De droogbloementeelt levert niet eens het gewenste rendement op. Wat kan op de kleigrond van de Flevopolder wil niet op de zandgrond van de Ul gedijen. Nog drie jaar proberen ze tevergeefs de strobloemenkweek zo te verbeteren dat het genoeg oplevert, maar dan zien ze er definitief vanaf.

9. ONDERMATEN

'Denk om het laken van de Erven!' besluit Elbert namens het bestuur zijn verhaal en hij heft zijn wijsvinger waarschuwend omhoog. De selectieve groep Ondermaten die gehoor heeft gegeven aan de uitnodiging voor deze speciale Ondermatendag (de derde generatie telt op dat moment totaal 37 Uller-telgen, variërend in leeftijd van 3 tot 42 jaar), weet heel goed dat het niet om het beddenlaken maar om het biljartlaken gaat. Maar wie de Erven nou precies zijn, heeft niet elke Ondermaat even goed voor ogen. Menigeen heeft zelf al kinderen. De oudste van die vierde generatie, de Dondermaten, is mijn dochter Lili, Lily's kleindochter, en zij is op één maand na al dertien. Ik heb me als RegelMaat opgeworpen om samen met broer Frans en neef Bart het weekend te organiseren en de uitnodigingen rond te sturen, per gewone PTT-post natuurlijk.

Maat Elbert legt uit, Ondermatendag, 22 maart 1986.

Elbert heeft in zijn betoog uiteengezet hoe het zover is gekomen met de Ul. Hij heeft verteld over de aankoop van (over)grootvader Frans, zijn zes nazaten, het zand en het ontstaan van het Gat van Waller, de oprichting van de Vennootschap en het reilen en zeilen van de vuilstort. Hij hoopt interesse te wekken bij de jongeren zodat zij zich ook voor het landgoed willen inzetten. Vervolgens wordt er een bezoek aan de kuil gebracht zodat de Ondermaten met eigen ogen kunnen zien hoe die wordt gevuld. Na een broodjes-lunch met Cora's appeltaart toe, gevolgd door een wandeling[*16] of een potje tennis, gaan de Dondermaten naar Penni onder leiding van Wijmpje en komen de Ondermaten onderling bijeen voor het Zonder Maten Beraad. Daarna doen ze verslag: 'Wat moet er met de Ul? Zullen wij de Ul na het vullen van de kuil verkopen omdat gezien het groeiend aantal deelgenoten er steeds meer uit zullen willen treden? Of zullen we proberen een constructief plan op te zetten, waarbij de Ul een zekere toekomst tegemoet gaat middels rentenieren of anderszins? Conclusie: De Ondermaten voelen in grote meerderheid voor het behoud van de Ullerberg.'

Ondermaten Weekend 22 en 23 maart 1986

zaterdag 22 maart

Programma Ondermaten		Programma Dondermaten
10.30	Aankomst/koffie	
11.00	Dondermaten naar........................	Pennies Huisje
11.30	De Mateloze Ledigheid/ Oom Elbert	
12.30	Bezoek aan de kuil, weegbrug e.d. Lunch	
13.30	Lunch	Dondertuk
14.15	Wandelen, golf, tennis, schaken	
17.00	Zonder Maten Beraad	
17.45	Borrel	Nutricia
19.00	Diner	

En zo gebeurde het dat Frans met Bart belde en Door met Frans en Hylkia ook nog eens met Bart nadat Lilian met Hylkia had gebeld en Nicolaas daar niets van wist maar toch al wel had nagedacht zodat één ding onmiddellijk duidelijk werd: dat wordt een fantastisch gezellig weekend 22 en 23 maart op Ul! Ondermaten verenigt u om de Dondermaten, want die zijn ook van harte welkom. Voor een crèche met oppassen wordt gezorgd zodat de belangrijkste programmaonderdelen niet behoeven te worden gemist.
We hebben een programmaatje gemaakt dat hierbij gaat. Voor aanvullende ideeën staan we vanzelfsprekend open. Iedereen kan blijven slapen als hij dit tijdig laat weten.
Eventuele LAT of andere levenspartners zijn ook van harte geïnviteerd voor de borrel en het diner op zaterdag. Ook zijn uitgenodigd onze neven en nichten van uitgetreden Maten zodat we die ook weer eens zien.
Stuur zo snel mogelijk even bericht door middel van het antwoordstrookje onder het programma. Tot gauw op Ul!

De Regelmaten: Door tH
Frans tH
Bart H.

Na afloop van het beraad wordt iedereen getrakteerd op een borrel bij de haard en lopend diner. Wie zich heeft opgegeven kan met zijn Dondermaten blijven slapen. Dondergod Thor verbergt zijn hamer achter zijn rug en kijkt vertederd toe hoe de Dondermaten in hun Donderbedjes onder zijn wakend oog al gauw in dromenland geraken.

Nu zie ik hoe open de sfeer is. Latrelaties en andere levenspartners, neven en nichten van uitgetreden Maten, ze zijn allemaal welkom en velen zijn gekomen. Dit alles maakt de dag tot een compleet 'Ul-moment'. Het weekend is een groot succes en zal ter verbroedering in de toekomst worden herhaald. 'Never a Dull moment, always an Ull moment!' zegt Ondermaat Frans en hij heft zijn glas. 'Die houden we erin', lacht zijn oom Elbert.

10. DE ZODENBANK

Aan het begin van het jaarverslag over 1986 schrijft Elbert:

> 'Deelgenoten: Samen Ullerberg opwaarts,
> Waar zijn de fransen? Drin? Druit? Duit?
> Het zand is nog niet op, hoera!'

De eerste regel zal duidelijk zijn in figuurlijke zin, maar ook in de letterlijke, want de kuil wordt van lieverlee opgewerkt tot berg. De derde regel spreekt voor zich, zeker met de kennis dat de ontgrondingsconcessie in het begin van dat jaar nog eens is verlengd. De tweede regel vraagt uitleg. Frans is een befaamde familienaam. In 1974 is er al een Frans, Hermans zoon, uit de Ul getreden. Ook Fransje en zijn zus hebben tien jaar geleden al te kennen gegeven eruit te willen. Toen waren ze tegen de oprichting van de Ledigheid. Nu ze inzien dat het de onderneming voor de wind gaat, herhalen ze hun 'druit'wens met een navenante claim. Dit betekent lang en moeizaam gebakkelei, dat zeven jaar na de laatste Zilveren Suikerpot, eind 1984, ten slotte uitmondt in een vergelijk, en dan verlaten ze de Ul. Eppy's commentaar: 'Frans en Renée zijn uitgetreden: zand erover.'

Naast deze Drin-Druit-Duitproblematiek heeft het bestuur nog andere kwesties op te lossen. Wil men het beleid van de Erven voortzetten en de Ullerberg laten voortbestaan, dan moet men proberen de gelden die binnenkomen van de vuilstort zo te investeren dat het landgoed ook na het beëindigen van de vuilstort bekostigd kan worden. Hiertoe vraagt Eppy het gerenommeerde adviesbureau McKinsey om raad. Niet helemaal toevallig, want daar werkt zijn zoon Frans tH al enkele jaren. Samen met Elbert werkt Frans tH een ingenieus voorstel uit en presenteert dat aan de familie. Hij herinnert het zich nog goed: 'Toen heb ik met Elbert enorm veel lol gehad om dat uit te werken, want zo werk ik, het moet leuk blijven. Er kwam een verhaal uit dat dit een goed idee zou zijn: een ANBI vereniging oprichten, een Algemeen Nut Beogende Instelling, een vereniging tot behoud van de Ullerberg. Een landgoed onderhouden is Algemeen Nut Beogend. De schenkingen hiervoor zijn aftrekbaar en vrij van schenkingsrecht. De Maten kunnen de inkomsten die ze via de Ledigheid binnenkrijgen voordelig schenken, wat neerkomt op een overheveling van de Maten naar de vereniging, met een bonus van de belastingen.' Daarnaast is de opbrengst van het landgoed ook voor de vereniging. De familie gaat akkoord en in 1987 wordt de vereniging opgericht met de toepasselijke naam De Zodenbank, naar de fysieke bank van graszoden, waarvan er een op een heuveltje bij de voederwei staat. Het doel van de vereniging is als volgt geformuleerd: 'Het onderhouden en in stand houden van het natuurgebied omvattende het landgoed Ullerberg.' Het huis en kosten bewoning vallen daarbuiten. En alle Maten schenken.

Het instituut stemt tot grote tevredenheid en vertrouwen in de toekomst. Elbert schrijft in 1988:

'Eindelijk zitten we met z'n allen op de Zodenbank.
Op de Zodenbank is het goed toeven.
Onder de Zodenbank zit waarschijnlijk nog zand.
Achter de Zodenbank ligt nog altijd de vuilstort.
Door de Zodenbank kan de Ul blijven bestaan.'

En na twee jaar is de stemming bijna euforisch:

'Na twee jaar zitten op de Zodenbank,
slapen de Maten bijna in.
De nichtjes hebben carnaval.
En Wijm en Marie hebben het druk.'

Het lijkt echt zo te zijn: 'De Zodenbank, belastingtechnisch *de beste bank van Nederland*'.

11. ZWIJNERIJ

Wijm en Marie, de onnavolgbare Wijmpjes, laten de wervelwinden die het gemêleerde Waller-gezelschap veroorzaakt opgewekt en met geduld over zich heen komen. Naast zijn dagelijkse werkzaamheden die het bosplan en de vuilstort met zich meebrengen, is ook Bram geduldig druk met de optimalisering van de familiegeneugten: het zwembadje krijgt een vrolijk blauw kleurtje, een tegelpad, een grasveldje en ter bescherming een hekwerk eromheen. Hij voorziet de tennisbaan van een omlijsting van tegels voor een betere en veiligere uitloop, en na de catastrofe van de strobloemenkweek legt hij een beregeningssysteem in de bloementuin aan. Hiermee kan de tuin in één keer in zijn geheel worden besproeid. 'De bloementuin is toch het visitekaartje van het landgoed,' vindt Lily.

De golfbaan, die ter gelegenheid van het bezoek van Prins Bernhard in orde is gemaakt, vraagt eveneens Brams aandacht. Een rotte zwijnen wroet een aantal greens overhoop. Op een nacht ploegen ze zelfs zowat het hele grasveld voor het grote huis om. Ze weten zowaar tot op de vuilstort door te dringen. Erg hinderlijk, want dan moet er nog een nieuwe laag dekzand overheen. Naast de verhoging van de spanning in de stroomdraden rondom de greens en vuilstort, vraagt Bram hulp van een bevriende collega-ouderling. Zijn vriend Flip jaagt eerst alleen op klein wild, maar Bram heeft hem grofwild leren bejagen en nu mag hij het afschot zwijnen voor zijn rekening nemen. Het afschot is het aantal exemplaren dat per jaar gejaagd mag worden. Het is gelimiteerd en wordt jaarlijks vastgesteld.[*17]

Wanneer je bij de zodenbank bent, kun je zwijnen en herten bespieden vanachter de rododendronstruiken, als ze tegen het vallen van de avond naar de voederwei komen. Daar is mals gras en indien nodig worden ze daar bijgevoerd. Maar op een gegeven moment vreten de herten alle vijftig fijnsparren kaal die als toekomstige kerstbomen zijn aangeplant op de plek waar vroeger de

Ulse aardappels werden geteeld. Bram moet toch ook zelf op jacht. Hij vertelt: 'Ik heb leren jagen van mijn vader en ik had een jachtakte. Toen ik op de Ullerberg werkte, schoot ik rood- en zwartwild. Ik had niet de jachtpassie die je wel bij jagers ziet, maar ik vond het wel nodig de wildstand te beheren. Uit dien hoofde heb ik dat altijd gedaan. Maar toen ik theologie ging studeren, kreeg ik minder tijd om te jagen.' Flip ontwikkelt zich wel tot een gepassioneerd grofwild jager en hij zal degene zijn die Brams opvolger, Peter de Ruiter, het jagersvak bijbrengt. Als ik aan Bram vertel dat Peter tegenwoordig met een jagerscombinatie van zes man jaagt, zegt hij: 'Toen ik begon was het een andere tijd, want dat er derden binnenkwamen, dat was not done in de familie.' Flip komt in 1991, en voordat hij op Ul mag jagen, moet hij eerst op gesprek bij de familie komen.

12. REP-WEEKEND

Tijdens de jaarvergadering in 1990 wordt geopperd of de Ondermaten niet een bijdrage kunnen leveren aan het dagelijkse onderhoud van de Ullerberg. Zelfwerkzaamheid verstevigt de familiecontacten en de gevoelsmatige band met de Ul: goede ingrediënten voor het in stand houden van het landgoed. Zo wordt de Pit-groep geboren, aangestuurd door Ondermaat Arnold Pit. In keurige, schriftelijke communicatie aan het bestuur van de Erven – 'U, meneer de voorzitter'– stelt hij een to-do lijst op voor het zogenaamde REP-weekend onder het motto: 'Om op de Ul (nog) aangenaam te kunnen verpozen, ruimen wij graag de paden en de dozen.' Een nobel streven, dat goed uitpakt. Ze mogen in Penni logeren, terwijl de huishoudnichtjes in het Grote Huis huishouden. Arnold Pit schrijft in het verslag: 'Penni bleek een uitstekende thuisbasis; van ontbijt tot avondeten zorgden de Ondermaten voor zichzelf, doch bij het avondeten werd er zowel door Maat als Ondermaat gesmuld van een stevige hap uit de keuken van Cora. In goed overleg met het bestuur en Bram werd een werkprogramma opgesteld. En er is gewerkt. Het zal hopelijk niemand ontgaan zijn dat vele paden weer 2 ondermaten breed zijn, dat u weer op de zodenbanken bij voederwei en golf kunt zitten, bunkers op de golf zijn geschoond, de boomgaard bij het roggeveld geëgaliseerd is na de zwijnenravage, en schrikdraad in de omheining is aanbracht. Niet onvermeld mag blijven dat er tijdens het werk veel is gelachen. En ten koste van slechts een schoffel en een hark verkreeg de band met neef en nicht een verdere verdieping en de natuur op Ul op sommige plaatsen een beter aanzien.'

Het bestuur vindt het resultaat van het REP-weekend niet ondermaats en herhaling wordt verzekerd. De Pit-groep, variërend van vier tot tien Ondermaten per weekend, beharkt en beschoffelt de volgende jaren ongeveer twee keer per jaar de paden en lanen.

13. REGLEMENT

Met het groeiend aantal mensen dat op de Ul vertoeft, is het volgens de nichten noodzakelijk een huishoudelijk reglement op te stellen, dat in de gang van het Grote Huis moet worden opgehangen. Een heikel punt zijn de aankomst- en vertrektijden. Een toerbeurtenweekend komt in feite neer op een week, maar er zijn er die het onderste uit de kan willen hebben. Door V. schrijft enkele aandachtspunten voor zo'n reglement op: 'Woensdagavond vertrekken en Donderdag niet te vroeg komen! Algemeen wordt 14 uur een redelijk uur van aankomst geacht. Vroeger komen legt een te grote druk op Wijm en Marie, die het huis weer in orde moeten maken. Helemaal uit den boze is het, om Woensdag op te bellen naar Bram en Cora en te informeren of de "vorige bewoners al weg zijn" en dan bij bevestigend antwoord spoorslags naar de Ullerberg te komen.' Alhoewel het de erfenis van (over)grootvader Frans voor de wind gaat, vindt Marga dat er wel voor misbruik moet worden gewaakt: 'Men moet, niet alleen na een feest, maar ook als men nog met veel mensen op Dinsdag aanwezig is en Wijm en Marie niet kunnen opschieten, op eigen kosten Wijm of Cora op Woensdag enkele uren of een halve dag extra laten komen.' Nog enkele andere punten die zij graag in het reglement wil opnemen: niet roken op slaapkamers, een breeklijst bijhouden en de tikken van de telefoonteller noteren.

BREEKLIJST

1 wijnglas
1 wijnglas
1 champagneglas
1 cognacglas
1 oortje beker
1 jeneverglaasje
1 compress uit medicijnkast
1 whiskyglas
2 wijnglazen
2 champagneglazen

In oktober 1993 is Wijm het glimmende middelpunt tussen de bonte bloemetjes vanwege haar twintigjarig jubileum en tot grote vreugde van de hele familie tekent ze nog eens in voor tien jaar. Marie neemt het jaar daarop echter afscheid en wordt onder vele dankbetuigingen uitgewuifd. Ze wordt opgevolgd door Elly Mulder. Twee jaar later vertrekt ook Cora met man en kinderen.

Na de laatste nigtendag die plaatsvindt onder Lily's leiding en wordt opgeluisterd door Cora's versnaperingen, roepen de Doren (Door V. en Door H.) op om de nigtendag voort te zetten, maar dan in nieuwe stijl: 'Het is zoals jullie weten een traditie om op Ul twee maal per jaar een nigtendag te organiseren. De oprichting van dit nigtenconvent ruim twintig jaar terug was een uitstekend idee; het werkt heel goed en heeft ertoe bijgedragen dat wij nichten elkaar net zo goed kennen als zusters. De nigtendag werd altijd op Dinsdag gehouden en alleen nichten die deelgenoten zijn of echtgenotes van deelgenoten namen daaraan deel. Dit jaar wilden wij daar verandering in brengen. Met veel plezier nodigen wij alle nichten boven de achttien jaar uit om op Ul te komen vergaderen op Zondag 24 maart van 14 -16 uur.' De nieuwe eeuw kondigt zich aan.

14. HET STORT

De motor die alle activiteiten van de nichten, Maten en Ondermaten, draaiende houdt, is de Ledigheid, die het storten van vuil bestiert. De vuilstort is hét terrein van de mannen. Eg en Eppy doen bij gebrek aan beschikbare kleinzonen van Frans Waller een beroep op Frits Reynvaan om de motor op te starten. Hij is technisch ingenieur en als pleegzoon van El bovendien geheel vertrouwd met de Ullerberg. Hij wordt een gedreven bedrijfsleider. Eg schrijft in het eerste verslag over 1978: 'Frits was, als een ontkurkte champagnefles, uitgebarsten in een stroom van activiteiten om de Ledigheid een passende behuizing te bezorgen. Het cunet werd gegraven, de toegangsweg aangelegd, de weegbrug aanbesteed, het huis en het weeghuis geprojecteerd, aansluiting op water, gas en elektriciteit gecontracteerd, de bodem van de zandkuil op het voorgeschreven peil van 14.80 M + NAP gebracht etc.' Ook zet Frits het administratieve systeem op. Moet de motor in de eerste twee jaren in een lage versnelling nog warmdraaien, als op 11 maart 1980 de commissaris van de koningin in Gelderland, mr. Geertsema, de officiële opening komt verrichten, draait hij op volle toeren. Zeven jaar verpandt Frits zijn hart aan het stort. Wanneer hij in januari 1985 met pensioen gaat, weerklinkt tussen de muren van het Grote Huis dit lied:

Zeg heb je 't al gehoord van Ome Frits,
-O, wat griezelig –
die maakte met de "Ledigheid" de blitz,
-O wat griezelig –
Bij nacht en ontij zag je Frits
rondgaan als een Vuilnis-gids
dat was een echte Revu-witz
dat gestort van Ome Frits.

Dan neemt Elbert met hulp van Bram de leiding van het vuilstortbedrijf over. Dag in dag uit ronkt de motor roezemoezig en soepel aan de westzijde van het landgoed. In het Grote Huis merkt niemand er iets van. Alleen misschien af en toe wat gesputter tijdens de jaarvergaderingen als Eppy's uiteenzetting van het vakkundig beleid van de Vennootschap iets te onduidelijk is of te lang duurt. Dan kan een dorstig familielid pinnig opmerken: *'Meneer de voorzitter, de tijd dringt, maar wij nog niet.'*

15. GEVAAR

Het dagelijkse toezicht van de vuilstort is in handen van de stortbaas, Dies van Duinen, broer van Gerrit. Dies woont met vrouw en hond in de dienstwoning aan het begin van de weg naar de stortplaats. Daar tegenover ligt de weegbrug. Dies houdt controle over het aangevoerde vuil en berijdt de shovel als een paard. Berend Slijkhuis is meester over de compactor, waarmee het vuil wordt gecomprimeerd. Daartoe hebben de enorme wielen nokken, die regelmatig, afgenokt als ze dan zijn, vernieuwd moeten worden. Tevens moet het vuil elke avond tegen waaivuil, stank en meeuwen worden toegedekt met zand, dat in eigen depot zit. De compactormachinist en de shovelruiter hebben vanuit hun zitplaats een goed overzicht over de stoffen die worden aangeboden. Hun spiedend oog en vriendelijk maar beslist optreden speurt veel ongewenste materialen op en doet soms het schaamrood op de kaken van de brenger verschijnen. Af en toe vertonen de ronkende machines tekenen van verzet tegen te grote verspilling. Terwijl Berend zijn monsterpletter kundig manoeuvreert over een bonte berg klossen garens, lange linten, spoelen en spindels ruikt hij ineens onraad. Haastig werpt hij een blik naar de onderkant van de machine en onmiddellijk zet hij het werktuig in de achteruit. Zo snel als hij kan rijdt hij achterwaarts over het reeds gebaande pad naar de grens van het stortgebied. Daar duwt hij krachtig de deur van de cabine open, springt eruit en sprint weg. Als hij zich omdraait, ziet hij hoe gretig de vlammen in een mum van tijd zo goed als het hele gevaarte verorberen.

Dies op de shovel

Ondanks dit soort tegenslagen is er geen reden tot gemopper. Terwijl in de maatschappij de werkloosheid ongekend hoog wordt, wat gepaard gaat met grote ontevredenheid en stakingen, is er volop werk aan de Ulse winkel en gaan Dies en Berend soms tot diep in de nacht door. De eerste tien jaar van het contract met de REVU lopen gesmeerd. Alsof het hete luchtkanon er op los is gelaten dat Dies en Berend gebruiken om het smeervet van de machines bij erge kou smeuïg te houden. Het stortritme is veel hoger dan kon worden voorzien en de resultaten van de exploitatie zijn veel gunstiger dan de prognose. Omdat de beherende vennoten volgens de statuten 'arbeid, vlijt en kennis' inbrengen, ontvangen ze jaarlijks een vergoeding. Alle Maten delen mee in de winst en ze schenken als het kan aan de Zodenbank. Daarnaast wordt de onverdeelde nalatenschap met een bepaald percentage van de inkomsten gespekt. Nog een financiële meevaller is de officiële forse opwaardering van de kuil als stortplaats. De dennenbomen lijken echt tot in de hemel te groeien.

Het Stort ±1990, rechts boven de toegangsweg, links de Flevoweg

16. MILIEUBEWUSTZIJN

Als in april '88 de tweede stortperiode van tien jaar met de REVU ingaat, verschijnen er toch wat wolkjes aan de hemel. Van de overheid is bekend dat ze geen toonbeeld is van snelheid en effectiviteit en bovendien de regels tijdens het spel verandert. In april '83 had de REVU al een vergunning aangevraagd onder de nieuwe Afvalstoffenwet, waarin een aanzet wordt gegeven tot een milieubewustere omgang met afval. Door gifschandalen als dat van Lekkerkerk komt dit punt hoger op de politieke agenda en worden de eisen voor het storten verscherpt. In '90 verzuchten de bestuurderen van de Ledigheid: 'Het milieubewustzijn rijst de pan uit, dat wil zeggen dat de controleambtenaren alles milieubelastend vinden, maar intussen gooit Jan met de pet er met de pet naar en wordt nog steeds van alles bij het vuil "geflikkerd". De vergunning onder de afvalstoffenwet is er nog steeds niet en het zwaard van Damocles hangt ons boven het hoofd in de vorm van een nieuwe, strengere milieuwetgeving, die de afvalstoffenwet weer lijkt te gaan overstemmen. Kort gezegd: wij kunnen slechts moeizaam vooruitkomen, want wij weten gewoon niet waar wij aan toe zijn. In dit klimaat en met de steeds veranderende wetgeving moeten wij vooral zorgen voor een adequate dekking van de risico's.'

Eén risico is dat het stort voortijdig zou moeten sluiten omdat het niet meer voldoet aan de nieuwste eisen. Om dat risico zo goed mogelijk te dekken moet het grondwater beter tegen vervuiling worden beschermd. Er wordt besloten over de vuilberg een afdeklaag van waterdichte stof aan te brengen. Bram weet het nog: 'Er moest een kap overheen komen van bentoniet, een soort klei die op een speciale manier met zand wordt gemengd en als er dan vocht bij komt, uitzet en een waterdichte laag vormt. Daarnaast moest er ook aan de onderkant folie gelegd worden om het percolaat, het water dat nog door het vuil sijpelde, op te vangen, zodat het vuil als het ware echt ingepakt zit.' Dit heeft tot gevolg dat tonnen vuil, waaronder nog niets ligt, eerst verplaatst moeten worden om die beschermende folielaag eronder te kunnen aanleggen. Bram: 'Het was een hele operatie, ik denk dat het wel zo'n tweehonderdduizend ton was die omgezet moest worden'. Een reusachtige klus. 'Wie wil kan die berg verzetten', zegt Eppy, variërend op Dorothea's lijfspreuk WHEN THERE IS A WILL THERE IS A WAY en niet onbekend met de García-mentaliteit. De klus wordt geklaard en de afdeklaag en het folie worden aangebracht.

Een tweede risico is de aansprakelijkheid wegens eventuele milieuschade. Na acht jaar wachten geeft de provincie in juni 1991 eindelijk de vergunning onder de Afvalstoffenwet af. Naar aanleiding hiervan wordt een nieuw contract met de REVU opgemaakt, met als voornaamste punt: vrijwaring. De Ledigheid wil gevrijwaard worden van alle aansprakelijkheid. Na pittige onderhandelingen neemt de REVU inderdaad de verantwoordelijkheid op zich.

17. DONDERDAG

Wanneer het verbouwde koetshuis eind jaren 80 in gebruik is genomen, wordt de Administratie elke week één dag het centrum van activiteit, natuurlijk op de dag van Thor, de donderdag. Elbert gaat er wekelijks heen voor overleg met Bram. Eppy komt regelmatig om met Elbert en Bram de stand van zaken door te spreken. Lily komt ook vaak mee en verdwijnt dan in de tuin. In het gebouw hebben de administrateur en zijn assistente hun werkplek, en Ondermaat Renéetje, kleindochter van Frans jr., verzet er zes jaar lang veel werk. Renéetje vertelt: 'Het was altijd een hele happening op donderdag. Ik werkte samen met meneer van der Drift en Greet Bachmohr. Inboeken van facturen, bijhouden van archieven, brieven schrijven aan de familie, dat soort dingen. En vanzelfsprekend koffie drinken met Wijm en Marie. Als Eppy er was, dan was lunch in de Zwarte Boer vaste prik. Ik moest altijd even reserveren. Witte boterham met biefstuk. Eppy was natuurlijk gewend leiding te geven. Als er op vergaderingen een beslissing genomen moest worden, gingen we heerlijk dineren op kosten van de Ullerberg en met een grap en een glas kreeg hij alle neuzen de goede kant op. Dat was Eppy's charme. Dat deed hij toch maar met al die schoonfamilie. Door zijn toedoen hebben we toch een hele tijd een goed bedrijf gehad.'

In augustus 1991 legt Elbert na jarenlange intensieve en toegewijde behartiging van de Ulse belangen zijn bestuursfuncties neer. Eppy en Door V., het resterende bestuur, versterkt met Michiel, eega van Door H., nemen zijn taken over. De familie is Elbert, met Marga naast zich, veel dank verschuldigd. In de notulen lees ik: 'Ullerberg kende geen geheimen voor hem. Als er iets aan zijn aandacht ontsnapte was Marga een onuitputtelijke bron van informatie.' Daarnaast heeft hij het familiearchief opgezet, reden waarom ik zoveel materiaal weet te vinden. En Bram, die net zijn tienjarige jubileum als beheerder van het landgoed achter de rug heeft, krijgt dan de functie van bedrijfsleider van de Ledigheid.

In het betreffende jaarverslag staat een opvallende passage: 'Het bestuur heeft een aantal stappen ondernomen om Bram zich zowel naar inhoud als ook naar vorm van zijn werk bewust te maken van een nieuwe situatie, namelijk de relatie tussen de familie en hemzelf, waarbij het feodale heer/knecht geen rol meer speelt. Het bestuur spreekt de verwachting uit dat alle familieleden zich zullen inspannen Bram op dezelfde wijze te benaderen.' Ik vraag me af wat voor stappen dat waren en hoe dat in zijn werk ging. Kennelijk was het nodig dit te zeggen, maar zoiets is moeilijk af te dwingen. Ik kan het echter niet traceren. Dienstbaarheid was inherent aan het klassenverschil en is in de dan zeventigjarige geschiedenis van de buitenplaats altijd een vanzelfsprekendheid geweest. Maar tijden veranderen, en dat in 1991 de tijd veranderd is, staat buiten kijf, op het Veluwse landgoed wellicht met enige vertraging. Dat alle familieleden zich op dezelfde manier hiervan zouden betuigen, is mijns inziens valse hoop.

Bram vertelt me dat hij het niet moeilijk heeft gevonden: 'De familie was wel heel divers. De een was makkelijker dan de ander, maar orders kreeg ik van het bestuur, van Elbert of Eppy. Toen ik het beheer van de vuilstort ging doen, heb ik veel met je vader opgetrokken, van hem heb ik veel geleerd en ik heb hem altijd erg gewaardeerd. Ik heb het niet als problematisch ervaren. Wij woonden op het landgoed, dus het was ruimte geven en ruimte nemen. Iedere week andere mensen met andere wensen. Dat was het werk. Het is altijd redelijk in harmonie gegaan.'

Ikzelf houd in deze periode de Ullerberg buiten beeld, omdat ik in die tijd tot de onweerlegbare conclusie kom dat mannen en vrouwen helemaal niet gelijk zijn, en ook nooit gelijk zullen worden, en toch probeer ik nog als een dwaze moeder mijn huwelijk te redden. Dat lukt niet, en we besluiten beiden tot een scheiding. Wanneer ik dit snikkend aan Lily en Eppy meedeel, is de reactie van mijn moeder: 'Dat is je eigen schuld.' Nog luider snikkend druip ik af, maar ik had het kunnen weten. De scheiding van haar eigen moeder heeft ze altijd streng veroordeeld. Maar jaren later weet Lily het niet meer. 'Heb ik dat gezegd? Wat onaardig van me,' zegt ze als ik haar ernaar vraag en de dood al vlak naast haar staat.

De bedrijvigheid op donderdag gaat tot op de dag van vandaag door, met een nieuwe garde. Als ik met mijn onderzoek begin en wekelijks de archieven raadpleeg, doe ik er ook aan mee.

18. AFVALSCHEIDING

Alle gemeenten die bij de REVU zijn aangesloten beginnen in 1993 met de inzameling van gescheiden afval. Dat laat de Ledigheid niet onberoerd. Eppy meldt: 'De gevolgen van gescheiden inzameling en verwerking – recyclering, compostering, verbranden en ten slotte storten als restfactor – zijn duidelijk zichtbaar geworden: veel minder stortaanbod.' En de daling zet door. Dat laat onverlet dat de groeve en de wijze waarop het vuil wordt verwerkt interessant is voor het onderwijs. In 1994 komen er twee groepen scholieren van ongeveer vijftien jaar poolshoogte nemen van de vuilberg, en de vijf hoogste klassen van basisscholen uit de regio komen in het kader van het project Afvalverwerking hun licht opsteken in het Gat van Waller. In de zitkamer van het Grote Huis waar de familie vergadert, begint het echter een beetje te donkeren. Michiel leest voor: 'Na vele jaren van onbekommerd genieten van al wat de Ullerberg te bieden heeft, ziet het er naar uit dat 1994 het begin is geweest van een nieuwe periode waarin de dennen tenslotte niet meer tot in de hemel zullen groeien. Een nieuwe periode, waarin vele dierbare aspecten van de Ul anders zullen zijn dan vroeger, waarin een grote mate van onbezorgdheid plaats zal maken voor een zekere vorm van zakelijkheid en waarin vertrouwde en vanzelfsprekende details om een nieuwe aanpak en inzet zullen vragen. Het uitgangspunt van het bestuur is en blijft echter dat de Ullerberg eigendom van de familie blijft en dat zoveel mogelijk deelgenoten ook in de toekomst op de Ul kunnen toeven.'

De lage middagzon schijnt de zitkamer in en de Doren brengen dienbladen binnen met wijn, bier, gin-tonic, sap en toastjes met zalm en paté. Lily stopt de vergaderpapieren in haar tas. Ondermaat Arnold Pit steekt de openhaard aan, het droge dennenhout knettert en de vlammen schieten omhoog. Als iedereen iets te drinken heeft, zegt Eppy: 'Maar de put is nog lang niet vol. De Ul heeft zich jaren staande gehouden door zich af te graven. Nu gaan we voor de Vol-Ledigheid. Proost!' Een luid gelach stijgt op. 'Straks gaan we met z'n allen eten in de Echoput!' vervolgt Eppy. Instemming alom. Vanuit den hoge geeft Thor hem een vette knipoog.

19. VERANDERINGEN

Als bekend wordt dat vanaf april 1995 huisvuil niet meer mag worden gestort maar verbrand moet worden, en dat per januari 1996 het stortverbod zal intreden, dat wil zeggen dat dan alleen stoffen die niet gerecycled of verbrand kunnen worden, mogen worden gestort, is het bestuur van mening dat het tijd is om het roer om te gooien, en ze acht het beter de exploitatie aan de REVU over te dragen. De overdracht vindt 1 januari 1996 plaats. De Ledigheid bedingt een vergoeding per kubieke meter stortruimte, om de kosten van onderhoud en bewoning van het landgoed te kunnen blijven dekken. Michiel schrijft in het verslag: '1996 was een jaar waarin de voorspelde veranderingen rond de Ullerberg zich verder verwezenlijkten. De bomen groeiden, maar niet meer tot in de hemel. Rook, gevoed door vuil en zand, komt nog wel uit de schoorsteen, maar de pluim verzwakte steeds meer. Het bestuur ziet het als haar taak om de Ullerberg ondanks de in de zeer nabije toekomst nog verder teruglopende inkomsten in de familie te behouden voor de volgende generatie.'

Dit wordt de uitdagende taak van een verjongde directie. Na twintig jaar trouwe dienst en het opknappen van het vuile werk treedt de achtenzeventigjarige Eppy af en ook Door V. stapt uit het bestuur. Drie Ondermaten treden aan. Op het stort verlaat Dies met vrouw en hond de dienstwoning en gaat Berend met de VUT. Houtvester Bram wordt predikant in Friesland.

Afscheid van de familie van Duinen, Wilma, Bram, Cora, Gerco en hond Emie.

Ik lees in notulen: 'Tijdens een geanimeerde receptie in de Zwarte Boer namen Bram en Cora afscheid van hun zakelijke relaties terwijl alle vertrekkenden, tezamen met hun naaste familieleden, begin januari 1996 werden uitgenodigd voor een schitterende en waardige afscheidspartij. Een prachtige aangeklede en verwarmde (het vroor flink die avond) tent, liedjes, cadeaus, wijn en een hapje op de knie waren voortreffelijke ingrediënten voor een sfeervolle avond waarmee de familie aan alle betrokkenen haar grote dank tot uitdrukking bracht.' Bram wordt gehuldigd: 'Bram was altijd overal waar hij nodig was. In het bos, in het Grote Huis, in de zandgroeve en bij de vuilstort. Hij loste problemen op met lastige klanten of met de controleur van de provincie op het stort. In alle rust en bescheidenheid deed hij alles wat nodig was.' Ook wordt de loftrompet gestoken over Cora's enthousiaste inzet afwisselend als verpleegster, kokkin, naaister en oppas. Met pijn in de Wallerharten zwaait de familie hen uit.

Op dezelfde avond wordt Peter de Ruiter als Brams opvolger verwelkomd. Vier jaar daarvoor hadden Eppy en Bram uit zeventig sollicitanten Peter al uitgekozen als medewerker. Peter heeft hen niet teleurgesteld. Sindsdien heeft hij laten zien dat hij over een groot aantal nuttige talenten beschikt, zodat de familie in vol vertrouwen hem per 1 januari 1996 aanstelt tot beheerder van het landgoed en bedrijfsleider van de Ledigheid.

20. GEHAKKETAK

'Doe weg, die Ullerberg. Gemeenschappelijk bezit is een bron van ruzie', aldus de notaris ten overstaan van de zes nazaten van Frans Waller in 1935. Zestig jaar later is de Ullerberg uitgegroeid van een simpel landelijk buitenhuis tot een complex geheel van vereniging, bedrijf en vennootschap met alle bijbehorende activiteiten en verantwoordelijkheden van dien. En ondertussen is op eigen kracht een flink vermogen opgebouwd, waaraan de Maten niet alleen maar hebben geroken. Menig nicht heeft kunnen leven van de uitkeringen, met name na de invoering van de tweeverdienerswet in 1984.

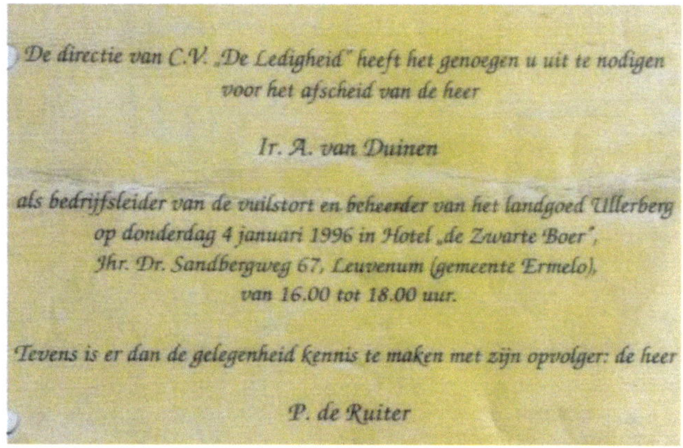

De directie van C.V. „De Ledigheid" heeft het genoegen u uit te nodigen voor het afscheid van de heer

Ir. A. van Duinen

als bedrijfsleider van de vuilstort en beheerder van het landgoed Ullerberg op donderdag 4 januari 1996 in Hotel „de Zwarte Boer", Jhr. Dr. Sandbergweg 67, Leuvenum (gemeente Ermelo), van 16.00 tot 18.00 uur.

Tevens is er dan de gelegenheid kennis te maken met zijn opvolger: de heer

P. de Ruiter

Parallel hieraan is het aantal deelgenoten flink gegroeid. Maar niet alle nakomelingen van Frans Waller zijn 'in de Ul' gebleven. Van de zes takken van de stamvader breken er in de loop der tijd drie af. El heeft geen eigen kinderen, Toot heeft zich al vroeg uitgekocht en haar enige dochter Carlijn overlijdt kinderloos, als eerste Maat in 1994. Twee zonen van Herman hebben in 1974 de Ullerclan de rug toegekeerd. En nadat Fransje en zus Renée in 1984 zijn uitgetreden, kondigen in 1995 nog eens vijf deelgenoten aan dat ze het deelgenootschap willen verlaten. Het betreft de oudste zoon van Eg, Herman, en de eerste loot van tak Frans jr. met vier twijgen. Na veel gehakketak en gekrakeel breekt ook die loot in 1998 definitief af.

Bij het gegeven dat afgebroken takken veel geld kosten, komt de vraag of er nog wel gestort mag blijven worden. En daarbij blijkt ineens dat de belastingdienst zich roert en de aftrek van giften aan de Zodenbank met terugwerkende kracht op het spel staat. Tevens vraagt het bestuur zich af hoe moet het verder met al die deelgenoten die een steeds grotere diversiteit aan gezichtspunten, leeftijd en verlangens vertegenwoordigen. Wil die heterogene groep de Ul behouden?

Een inventarisatie op de Ondermatendag in 1994 heeft uitgewezen van wel. Hoe dan? Weer putten Ulgenoten zich uit in het formuleren van allerlei plannen om de continuïteit te bewerkstellingen. Michiel presenteert een gedetailleerd masTHORplan voor de Ulse toekomst. Het blijkt echter het tegengestelde van een hamerstuk te zijn. Een Ondermaat stelt voor: 'Trek met een passer een cirkel rond het Grote Huis: vanaf de Sandbergweg ter hoogte van de boomgaard, via het slaaphuisje, langs Penni naar de grensweg, en verkoop het landgoed wat daarbuiten valt aan de staat.' Een andere suggestie: verkoop de Ledigheid en de stortplaats. Een derde wil de unieke heidegolf van de hand doen, een vierde dat het Boshuis en Penni als volwaardig vakantiehuis gaan meedraaien in het toerbeurtenschema, zodat iedereen aan zijn Ulse trekken komt. Zelfs wordt voor de openstelling van het landgoed gepleit, omdat dat fiscale voordelen oplevert. Het 'eigen koninkrijk-idee' wankelt. Maar vooralsnog blijft het bij losse flodders. Wel wordt er een ToekomstCommissie van Ondermaten, de TC, ingesteld, die moet gaan onderzoeken hoe de Ul inkomsten kan genereren als de vuilstorterij echt is opgehouden en het Wallergat weer een Uller-berg is geworden toegedekt met een afdeklaag.

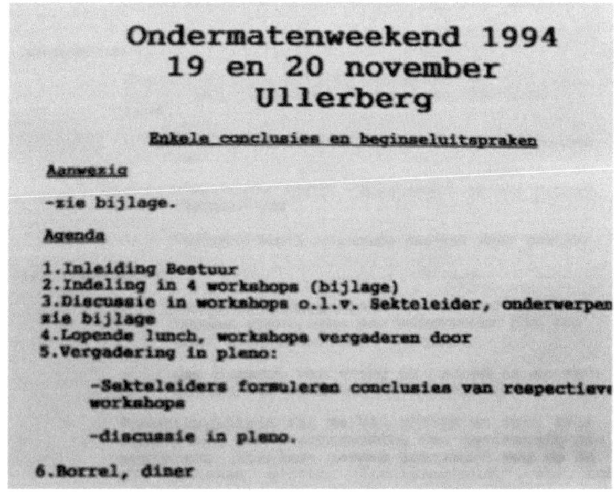
Ondermatenweekend 1994
19 en 20 november
Ullerberg

Enkele conclusies en beginseluitspraken

Aanwezig

-zie bijlage.

Agenda

1. Inleiding Bestuur
2. Indeling in 4 workshops (bijlage)
3. Discussie in workshops o.l.v. Sekteleider, onderwerpen zie bijlage
4. Lopende lunch, workshops vergaderen door
5. Vergadering in pleno:

-Sekteleiders formuleren conclusies van respectiev workshops

-discussie in pleno.

6. Borrel, diner

Er is al eens eerder zachtjes een hard balletje opgegooid. Ondermaat Frans tH, nu lid van de TC, ziet er wel een gat in. Een gaatje eigenlijk. Negen zelfs. Of misschien wel twee keer negen. Achttien holes. Zonder zich te realiseren hoeveel inspanning en strijd met overheidsinstanties hem dat zal gaan kosten geeft hij het een zetje en het balletje gaat rollen.

Hamertje tik 14

KAMPERSTEUR

Hoog boven de sparrenbomen is het nog licht als Lili de groene keukendeur achter zich dichtslaat. Ze wil even weg, weg van al die mensen in dat grote huis. Weg van al die vragen die ze stellen. Ze moet luisteren en antwoord geven, heeft ze geleerd, maar ze kent al die tantes en ooms niet eens. Even weg met de step, die rode step met brede opblaasbanden en rubberen handvatten. Eigenlijk is ze er al een beetje te groot voor, maar hij rijdt zo lekker. Ze zet haar linkervoet op de houten treeplank en maakt vaart met haar rechterbeen. Over het harde zandpad, langs de hoge sparren waarachter de waslijnen hangen, voorbij het huis van Bram van Duinen. Nee, ze wil niet te ver het bos in. Ze maakt een bocht naar links. De bouwvallige heidehut kijkt haar misprijzend aan. Wat doe je hier, lijkt hij te vragen. Ze kijkt weer voor zich. De deur van het witte bakhuisje staat open. Hoort ze iets? Er brandt licht en er komt rook uit de schoorsteen. Ze komt tot stilstand en na een aarzeling kijkt ze naar binnen.

'En nou erin', hoort ze Cora streng zeggen. Ze ziet hoe Cora met een borstel een veeg geeft over een bloederig stuk gebeente met gaten. Ze pakt het ding bij twee stangen vast, tilt het op en stopt het in een pan die vóór haar staat te pruttelen. Gesis, gesputter. Een weeë geur verspreidt zich. Wolken stoom stijgen omhoog en zoeken hun weg via de schoorsteen en de open deur naar buiten. Een gewei, denkt Lili, het is een gewei. Het is de kop van een hert!

'Ziezo', zegt Cora terwijl ze zich omdraait en haar handen afveegt aan haar rood gevlekte schort. Lili voelt haar hart in haar keel kloppen. Wat is dit? Een hertenkop in een pan?

'Wat een mooie step', zegt Cora terwijl ze naar buiten loopt. Nu ziet Lili het duidelijk. In het huisje staat op een ijzeren plaat een hoge wasketel met twee koperen handvatten, tot de rand gevuld met borrelend kokend water. Er boven uit steken twee vertakte stangen van een gewei omhoog. Van angst worden haar wangen rood en ze voelt een brok in haar keel opkomen. Cora zet de deur op een kier.

'Het wordt al donker. Ga maar gauw naar huis.'

Lili draait de step om en zonder iets te zeggen maakt ze zich uit de voeten. Terwijl de hemel boven de bomen nachtdonker kleurt, gooit ze de step tegen het fietsenhok en loopt zo snel als ze kan naar binnen. Ze wil naar de kinderkamer, maar een stem houdt haar tegen:

'Lili, help even mee met tafeldekken.' Oma Lily staat in de gang. O ja, tafeldekken, voor die meute mensen, denkt ze terwijl ze gehoorzaam knikt en achter haar oma de eetkamer in loopt.

'De borden staan er al. We zijn met z'n twintigen. De messen rechts, weet je wel, met de scherpe kant naar het bord. De vorken links.

En leg ze met de tanden naar beneden, anders prik je de engeltjes in hun billen.' Er zijn helemaal geen rondvliegende engeltjes, denkt ze, maar ze zegt niets. Uit de halfronde la van het buffet neemt ze eerst de messen en daarna de vorken en ze legt het bestek keurig op de juiste plaats. Oma Lily trekt de bovenste la van de ladekast open en haalt een stapel servetten eruit. 'Goed zo. Je heb er rode wangen van, kind. Nu deze nog, voilà', en ze legt een witte stapel op het witte tafelkleed en verlaat de kamer. Lili pakt de stapel en terwijl ze om de lange tafel heen loopt, legt ze op ieder bord een strak gestreken, smetteloos wit servet. Even ziet ze Cora's witte schort voor zich, vol smerige rode vlekken. Eten, ze moet er niet aan denken. Het lijkt wel of ze haar maag in haar keel voelt. De tafel is klaar en voordat ze de kamer uit gaat, werpt ze een blik op het schilderij aan de muur, waarop een gezelschap oude familieleden is afgebeeld. Als ze de gang door loopt, kijkt ze even naar de hertenkop. Wat griezelig groot is die, en wat een ontzaglijk gewei. Ze glipt langs de trap de kinderkamer in.

Even later zingt de gong door het huis: Dong! Dong! A table! A table! Wanneer iedereen eindelijk zijn plaats aan tafel heeft gevonden, staat oma Lily op van het tafelhoofd, wacht tot het stil is en zegt met luide stem:

'Lieve familie, lieve kinderen. Kijk.' Ze wijst naar het grote familieschilderij aan de muur. 'Dit hier is mijn grootvader als jongetje van acht. Hij heeft deze Ullerberg gekocht in het jaar waarin ik geboren ben. Ik ben zijn oudste kleinkind. En míjn oudste kleinkind is hier ook. Daar zit zij.' Verschrikt kijkt Lili op. Oma Lily wijst naar haar. Lili buigt haar hoofd en haar wangen gloeien. Oma Lily richt zich weer naar het schilderij. 'Dankzij dit jongetje kunnen wij hier nu generatie na generatie met ons allen samenzijn.' Lili kijkt schuin naar Esmee, die naast haar zit. Esmee is groter en nog geen twee jaar ouder. Zíj is een echte Waller. Maar er is iets met die generaties. Een verschil. Esmee zegt tante tegen háár oma. Esmee luistert aandachtig naar wat oma-tante Lily vertelt.

'Toen ik zo klein was als Lili nu,' gaat oma Lily verder, 'vertelde mijn grootvader ieder jaar met Pasen een verhaal. Het verhaal van de koning, die met Kerstmis aankondigde dat hij met Pasen de stad Kampen zou bezoeken.' Lili gaat verzitten. 'De Kampenaren vonden dat een grote eer!

Hét familieschilderij, Frans Waller als jongetje van 8 staat links.

Ze zouden een heerlijke maaltijd voor hem bereiden en een visser ving een reusachtig steur. Niet zó groot. Maar wel zó groot.' Met een wijds armgebaar maakt Oma Lily duidelijk hoe groot de vis wel was. Vanuit haar ooghoeken gluurt Lili argwanend de rij disgenoten af. 'Die vis zou de Koning worden voorgezet. Maar een slimmerd merkte op dat het nog drie maanden duurde voor het Pasen was en dat dan de vis bedorven zou zijn. Alle Kampenaren dachten na.' Oma Lily haalt even diep adem en schraapt haar keel. Lili draait de vork naast haar bord om en laat de tanden omhoog wijzen. Op gedragen toon gaat haar grootmoeder verder: 'Toen kreeg een andere slimmerik een goed idee. Hij stelde voor de steur een belletje om te binden en hem zo weer terug te gooien in de IJssel. Met Pasen zouden ze het geklingel weer horen en konden ze hem weer vangen. Met een belletje aan een blauw lintje gooiden ze hem terug.' Oma Lily pakt haar glas en neemt een slokje water. In gedachten ziet Lili een hert met een blauw belletje door het bos rennen. 'Toen het Pasen was, kwam de Koning en de burgemeester zei dat hij die avond een grote steur te eten zou krijgen met mosterdsaus. Dat leek de koning heerlijk.' Voor Lili's ogen begint de hanglamp boven de tafel te schommelen. 'De kok maakte de saus klaar: hardgekookte en zachtgekookte eieren, mosterd, zout, wijn en peper.' Lili staart naar de wiebelende lamp. 'Toen de saus klaar was, moest de steur worden gebakken. Maar die moest nog gevangen worden! Alle Kampenaren gingen naar de IJssel om te luisteren of ze het belletje hoorden. Maar niemand hoorde iets. En toen?' Oma Lily zwijgt om de spanning op te voeren, alle ogen zijn op haar gericht. Lili's maag krimpt. 'Toen namen ze een grote schaal in de vorm van een vis, legden daar alle eieren op, verdeelden de saus er overheen en dat schotelden ze de koning voor.' Oma Lily valt stil en er klinkt geroezemoes. 'In het oorspronkelijke verhaal was het de Paus die op bezoek kwam', fluistert Lily tegen nicht Door naast haar, 'maar grootvader heeft er de Koning van gemaakt. Dat vond hij toepasselijker.' Vervolgens herneemt ze met krachtige stem: 'En de koning vond het heerlijk! Daarom eten wij allemaal met Pasen mosterdsaus met eieren, en dat noemen wij Kampersteur.'

Op dat moment gaat de deur van de eetkamer open en Cora komt binnen met een enorme schaal in de vorm van een vis, gevuld met mosterdsaus omringd door een ovaal van gekookte eieren. Oma Lily gaat weer aan het hoofd van de tafel zitten. Onder de dansende lamp door kijkt Lili hoe Cora de schaal zorgvuldig voor haar grootmoeders bord neerzet. Haar handen zijn helemaal schoon en ze heeft geen vies schort meer voor. Een zweem van mosterd walmt over de tafel. Ze knijpt haar neus en haar ogen dicht. In haar hoofd ziet ze een Bambi liggen spartelen in een pan met kokend blauw water. Als ze haar ogen weer opendoet, draait de lamp flikkerend in het rond en haar maag speelt op. Haar grootmoeder pakt haar servet, plooit het uit op haar schoot en maakt aanstalten om op te scheppen. Lili schuift haar stoel naar achteren, staat op en met haar hand voor haar mond sluipt ze zo snel als ze kan achter haar ooms, tantes, neefjes en nichtjes langs en verdwijnt in de gang. Ze hoort niet meer hoe Oma Lily haar stem nog één keer verheft: 'Als je in Kampen komt, kun je nog Kampenaren langs de IJssel zien staan luisteren in de hoop het gerinkel van het belletje te horen... Bon appetit, allemaal.'

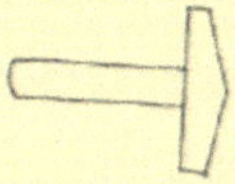

Hamertje tik 15

Aquarel Cara Waller

BALLADE VAN HET KOLENFORNUIS

Recht onder de schouw
voor de tegelmuur
woont knus het fornuis
met knisperend vuur.

Op hoge klauwpootjes
straalt ze van trots.
Haar gitzwart email
glanst als een rots.

Een rots in de branding,
zegt fier het fornuis.
Ja, ik ben het kloppend
hart van het huis.

Op mijn vier deurtjes
bloeien de rozen,
die, zonder doornen,
continu blozen.

Ik brand van verlangen
op kolen en hout.
Nee, mij laat Van Duinen
geen dagje echt koud.

Met mijn hete water
zet Dorothee thee,
en drinkt dat uit kopjes
van 't merk R.O.W.

De paaseitjes kook ik
te kust en te keur,
want de hele familie,
zo wil de traditie,
eet dan Kampersteur.

Met tante Heleen
heb ik heel wat te stellen,
die bakt, als akela,
steeds ulevellen.

En met pure passie,
niet te bedwingen,
poetst Toot mijn kookplaat
en ijzeren ringen.

Maar Erven die sterven
en zoetjesaan
moet ik mij met
de nichtjes verstaan.

Wel wordt mijn uiterlijk
heel hoog geprezen,
maar innerlijk mag ik
er niet meer zo wezen.

En na een conclaaf
in het Grote Huis
staat er vlak naast mij
een waar gasfornuis!

Ook mijn bevalling
vertedert hen niet.
Het kinderfornuisje
jankt van verdriet.

Nog tekent mij Cara
kunstig in kleuren
met rozerode roosjes
op mijn vier deuren,

met hoge klauwpootjes
en gitzwart email,
de reling en afvoer
tot in elk detail.

Ze delibereren
al twintig jaar lang.
Want de sfeer in de keuken
is van levensbelang.

Authenticiteit blijkt
het wachtwoord te zijn.
Moderniteit het
eeuwig refrein.

De nichtjes fornuizen
en hebben fornuisd:
Ik zal binnenkort
heus worden verhuisd.

Recht onder de schouw
met een wasemkap
woont nu een zespits
met nieuw vakmanschap.

Op pinnige poten
in metallic grijs
staat hij daar te pronken
harteloos eigenwijs.

En ik zit hier uitgeblust
met een fractuur
aan twee van mijn pootjes
in een schamele schuur.

Hamertje tik 16

EIKENBOOM

Ik til de koperen hendel van het slot en de glazen schuifdeuren piepen als ik ze openduw. Buiten sla ik rechts af de hoek om naar het kleine trapje van de bloementuin. De luiken van de biljartkamer en de kinderkamer staan open. De muur achter de luiken is een geliefde slaapplaats voor vleermuizen. Nieuwsgierig kijk ik even. Ze zijn er niet. Ik daal het trapje af en tussen de groene buxusheggetjes loop ik over het zandpad. Vanachter het bos van de vijand klimt de vroege ochtendzon omhoog, die de bomen oranje kleurt. Het tuinhekje onder de beukenboog staat open. Ik sluit het achter mij en ga in de richting van de golf. Het Boshuis slaapt nog, Penni houdt zich schuil en het logeerhuisje geeft me een knipoog. Aan mijn linkerhand ligt het bedeesde beukenbos, bedeesd, omdat de bomen die in 1948 zijn geplant, nog steeds zulke dunne stammetjes hebben. De loofbomen gedijen niet goed op de zandgrond. Het is mijn favoriete bos, want op elk moment van de dag tekent de zon wonderen van licht tussen de tere horizontale takken. Nu zijn de lichtgroene blaadjes al verkleurd tot grasgroen en vormen ongeveer anderhalve meter boven de bruine bosgrond een grofmazig netwerk. Ik besluit deze keer het slingerpaadje links tussen de hoge dennen in te slaan. Het is prettig fris en tussen de rechtstandige boomstammen speelt de zon krijgertje met de wind. Na het meanderpad volgt een recht paadje, met aan de rechterkant een paar hoge sparren. Hoe hoog zouden ze zijn? Ik hoorde dat de hoogste boom van Nederland een Douglasspar is, die iets meer dan vijftig meter hoog is en in de tuin van het Loo staat. Deze boomsoort is rond 1850 uit Amerika geïmporteerd en erg begeerd vanwege zijn snelle groei en houtsoort. Ook hier op het landgoed zijn ze in groten getale aangeplant. Vanuit de huiskamer van het Grote Huis heb je mooi zicht op een hele rij die de hoogte van de boom op het Loo bijna evenaart en binnenkort wel honderd jaar zal zijn. Langs het rechte paadje staat na de sparren een aanplant van jonge dennen. Aan de linkerkant, achter een walletje van ruim een meter hoog, verrijzen een aantal oude zomereiken en sparrenbomen: de Wilde Kamp, een terrein dat in vroeger tijden waarschijnlijk als akker is verbouwd. Het bos is erg droog. Nergens plassen te zien. De eikenbladeren knisperen onder mijn voeten, het eikenhakhout knappert en de zonnebosgeur kietelt in mijn neus.

Plotseling verschijnt een everzwijn uit de dennen. Mijn adem stokt. Het beest steekt gemoedereerd het pad over en verdwijnt in de richting van de eiken. Ik blijf doodstil staan. Behoedzaam klim ik een paar stappen het walletje op. Het zwijn is nergens te bekennen. Iets verderop achter een dikke liggende boomstam zie ik iets bewegen. Ik wrijf mijn ogen uit en concentreer mijn blik. Het is een beest met vage, vaalgele strepen over de lengte van zijn bol gekromde rug. Hij maakt ritmische bewegingen met zijn kop. Zijn snuit zit net achter die horizontale eikenstam verborgen, maar ik zie zijn oren. Aan de punten zitten pluimpjes. Een boskat of een lynx. Hij zit iets te verslinden. Zijn prooi kan ik niet zien. Telkens zet hij zijn tanden erin en rukt dan weer een stuk los. Ik houd mijn adem in. Hij heeft niet in de gaten dat hij geobserveerd wordt. Schaamteloos zit hij te vreten en beweegt wild zijn kop op en neer. Zo'n katachtige heb ik nog nooit hier gezien. Om hem beter te kunnen bekijken, klim ik omzichtig nog twee stapjes hoger. Weer scheurt hij iets van zijn jachtbuit. De oorpluimpjes wuiven heen en weer. Plotsklaps staat de dikke eikenstam op vier korte geblokte poten op en schudt twee kleinen van zich af. Ik kijk in de snuit van een zwart wild varken. Het gromt vervaarlijk en komt op me af.

Zonder aarzelen draai ik om en spring van het walletje af. Op het bospad zet ik het op een lopen. Een moederzwijn met haar biggen. Voor dat gezelschap moet je oppassen. Geen wilde boskat, geen verdwaalde lynx, maar een agressief moederdier. Die big lag bij zijn mama aan een speen te lurken. Ik blijf rennen tot ik bij het koepelpad ben aangekomen. Dan kijk ik achterom. Boven aan het meanderpad staat het dofzwarte zwijn mij na te staren. Het heeft de achtervolging gestaakt. Nog hijgend bereik ik de bloementuin. Hier komen geen zwijnen. De tuin is geheel omgeven door een brede beukenhaag. Boven de toegangshekjes is de haag in een kunstige ereboog gegroeid. Nog natrillend van de spanning probeer ik rustig over de doolhofpaadjes tussen de lage buxushagen te wandelen. De zon staat al hoger en overgiet de perken die net nieuw zijn beplant. De platte ronde bladeren van de Oost-Indische kers, het dunne groenkanten weefsel van de cosmea, de fiere kleurige kopjes van de zinnia's, de dapper klimmende lathyrus. Veelbelovend reiken ze allemaal naar het licht en de toekomst. Langs de kant staan de roze koekoeksbloemen te lachen tussen de varens. Bij het hekje blijf ik staan en kijk naar boven. Ik zie hoe fijnzinnig de grillig gevormde takjes van de beukenboog afsteken tegen de blauwe lucht, ze smeken om getekend te worden. Jammer dat ik dat niet kan. Ik verlaat de tuin. De taxustafel, die voor het kantoor staat, heeft een appelgroen tafelkleed aangetrokken. Hij is zo hoog als een gewone eettafel en met een diameter van ongeveer 120 centimeter zouden er makkelijk zes mensen aan passen. Maar er staan geen stoelen omheen, dus ik ga iets verder op de houten bank zitten. In de schaduw.

En toch zag ik echt pluimpjes aan die kattenoren.

Hamertje tik 17

AFSCHOT

'De gemeente is een gebouw van levende stenen', verzuchtte Flip en hij duwde de zware glazen deur van het Kerkelijk Centrum open. De vergadering van de hervormde kerkenraad was ten einde. Samen met Bram liep hij de parkeerplaats over, de Ermelose Groeneweg op. Ze lagen elkaar wel. Allebei niet echt lang van stuk, met een vredelievende uitdrukking op het gezicht. Ongeveer even oud en beiden een aimabele inborst. Ze waren al regelmatig in gesprek gegaan.

'En het landgoed is een woud van lopende bomen.'

Verbaasd keek Flip zijn collega-ouderling aan.

'Met die studie voor dominee heb ik steeds minder tijd om 's avonds te jagen.'

Flip wist van het wildbeheer en het afschot dat de jachtopziener van de Ullerberg jaarlijks moest volmaken. Hij jaagde zelf alleen op klein wild.

'Kun je me helpen? Ik leer je het grofwild wel. Maar eerst moet de familie het goed vinden.'

Zo was het gegaan. Inmiddels was hij al zeker zestien keer met Bram mee geweest. Hij had gezien hoe hij de varkens selecteerde, hoe hij aanlegde en hoe zorgvuldig hij het schot plaatste. Op de juiste plek. Met de juiste trefkracht. Die flink veel groter was dan bij konijnen. Tegenwoordig had hij een grofwildbuks, kaliber 7x64. De schokwerking van het schot moest immers het gewenste effect hebben om te voorkomen dat aangeschoten beesten een dag lang door het bos moesten zwalken. Het beest moest dwars staan, vervolgens bij zijn voorpoot naar omhoog en richten ter hoogte van zijn hart en longen. Dan zat het goed. Misschien liep het dier nog wel twintig, dertig meter weg, maar daarna moest het echt ondersteboven vallen.

Zijn eerste varken had hij geschoten op de vuilstort. Opzichter Dies van Duinen had Bram direct gewaarschuwd toen hij weer een zwijn op het terrein had gesignaleerd. Daar mocht geen zwijn komen, want het was een nulgebied. 'Een onverlaat heeft het hek open laten staan. Haal weg, dat beest! Hij wroet de hele deklaag kapot!' 'Dat varkentje mag jij wassen', had Bram hem toegelachen. Bij het vallen van de avond lokaliseerden ze het dier bij de nissenhut. En toen Flip het zwijn naar behoren had omgelegd en ook nog vakkundig had ontweid, mocht hij van de Ulse jachtopziener het hele afschot varkens voor zijn rekening nemen.

Nu was het begin januari en koning Winter liet zich gelden. Het vroor dat het kraakte en het bos, de hei en de weilanden waren verblindend wit. 'Er is nog een oude zeug die eraf moet', had Bram op de laatste kerkenraadsvergadering tegen zijn collega gezegd. 'En er is haast bij.'

Zo stapt Flip de eerste donderdag van het nieuwe jaar in de naderende avondschemer monter met de buks over zijn schouder en de verrekijker om zijn nek over het zandpad langs het slaaphuisje. Glimlachend kijkt hij om zich heen. Links en rechts lopen de verre bomen met hem mee. Hij slaat de Lilyweg in op weg naar de zodenbank. Daarachter ligt de voederwei. Sporen van Brams trekker in de sneeuw. Met dit strenge weer heeft hij een paar mud aardappels opgehaald in de Flevopolder en voedt hij de dieren bij. Het is stil. Alleen ruist een zachte bries als kabbelende golven over de toppen van de bomen. Flip kijkt naar boven en ziet hoe de hoogste dennentakken worden gewiegd. Zuidwest, denkt hij, en welgemoed steekt hij de Drieweg over. Als hij de zodenbank nadert, klimt hij voorzichtig het laatste heuveltje op. Daar, achter de rododendronstruiken, strekt zich na een strook heide het grasland uit. Eenmaal boven krijgt hij zicht over de witte wei. Daar staat een roedel herten zich te goed te doen aan de aardappels die Bram in de voederbakken heeft gegooid. Gefascineerd blijft Flip staan kijken naar dit fraaie schouwspel. Hij pakt zijn verrekijker. Hij kan ze goed zien. De beesten hebben honger. Ze gaan volledig op in hun schranspartij. Flip telt er wel vijftien. Enkelen met een indrukwekkend gewei. Aan de vorm daarvan kun je zien of het afschot betreft. Dat moet hij nog leren dus hij mag ze nog niet schieten. Er is ook kaalwild bij. Dat zijn hinden, die zijn kleiner. Wel zeven. En nog twee spitsers, meent hij. Of zijn het er drie?

Plotseling klinkt er een knappend gekraak van takken en onder luid geknor komt er een reusachtig zwart varken links het bos uit gerend. Alle herten stuiven weg zo vlug als ze kunnen. Het enorme varken kiept met zijn voorpoot een voederbak om en vreet luidruchtig alle aardappels op. Vervolgens gaat hij naar de tweede bak, gooit met zijn snuit de knollen eruit en begint smakkend aan zijn tweede ronde.

Intussen loert Flip door de verrekijker. Geen hoektanden, een zeug dus. En groot. Hij kijkt nog eens goed. En niet drachtig, zo te zien. Dat is een rakker, die mag eraf, besluit hij. Het zwarte gevaarte maakt zich stuk voor stuk meester van alle knollen die het in de sneeuw heeft geworpen. Flip pakt zijn buks. Het wordt al een beetje donker, hoewel het wit van de sneeuw de nacht probeert tegen te houden. Het beest staat met zijn kop naar hem toe. Wachten dus. Wachten. Nu staat hij met zijn kont op hem af. Wachten. De schemer rukt op. Straks zie ik niks meer, denkt Flip. Op dat moment... Hij staat dwars. Pang! Een straal vuur verblindt zijn ogen. Snel een nieuw patroon erin. Behoedzaam loopt hij naar beneden door de hei. Het wilde varken is naast de voederbak neergevallen. Flip spitst zijn oren. Hij hoort het beest zuchten. Geraakt maar niet dood, concludeert hij. Op zo'n dertig meter afstand gaat hij op zijn hurken zitten met zijn geweer in de aanslag. Stel je voor dat hij weer in de benen komt en het bos in wil vluchten, dan kan hij nog een keer schieten. Plotseling richt het dier zich op en rent briesend met volle snelheid rechtstreeks op de jager af. Flip weet niet hoe vlug hij overeind moet komen en terug moet rennen tot achter de rododendrons. Boem! Nu valt het zwijn ondersteboven. Met ingehouden adem loopt de jager weer terug. Daar ligt het. Zwart in de besneeuwde heide. Langzaam komt hij dichterbij. Hij legt aan en schiet hem nog een keer door zijn kop. Nu wegwezen. Je weet maar nooit.

De nacht is nagenoeg gevallen als Flip bij het boshuis aankomt en zijn verhaal aan de jachtopziener vertelt.

'Kwam hij achter je aan? Ik had je moeten waarschuwen. Die kunnen heel lelijk doen!'

Bram start de trekker en samen rijden ze naar het weiland. De koplampen scheren over het veld en verlichten het zwarte gevaarte.

'Het is een keiler! Je hebt de verkeerde geschoten. Zo'n grote zeug is er niet!'

Ze springen van de trekker en in het schijnsel van de lampen bekijken ze het dode dier.

‘Het is toch die grote oude zeug. Een prima schot, Flip. En een prima afschot.’

Met enige moeite weten de twee mannen de zware buit in de laadbak van de trekker te manoeuvreren. Wanneer Bram opnieuw de motor start, begint er wit licht uit de hemel neer te dalen. Zwijgend rijden ze stapvoets het grasland af het dennenbos in. De bomen wijzen omhoog en Flip ziet hoe de sneeuwvlokken voor de neus van de trekker glinsterend neerdwarrelen als een stille zegen. Het landgoed is een woud van vallende sterren, denkt hij. Hij voelt zich een begenadigd mens.

(Vrij naar Flip V.)

L: Het stort: een shovel is bezig de afvalberg te bedekken met zand (1982)

R: Berend Slijkhuis (met hoed) op de vuilstort

L: Een ongelukje op de vuilstort

R: Met een dragline (caterpillar) wordt de gekantelde wagen weer overeind gezet.

L: 14 oktober 1985 Schilders Nieuws-en Advertentieblad

Vuilstort op Ullerberg verlengd met tien jaar

L: Ondermatendag 22 maart 1986

R: Ondermatendag 1986 De Ondermaten luisteren naar Maat Elbert

L: Ondermatendag: Dondermaatjes bij het kinderhuisje, 1986

R: Ondermatendag: Dondermaatjes in het kinderhuisje, 1986

L: Ondermatendag 1986: Dondermaat Lili en Ondermaat Esmee in de Grote Zandkuil

R: De oude theehut

L: Kia 70 jaar, in juni de lucht in (1992)

R: Kia 70 jaar! (1992)

L: Familie Elbert en Marga Waller-Waller mei 1992

R: Familie Kia en Bart Heyning-Halbetsma 1993

Na een vergadering, staand: Maten Lily, Elbert. Zittend, Carlijn, Eppy.

L: jaarvergadering 1993

R: 1993 vergadering: Het bestuur: Michiel, Eppy, Door V.

L: Claar Mijnsen en Cara Waller op het terras (1993)

R: Maat Herman en Ondermaat Bart (1993)

L: Bloemen voor de vergadering 1993, Ondermaat Hylkia met zoon Diederik.

R: Maten Door H, en Herman jr. op het grasveld, 1993

L: Door V. ruimt op

R: Overleg in de Administratie: Bram van Duinen, Tjalling jr., Eppy, Michiel, 1993

R: Wijmpje boven in actie (1993)

L: Peter de Ruiter met hulpje 1993

L: Marie Tamboer (1993)

R: Cora van Duinen met Gerco, Wilma en Maurits, 1993

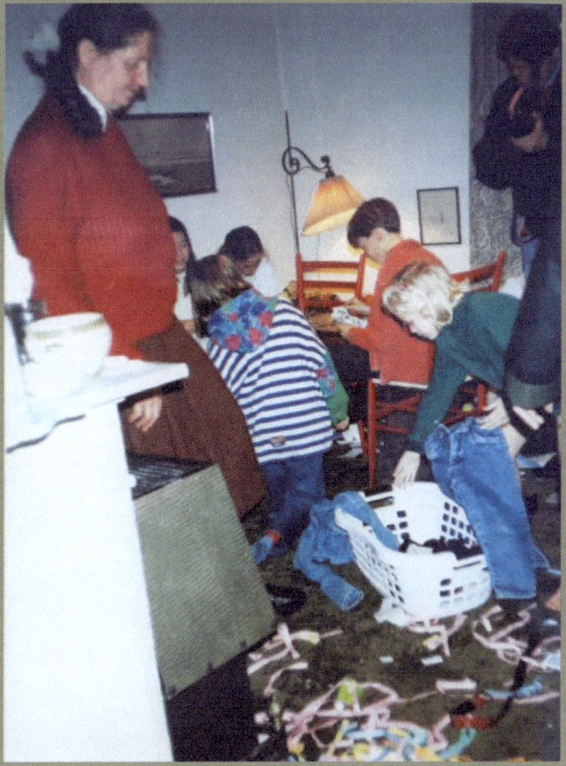

R: Ondermatendag 1994, Dondermaten-pret in Penni, olv. Wijmpje

L: Ondermaten-dag 1994, Maat Erlandine + Ondermaat Elbert Jos

L: Ondermaten Jenny, Wendela en Jet Heering, 1993

R: Familie Van Duinen, Cora, Gerco, Wilma, Bram en hond Emie in het Boshuis (1996)

L: Wilma en Gerco van Duinen met hond Emie (1996)

R: Peter de Ruiter, 1996,

*L: Iris bij de bloe-
mentuin 1962
door Cara Waller*

*R: Ullerbergse
stoelen, door
Cara Waller*

Een deel van de Ondermaten is vergaderd in de eetkamer

VIJFDE HAMER (1996-2020): DE ONDERMATEN

Toffe Thor, met zijn magische Mjöllnir, is een loyale god en hij heeft zijn taken niet verzaakt. Gedurende bijna tachtig jaar heeft hij huis en familie beschermd. Tot nu toe hoefde hij geen reuzen te verslaan, maar nu staat hij toch voor een aanzienlijke uitdaging als hij huize Ullerberg in de familie wil behouden. Hij ziet neer op het landgoed en kijkt hoe zijn windvaan erbij staat.

Hij ziet een bestuur dat naarstig naar leden zoekt; de vuilstort, die nog een kleine tien jaar te gaan heeft; een lege boswachterswoning; een povere Penni; een noodlijdende golf; twaalf Ul-verwende Maten, die op één na al aardig op leeftijd zijn; een tot 32 aangewassen generatie Ondermaten die grotendeels, naar het zich laat aanzien, het Ulgenot wil behouden. 'Wie vermenigvuldigt moet ook delen', zegt Thor wijselijk en slaat daarbij decisief met zijn hamer het eigen koninkrijk-idee van de Maten aan diggelen. Maar tevens steken giganten als argwaan, behoeftigheid en rancune de kop op die hij te lijf zal moeten gaan. Ondertussen rolt het opgegooide balletje voort. Gemakkelijk wordt het niet, maar de bal is te maken.

1. PETER

Op een frisse februarimorgen, nog voordat hij naar zijn werk in Elspeet gaat, rijdt Peter de Ruiter de oprijlaan van het landgoed op en met kloppend hart stopt hij een brief in de brievenbus. De avond tevoren is hij pas laat thuisgekomen van een kerkcursus. Als hij nog even het plaatselijke krantje doorbladert, valt zijn oog op een advertentie van Het Landgoed Uilerberg (!): MEDEWERKER VOOR ONDERHOUD BOS EN TUIN. Onmiddellijk klimt hij in de pen en schrijft voor de eerste en de laatste keer een sollicitatiebrief. Niet dat hij het werk als kraanmachinist in het houtbedrijf van zijn vader met

Het landgoed Uilerberg

zoekt per 1 maart 1992

MEDEWERKER

VOOR ONDERHOUD BOS EN TUIN

De medewerker verricht ook andere werkzaamheden.

Schriftelijke reacties te richten aan: Vereniging De Zodenbank, Sandbergweg 97a, 3852 PT Ermelo.

tegenzin doet, maar verandering van spijs trekt hem aan. Hij legt de brief in een envelop klaar. Voordat hij in bed stapt, bidt hij dat hij indien hij geschikt is voor het werk, die baan alstublieft mag krijgen.

Een aantal dagen van gespannen afwachting volgen. Dan belt Bram of hij op gesprek wil komen. Als hij op een donderdagavond na het onderhoud met Eppy en Bram de trap van de Administratie afloopt en de volgende sollicitant succes toewenst, neemt hij in stilte nogmaals zijn toevlucht tot een gebed. Kort daarna klinken Brams verlossende woorden door de telefoon: 'We hebben gedacht dat jij het zou worden.' Op maandagochtend 2 maart 1992 begeeft Peter zich blij en opgewonden naar zijn nieuwe werkplek.

Vier jaar lang verkent hij samen met Bram zijn gevarieerde werkterrein. Vanwege zijn houtexpertise wordt hem al gauw het houtbeheer toevertrouwd. Bram blest de bomen en híj velt ze, sleept ze uit het bos en zaagt ze in assortiment, in stukken op maat. Het werk op het landgoed bevalt hem zo goed dat wanneer Bram vertrekt, hij ingaat op de vraag van de familie om diens functie over te nemen. Wil hij niet in het Boshuis gaan wonen? Toch makkelijk, vlakbij je werk? Nee, vindt Peter. Het Boshuis is in slechte staat. De wind fluit er dwars doorheen. En de boktor zit in de kap. Bovendien is de Ullerberg wel erg afgelegen voor de kinderen. Hij heeft er vijf. Nu woont hij met zijn vrouw heel plezierig in haar ouderlijk huis in Nunspeet. De Ul-familie gaat akkoord, maar sommige Maten worden nerveus. Lily: 'Hoe moet dat nou? Het huis zal niet meer worden gecontroleerd na ons vertrek. Er zullen geen verse eieren meer klaarstaan in de keuken.'

Thor ziet hoe de tijd verandert en het landgoed 's nachts en in het weekend zijn bosbaas mist. En hoewel de verse eitjes blijven, met Bram verdwijnt wel de jachtopziener. Peter is geen jager en de Wallers jagen evenmin, terwijl Wildbeheer Veluwe graag wil dat de wildstand onder controle blijft. Bram heeft zijn kerkenraad-collega Flip al ingewijd in de jacht op groot wild. Nu probeert Flip op zijn beurt Peter er warm voor te maken. Was het vroeger zo dat een heer als eigenaar van een landgoed het heerlijk recht kon krijgen, ofwel kopen, om te jagen op zijn terrein en dat aan zijn boswachter kon doorgeven, nu bepaalt de nieuwe jachtwet dat je eerst een diploma op zak moet hebben. Peter heeft interesse en krijgt toestemming van het familiebestuur. Dapper werkt hij zich door de vier centimeter dikke theoriemap heen.[*18] Hij vertelt: 'De cursus was vooral vierentwintig soorten eenden kunnen onderscheiden. Een kuifeend, wilde eend, slobeend. Die zie je echt niet op de Ullerberg! Hier bejagen we alleen grofwild en dat kwam nauwelijks aan bod. Maar ik ging veel met Flip mee en zo heb ik me dat in de praktijk eigen gemaakt.'

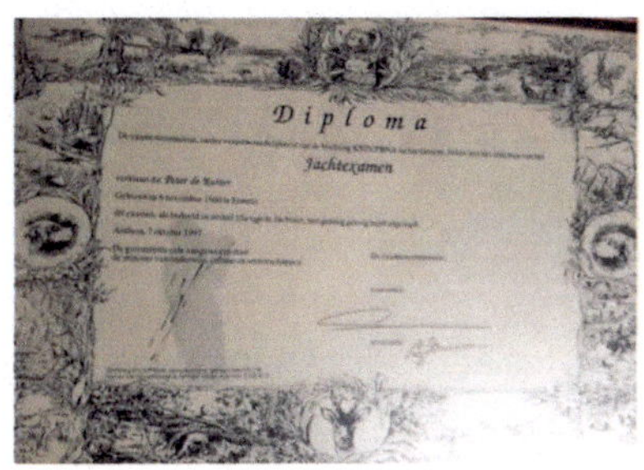

Tegenwoordig is Peter een verantwoordelijke, uiterst bekwame jachtopziener, die samen met zijn jachtcombinatie, zes gediplomeerde jagers onder wie Flip, ieder jaar tijdens het jachtseizoen het toegewezen afschot volmaakt. Als een logisch gevolg heeft hij ook een cursus wildhygiëne gedaan. Peter: 'Ik mag mij *keurmeester* noemen. Dat keuren begint al vóór het eerste schot: loopt-ie mank? Is het beest in orde? Dan het inwendige: het beest ontweien en beoordelen of de ingewanden gezond zijn. Gelukkig hebben we hier tegenwoordig een eigen koelcel en hoef ik niet meer met een beest naar Sandberg of Staverden.' Ook is hij met wildverkoop aan de familie begonnen. Vooral rond de kersttijd is er veel vraag naar hertenbiefstuk en zwijnenrug.

Als Peter over de jacht praat, gaan zijn ogen glimmen. 'Jagen is niet alleen beesten afschieten, maar ze ook observeren. Én genieten. Vroege ochtend en late avondwerk. Op een avond zit ik ergens in het bos te wachten of er nog beesten te zien zijn. En wat gebeurt er? Er gaat een klein vogeltje op de punt van mijn geweer zitten! Met verwondering kijk je daarnaar. Prachtig!'

2. ZONDAGSNICHTJES

Ook de nichtendagen ondergaan verandering. De Maten de Doren (ook wel de Doortjes) die de kern van de huishoudcommissie vormen, proberen de Ondermatennichten enthousiast te maken voor de vergaderingen. De tweejaarlijkse bijeenkomsten in de afgelopen twintig jaar hebben hen onderling heel sterk verzusterd, zeggen ze. Het doel: 'Communiceren en afspraken maken ter bevordering van de goede sfeer.' De vergaderdag verschuiven ze van dinsdag naar zaterdag of zondag, want er zijn nu een aantal werkende moeders. Een wisselend voorzitterschap lijkt zinnig, maar al gauw blijkt dat in de praktijk niet goed te werken. Na een paar jaar werpt Erlandine, de jongste Maat met Ondermaatse energie, zich op als voorzitter. Voor zover eenieder nog kan, blijft de oude garde trouw komen, maar begrijpelijkerwijs neemt hun krachtdadigheid af. Ook al kan Lily niet zelf meer in de tuin werken[*19,] ze is altijd present en blijft van mening dat de nichtjesdagen onmisbaar zijn om de Ul in stand te houden. 'Probeer niet iedereen over alles mee te laten beslissen. Als je niet op de vergadering aanwezig bent, dan heb je geen stem', is haar advies.

Aanvankelijk zijn het alleen de vrouwelijke deelgenoten en partners van mannelijke deelgenoten die worden uitgenodigd. In hetzelfde weekend wordt soms een NEVENwerkdag gehouden, voor klussen in en om het huis, opvolger van het REP-weekend, om zo te zeggen. Vanaf 1999 mogen ook neven die het huishouden voeren erbij zijn. Dat betreft slechts een persoon, Maat Tjalling. Ook gooit het bestuur de leus 'de genieter betaalt' in de nichtjeskring: naast de al bestaande wasserijbijdrage een bepaald bedrag per gebruikt bed, de gas- en elektriciteitskosten, plus de telefoontikken per weekend. Het blijkt een knuppel in het hoenderhok: 'Dit dient eerst nader uitgewerkt worden!' Na jarenlang zo goed als gratis Ulgenot is dit moeilijk te verteren. Het duurt nog een kleine tien jaar voordat dit voorstel uiteindelijk ingang vindt.

Met actie-lijsten, taakverdelingen en vooral veel liefde voor het landgoed proberen de actieve nichtjes onder leiding van Erlandine goed huis te houden. De opkomst van Ondermaten op de bijeenkomsten is echter sterk wisselend, wat de effectiviteit niet ten goede komt. Om meer discipline af te dwingen stellen ze de twintig Ul-geboden op en hangen die in de kast van elke kamer. Als er een vergadering wordt gehouden, blijven er vaak deelgenoten eten en slapen, hetgeen extra organisatie met zich meeneemt. Hoewel het allemaal familie is, moeten – naast een beste borrel en een voedzame maaltijd – de slaapplaatsen zorgvuldig worden verdeeld, want ook al kunnen ze wel met z'n allen één nacht onder hetzelfde dak bivakkeren, niet iedereen kan met iedereen een kamer delen, laat staan een bed. Ook het personeel vraagt aandacht. Binnenkort is Peter tien jaar werkzaam op de Ul en Erlandine organiseert de viering van zijn jubileum en vraagt hulp van de Dondermaten:

> Lieve 29 Dondermaten *[...en dan volgen alle 29 namen!]*
>
> Zaterdag 16 maart 2002 vieren wij op Ullerberg het 10 jarig jublileum van Peter de Ruiter. Hij zorgt zoals jullie weten, sinds Bram en Cora naar Friesland vertrokken, voor onze eitjes, de mooi aangelegde openhaard, het brandhout, de bloementuin, het bos, het huis, het wild, kortom dat alles voor ons verblijf op de Ullerberg piekfijn in orde is.
> Zaterdag komt zijn directe familie en alle ander mensen die op de Ul werken met een groot aantal familieleden. Tijdens de ontvangst wil de 30 + familie heel graag de handen vrij hebben om met iedereen te kunnen praten een borreltje te drinken en te eten.
> Nu aan jullie de vraag: wie van jullie wil/kan en heeft zin om zaterdag te komen helpen?
> Het voorstel is: svp kom om 15.30 aan met de trein in Ermelo. Je wordt opgehaald. Van 16.00-20.30 help je met het rondbrengen van kopjes thee koffie, taart, drankjes en helpt dat het lopend diner goed gaat – verder met afwassen en opruimen. Om 21 uur zetten we je weer op de trein als je dat wilt. Je kan ook blijven slapen, maar dan moet je even een bed of een matras bespreken. Je krijgt van ons je treinreis vergoed (Wanneer je geen OV jaarkaart hebt), een gratis diner, thee én een paar drankjes (niet te veel) en een CD bon.
> Het zou fantastisch zijn als jullie of een aantal van jullie kunnen komen helpen !!!
> Mail svp even naar mij.
> Veel liefs van jullie "tante" Erlandine

Het wordt een mooi feest, met uitstekende helpende handen. Daarna volgen de noodzakelijke activiteiten die Erlandine betreffen elkaar in rap tempo op: Wijmpje gaat na dertig jaar met pensioen, het bestuur heeft haar nodig als lid, Penni en het Boshuis worden ingrijpend verbouwd, en wanneer de verhuur van de vernieuwde huizen begint te lopen, gaat het nigtenconvent, dat te log is geworden om operabel te zijn, bijna ter ziele, vermagert de huishoudcommissie en verwatert het NEVENweekend.

3. HET ROMMELT

Als Peter in 1996 Brams functies overneemt – boswachter, houtvester, bedrijfsleider van de Ledigheid, terreinbeheerder –, rommelt het al in het familiebestuur. Michiel neemt het stokje van Eppy over en krijgt hulp van drie Ondermaten. Vanwege de overdracht van de exploitatie van de kuil aan de REVU en om belastingtechnische redenen wordt onder zijn leiding de Commanditaire Vennootschap de Ledigheid ingebracht in een nieuwe Besloten Vennootschap. Met de vooruitzichten dat de vuilstort eind 2006 gesloten zal worden en de inkomsten van het landgoed dan definitief zullen stoppen, introduceert Maat Michiel de Maat van Michiel: het minimum tot waar het kapitaal van de Ullerberg kan slinken, voordat de kosten boven de baten dreigen uit te stijgen. Ondertussen kunnen de opgebouwde reserves en de opbrengst van de verkoop van de huizen in Delft geïnvesteerd worden in verschillende projecten, zoals de verbouwing van Penni en de restauratie van het Boshuis. De onderlinge samenwerking in het bestuur loopt echter niet soepel en rond de eeuwwisseling bederven kitscherige brieven, het smijten met dwarshouten en stekelige mails de Ulse sfeer. Maat Tjalling geeft in een brief aan het bestuur uiting aan zijn ergernis. 'Ik heb me buitengewoon gestoord aan de manier waarop wij de laatste tijd met elkaar omgaan. Wij blijven bij elkaar op basis van vrijwilligheid. Als we bij elkaar willen blijven dan is het noodzakelijk dat we zo min mogelijk op lange tenen gaan staan. Tegenstellingen zijn natuurlijk onvermijdelijk. Maar de manier waarop we daarmee omgaan, kunnen we kiezen. Het is absoluut noodzakelijk altijd respect voor anderen te betonen en de integriteit van anderen intact te laten.' Ook heeft hij zijn twijfels over de nieuwe communicatiemiddelen: 'Reactie per ommegaande mail blijkt zeer verleidelijk en levert soms niet al te tactvolle antwoorden op.' Maat Door H. geeft ook haar bezwaar te kennen: 'De te gemakkelijke e-mailcultuur moet binnen de perken blijven. Denk na over hoe zwaar geschreven tekst kan overkomen, tegenover een vederlicht woord, dat makkelijk vergeten kan zijn.' Dit betreft de moeilijke bestuurlijke situatie waarin haar man Michiel verzeild is geraakt. In 2001 ziet hij het niet meer zitten en stapt eruit. De drie Ondermaten houden het ook voor gezien.

4. ZO VADER ZO ZOON ZO DOCHTER

In het vroege voorjaar van 1998 wordt duidelijk dat mijn vader Eppy een serieuze hartoperatie moet ondergaan. Voordat hij in mei het ziekenhuis ingaat, zich bewust van de risicovolle ingreep die hem te wachten staat en de netelige fase waarin de Ul verkeert, vraagt hij dringend aan mijn broer Arnold zich kandidaat te stellen voor het bestuur. De oudste Ondermaat is dan directeur van de gistfabriek in Portugal – in 1932 gesticht op instigatie van Frans Waller – en heeft ruime ervaring in leiding geven. Met de nieuwe technische communicatiemiddelen blijkt de fysieke afstand geen obstakel en hij wordt gekozen. De tijd is er echter niet meer naar om zo nodig de hulp in te roepen van fabrieksexperts, zeker niet van die in Portugal maar evenmin van die van het Delftse Gist-Brocades. In de tussentijd gaat Eppy onder het mes. De operatie verloopt voorspoedig. De narcose werkt alleen nog wat langer door dan gebruikelijk. Na veertien dagen moeten we echter constateren dat hij nooit meer wakker zal worden. Een week later rijdt een zwarte stoet auto's stapvoets een ererondje over het Delftse fabrieksterrein, terwijl de fabrieksfluit een indringende postume dankbetuiging fluit. Op een zonnige herfstdag in september varen we (Lily, mijn broers Arnold en Frans, mijn zusje Lilian, mijn dochter Lili en ik) in zijn zeiljacht het IJsselmeer op. Het is zuidwestenwind kracht 3 en we varen een rustige koers halve wind, met Arnold aan het roer. Met een glas gin-tonic *on the rocks* in de cockpit voor de oud stuurman gooien we een voor een een scheutje as in het water. In ons kielzog vormt zich een spoor van dobberende rozenblaadjes die mijn zusje aan de koker heeft toegevoegd. Als het mijn beurt is, blaast een onverwachte windvlaag de as terug tegen mij aan. Wat is dit? Een postume reprimande? Ik heb nogal wat fout gedaan in de ogen van mijn vader. Of misschien een ultieme omhelzing? In mijn hoofd weerklinkt Eppy's uitbundige lach. Nerveus giechelend sla ik dan toch maar met mijn handen de as uit mijn haren en van mijn broek en T-shirt. Daarna spoel ik met een putsemmer zeewater het gangboord schoon.

Aan Arnold valt de taak ten deel een nieuw bestuur te vormen. Voor het eerst zal dat uit vijf Ondermaten bestaan. Nee, er komt toch nog één Maat bij: Erlandine. Met de bevlogenheid waarmee haar vader bij de Ul was betrokken, met haar door de Ulse bossen gevormde kinderziel en haar toegewijde deelname als jongste volle nicht aan alle nichtjesvergaderingen, heeft ze haar hart van kindsbeen af al aan de Ullerberg verpand. De Ul is voor haar zo vanzelfsprekend geweest als een knuffel die haar overal vergezelde; die Ul moet er ook nog voor haar kleinkinderen zijn. In een persoonlijk briefje waarschuwt haar zus Marga haar: 'Dear sister! De Ul is lastig. We houden heel veel van de Ul maar het vergt veel wijsheid, tact, souplesse, geduld en inzicht. De wet is het skelet van de samenleving. Als je met een uitgewerkt plan komt en dat aan de familie voorlegt, kan het altijd nog worden afgekeurd. Het is nu eenmaal een onverdeelde boedel, dat wil zeggen dat de wet bepaalt dat één persoon met één cent in de Ul het totale plan kan afketsen. Je kan daar boos om worden of ongelukkig, maar zo is het nu eenmaal.' Erlandine deinst er echter niet voor terug en ze treedt in de voetsporen van haar vader. Bestuur, personeel, nichtjes, huishouden, tuin, verhuur… de jongste Maat zal zich ontpoppen tot een alwetende vliegende keep, de alomtegenwoordige beschermengel van de Ul.

5. DRIE ENTITEITEN

Het bestuur beheert drie entiteiten: BV de Ledigheid en de Vereniging de Zodenbank, beide in het leven geroepen door de Maten, en de Onverdeelde Nalatenschap, ofwel de Erven Dr. F.G. Waller. Taken en bevoegdheden van de eerste twee zijn wettelijk c.q. statutair geregeld, waarbij een beperkt aantal mensen de beslissingen neemt. Voor beheersdaden aangaande het Onverdeeld zijn de erfgenamen uitsluitend tezamen bevoegd. Met een klein aantal deelgenoten was dat in het verleden geen probleem. Het idee van stamvader Frans Waller was dat de opbrengst van het landgoed samen met de opbrengst van de effecten en het onroerend goed toereikend zou zijn voor de instandhouding en dat zijn nazaten er om niet van konden genieten. Dit is gedurende ruim tachtig jaar goed gegaan. Heel goed zelfs. Nu fronst Thor echter zijn voorhoofd. Het aantal deelgenoten stijgt. Sommigen Maten hebben hun aandeel al doorgegeven aan hun kinderen, of dat staat te gebeuren, want hun houdbaarheidsdatum nadert. Met dertig mensen of meer die onderling steeds minder verwantschap voelen wordt besturen steeds moeilijker.

De ToekomstCommissie, de TC., is onder het motto 'Meer geld voor Ullerberg, meer Ullerberg voor je geld' al op zoek naar nieuwe bronnen. Dat is niet eenvoudig, vertelt Ondermaat Frans tH: 'Als TC hebben we toen een aantal dingen losgemaakt, zoals het beroemde 'Donderdagdelen'. Is het misschien mogelijk op donderdag te golven als je de Ul niet hebt? Dat heb ik toen helemaal zitten te bedenken als een eerste stapje in de richting van: de Ul is niet alleen van jou, je moet een beetje delen. De oude familie was enorm tegen. Ze konden dat niet goed aan en werden er angstig van. Het oude bolwerk moest echt geslecht.' Om dat bolwerk te slechten ontstaat de zogenaamde Ulse

Strategische Dialoog, de USD. Ondermaten Frans tH en Arnold maken een rapport met overzichtelijke schema's waarin ze vakkundig met bedrijfsmatige plannen hun strategische visie voor het behoud van de Ul op de lange termijn, ongeveer tien jaar, uiteen zetten.

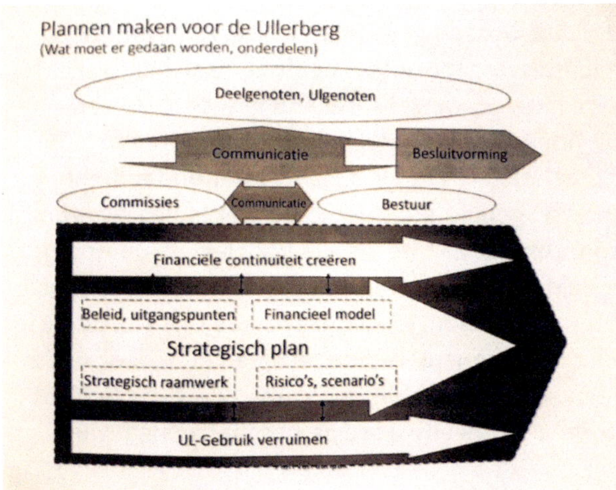

Met het perspectief dat met ingang van 2007 de vuilstort geen inkomsten meer genereert, moet een nieuwe economische drager gevonden worden. De USD wordt een vast onderdeel van de vergaderingen. Enkele Ondermaten ervaren dit als een bedreiging en stellen zich rancuneus en vijandig op. Een lichtpunt is de kijk op het delen van de huizen. Meer deelgenoten betekent minder Ul voor ieder in de toekomst, en allemaal zien ze de noodzaak om Penni en het Boshuis te vernieuwen. Wijziging van de juridische en fiscale structuur heeft echter een hoge prioriteit, want met een groeiend gezelschap van steeds diversere pluimage wordt de beslissingsruimte kleiner en de gebruikswensen uiteenlopender, zodat het landgoed onbestuurbaar dreigt te worden. Bovendien is een Onverdeeld voor externe partijen een allesbehalve betrouwbare partner. Een derde voordeel van een nieuwe structuur zal zijn dat die het uittreden, dus scheiding en deling bemoeilijkt.

Na ruim twee jaar onderzoek door enkele juristen uit de familie en intensief familieoverleg waarin het bestuur de Ondermaatse vijandigheid in begrip probeert om te zetten, komt men uit op een NSW Landgoed BV, een fiscaal transparante BV, die als BV wordt bestuurd en waarin men per meerderheid beslist. In de herfst van 2006 spreekt Arnold de familievergadering toe: 'In de tijd van onze stamvader reden er maar een paar auto's en zonder verkeersregels ging alles prima. Maar met de toename van het gemotoriseerde verkeer ging het mis op de kruispunten en ontstond de noodzaak tot het instellen van regels. In een dergelijke situatie verkeren wij. Willen we de Ul houden dan moeten we snel beslissingen kunnen nemen en die effectief kunnen uitvoeren. Ons voorstel is een NSW landgoed BV op te richten. Daarin kun je gestructureerd ruzie maken.' De familie gaat dan toch unaniem akkoord met dit principebesluit. Opgelucht haalt Arnold adem en met een forse hamerslag à la Thor sluit hij de vergadering. Daarna nodigt hij de familie uit voor een wandeling naar de koepel – of misschien nemen ze de gehuurde huifkar met paarden of de Zodenbankjeep – , alwaar volgens oud gebruik thee wordt geschonken, en nu ook, om het resultaat te vieren, een glaasje van het een en ander.

Peter was in dienst getreden bij de Zodenbank, die voor het behoud van het landgoed zorgdraagt. Alhoewel het terrein, vooralsnog, niet verandert, gaan de bestuursveranderingen niet ongemerkt aan hem voorbij. Nieuwe mensen, nieuwe manieren, nieuwe afspraken. Dat is weer even wennen. Maar hij past zich wonderwel aan. 'Peter is de ruggengraat van huis, bos, golf en kuil', meent Erlandine, en de andere bestuursleden stemmen grif toe. Alhoewel, kuil…

6. DONDERDAGDELEN

Daar waar eens het Gat van Waller lag, waait nu uit een grote brede berg de Wind van Waller: het gas dat het vuil produceert en dat geëxploiteerd wordt maar slechts een kleinigheid opbrengt. Het zal echter steeds meer afnemen nu er geen GFT meer wordt gestort. Evenals er destijds rondom het gat een keur aan plannen ontstond om het te dichten, komen nu de meest uiteenlopende ideeën op om de vuilberg mee aan te kleden als het stort eenmaal gesloten zal zijn: een dierenpark, een hippisch centrum, een sliptestcircuit, een openluchtmuseum, een schietsportcentrum, en met stip bovenaan een grote commerciële golfbaan. Het zijn een reeks lange termijn voorstellen, maar het project dat op korte termijn iets kan opleveren, volgens de TC en het bestuur, is de heidegolf.

'Eerlijk zullen we alles delen' is het motto van de zes Erven als zij in 1935 na de dood van hun vader bij de notaris samenkomen. Tot vlak na de eeuwwisseling krijgt elke tak van de familie, wanneer die de toerbeurt heeft, zijn deel: de alleenheerschappij over het landgoed. De TC kraakt dat koninkrijk-idee, zij het met moeite: pas na drie jaarvergaderingen mogen de Ulgenoten en aanverwanten die geen toerbeurt hebben golven en wandelen op het terrein, als voorschot op het plan de golf aan derden te verhuren. Alleen op donderdag, want dat is de wisseldag en dan woont er meestal geen familie in het huis. De baan die Frans Wallers vriendje Court van Krimpen in 1923 heeft ontworpen, heeft echter het nadeel dat een drietal banen elkaar kruisen. Dat is geen enkel bezwaar als je aan het spelen bent in je eigen weekend, maar levensgevaarlijk als er tegelijkertijd ook anderen van de golfbaan gebruik maken, zeker als dat buitenstaanders zijn.

7. UITBREIDING HEIDEGOLF

Ondermaat Diederick, die de baan goed kent, bestudeert de situatie en ontwerpt een plan voor uitbreiding. Om de kruisende banen uit elkaar te halen worden op de hei voor de koepel twee nieuwe holes aangelegd compleet met greens en tees. Peter scheert de hei voor de fairways en trekt alle dennenboompjes eruit. Strooide anderhalve eeuw geleden baron Heribert Willem Sandberg rijdend te paard nog links en rechts dennenzaad uit over de kale heidegronden, nu doen de opgeschoten dennenbossen zelf hun werk. Het 'boompjes trekken' is een steeds weer terugkerend karwei. Met een graafmachine holt Peter in de zandgrond een bunker uit, een nodige hindernis voor het golfspel. Hij maait, verticuteert en belucht de greens, en vecht met stroomdraad tegen zwijnen en dassen. Dassen kruipen graag onder de draden door om lekkere hapjes emelten uit het gras te halen.

Het zijn beschermde dieren, je mag ze dus niet schieten, en op een dag gaat Peter ten einde raad naar de kapper om mensenhaar te halen! Hij heeft gehoord dat dassen daar allergisch voor zijn. Tot zijn grote teleurstelling berust dit op een misvatting en hij zoekt een andere oplossing in sterkere stroomdraden om de greens.[*20]

Als de uitbreiding van de golf tot negen volwassen holes is voltooid en de familie vertrouwd is met het 'donderdagdelen', begint de verhuur aan derden. De eerste exploitatie stappen worden gezet aan de hand van een 'authentiek landgoed'-recept voor banken en bedrijven: golfwedstrijden met catering en mogelijk verhuur van huis of golfhut: verwennerijen op de baan gebracht door een gastvrouw in een golfbuggy, ontvangsten bij de openhaard of een zonnige borrel op het gazon met barbecue. Alleen op donderdag.

Diederick die de golfers begeleidt en op de baan zet, vertelt: 'De gastgolfers zijn enthousiast. Iedereen vindt het prachtig. Je hebt natuurlijk mensen die notoir zeuren, die zeggen het is niet waterpas en het gras is te lang, en in de hei kan ik de bal niet vinden. Hoe beter de golfers hoe mooier ze het vinden. Het is geen gelikte Amerikaanse baan, dit is een golf zoals het vroeger was. Het geeft onverwachte moeilijkheden. Als je op de greens bent dan rollen de ballen niet zoals op een biljartlaken, en als je in de hoge hei zit, raak je vrij gauw een bal kwijt, dat soort dingen. Het zijn *the Old and Ancient Rules of Ullerberg of 1923* en dat heeft zijn charme. De paars bloeiende fairways zijn bijzonder. Het is volmaakt stil op het landgoed, je hoort de veldleeuwerik zingen, en waar vind je – als je tenminste je mond houdt – nu dertig stuks roodwild op de fairway?'

Het begint goed te lopen, de heidebaan is uniek, en de mare verspreidt zich. Als de klimaatverandering in 2006 voor een zomer zorgt die zo droog is als in geen honderd jaar, met de desastreuze gevolgen voor de greens, leggen Peter en Diederick een beregeningssysteem aan. Vervolgens slaat de kredietcrisis toe en zakt de vraag naar dergelijke bedrijfsuitjes naar een dieptepunt.

Ondanks de crisis wordt op initiatief van Bob Hesselmann, een bevriende golfer, in oktober 2010 een nieuwe traditie geschapen: het eerste Internationale Dutch Hickory Open, IDHO, vindt plaats. Dertig deelnemers uit zeven verschillende landen komen in jaren twintig-tenue golfen om een heuse wisselbokaal. Ze spelen met originele hickory-houten stokken en speciaal uit San Diego ingevlogen Square Mesh golfballen. De Dutch Hickory Open past de heidegolf als een handschoen. Je waant je waarlijk een eeuw terug in de tijd.

8. NIEUW PENNI

Met een tweede huis, dat onafhankelijk bewoond kan worden, verdubbelt het aantal beschikbare weekenden, met de mogelijkheid het ook aan derden te kunnen verhuren. De privacy van de bewoners van beide huizen moet echter wel worden beschermd en het gebruik van het landgoed goed geregeld.

Nog voordat de vergunning voor Penni's nieuwbouw in de wacht is gesleept, begeleiden de Doren de verbouwing van de badkamers in het Grote Huis. Veertig jaar na de eerste renovatie worden ze weer aan de moderne hygiënische eisen aangepast: twee onafhankelijk te gebruiken douches met handvaten voor ouderen en de nieuwste modellen wastafel, toilet en bidet. Peter is de held van de verbouwing, als een groot coördinator en motivator, van de vroege ochtend tot de late avond. Bovendien worden in 2003 het Grote Huis en het Boshuis als Rijksmonument bestempeld, wat financiële voordelen met zich mee neemt. Zo worden de witte paaltjes die aan de autoweg de twee opritten markeren, met subsidie gezandstraald en gerestaureerd.

Met deze opbouwende activiteiten kan Thor tevreden zijn, en wanneer tijdens een najaarsstorm zijn windvaan van het dak is geblazen en hij ziet hoe zorgvuldig Peter hem herstelt en terugzet op de juiste plaats, realiseert hij zich dat het landgoed in voortreffelijke handen is. Ook stemt het hem tevreden dat het adagium: 'Als je de Ul wilt houden, moet je met je nichtje trouwen' wordt nageleefd, al moet hij wel even met zijn ogen knipperen. Esmee, dochter van Elbert en Marga Waller-Waller, treedt in het huwelijk met haar nichtje! Dat de vader van haar toekomstige echtgenote al heel vroeg uit de Ul is gestapt, vergeet hij maar even. Ze heet immers Waller, Lily-Heleen Waller, naar haar tante en oudtante. Misschien wel indachtig de frase van Gauguin 'Kleur is de taal van het oog dat luistert', zorgen ze er samen voor dat de Ullerberg op 13 maart 2004 in het teken *colourful* staat. Esmee draagt een blauw pak en Lily-Heleen is in het oranje. Er komen tweehonderd roze, blauwe en oranje gasten; er is een bonte tenniscompetitie, een golfclinic en een speurtocht naar een wijnproeverij. Als vanouds is er een dansvloer op het grasveld aangelegd, waar nu op livemuziek de oudste, Elbert, danst met de jongste, Esmee's nichtje van vier, en waar om middernacht het vuurwerk Thors gerestaureerde hamer kleurrijk verlicht.

Twee jaar later geeft mijn dochter Lili, de oudste Dondermaat, in de zitkamer van het Grote Huis haar jawoord aan haar Spaanse verloofde. Moest in mijn tijd mijn partner en bruidsjurk worden goedgekeurd door mijn ouders, Lili is opgevoed als een zelfstandige jonge vrouw die haar eigen beslissingen neemt. Het kersverse paar verschijnt na het jawoord stralend op het houten balkon en zwaait hun gasten op het grasveld toe. Leve het bruidspaar! ¡Vivan los novios! Het is een tweetalig gebeuren. De genodigden sporen het paar aan elkaar 'de kus' te geven.

De Kus op het balkon, Huwelijk Lili en David

Hierna neemt een paardenkoets hen mee voor een rijtoer over het terrein, terwijl op het gazon drankjes worden geserveerd. In een grote tent op het grasveld krijgen we even later een diner voorgeschoteld aan vijf lange tafels met Nederlandse en Spaanse familie en vrienden. Thor merkt op dat de tafels gedekt zijn met wit papieren tafelkleden en dat het zilver – het ver-zilver liever gezegd – er niet aan te pas komt. Dat ligt inmiddels opgeborgen in de kelder. Maar de sfeer is zuidelijk warm. Lily spreekt haar kleindochter toe, ik vertaal haar toespraak zin voor zin, en ze overhandigt het jonge paar

"Ullerkronieken", een DVD met een korte film over de Ullerberg, die in haar opdracht is gemaakt en die we de volgende ochtend zullen bekijken. Tot laat in de nacht danst er applaus, gelach en muziek tussen de rododendrons en de dennentakken. Penni staat op instorten en kan niet meer meedoen, maar het oude Boshuis ontvangt Lili's Spaanse schoonfamilie met open armen.

Twee weken na dit festijn wordt Penni tot op de grond toe afgebroken, en in het nieuwe jaar legt Esmee de eerste steen van het nieuwe huis. Onder haar begeleiding en natuurlijk met Peters hulp verrijst er op dezelfde plek een prachtig chalet met een open haard, een tafel voor twintig, zeven slaapkamers, waarvan een seniorenkamer op de begane grond, een kinderkelderverdieping, een groot terras, een groen gazon en een oprit met rotonde. Dat wat eens een eenvoudige dienstwoning was, is veranderd in een riante villa. Per 1 januari 2008 wordt Penni in gebruik genomen. Nu begint het echte delen, denkt Thor. Als dat maar goed gaat.

DEELREGELS:

•WE RESPECTEREN IEDERS PRIVACY.

•BEWONERS VAN DE HUIZEN KOMEN NIET ONGENOOD BIJ ELKAAR OP BEZOEK

•ELK HUIS HEEFT EEN GEBIED OM ZICH HEEN DAT NIET ZONDER UITNODIGING DOOR BEWONERS VAN ANDERE HUIZEN (MENSEN, DIEREN, VOERTUIGEN) WORDT BETREDEN

•BIJ FEESTEN EN PARTIJEN WORDEN BEWONERS VAN DE ANDERE HUIZEN MINIMAAL EEN WEEK VAN TE VOREN OP DE HOOGTE GEBRACHT.

•BEWONERS ZIJN ER VERANTWOORDELIJK VOOR DAT HUN GASTEN OP DE HOOGTE ZIJN VAN DEZE REGELS EN DAT ZIJ DEZE RESPECTEREN.

DE FACILITEITEN:

KINDERHUISJE: BEWONERS GROTE HUIS

GOLFBAAN: VOOR IEDEREEN, MAAR OP SCHOOLBORD BIJ ADMINISTRATIE MOET MEN STARTTIJD RESERVEREN.

TENNISBAAN: VOOR IEDEREEN, MAAR DE BAAN MOET WORDEN AFGESCHREVEN OP SCHOOLBORD BIJ ADMINISTRATIE.

Dit lezende rijst de vraag: moet je ook een perceel bos reserveren waar je wil gaan wandelen?

9. RESTAURATIE BOSHUIS

Vanaf 1 januari 2008 doet Penni mee met de toerbeurten en in de loop van het jaar wordt het huis een paar weekenden aan bekende derden verhuurd. Peter constateert dat twee families op de Ullerberg veel positief leven met zich meebrengen en stelt de interesse van de verschillende families zeer op prijs, ook al vergt het wel meer tijd. Een enkel hondje wil zich nog weleens in zijn huis vergissen. Maar de families respecteren de regels en de afspraak om van tevoren te bellen wanneer ze elkaar willen opzoeken, werkt goed. De kinderen van Penni missen het kinderhuisje wel. Is een eigen kinderhuisje de oplossing?

Intussen is het restauratieplan voor het Boshuis goedgekeurd. Het hele huis wordt gestript, alleen de muren blijven staan. Het dak wordt geheel vernieuwd en geïsoleerd met slieten van lariksen. Peter herinnert zich nog dat er een vrachtwagen vol stammen is aan komen rijden: 'Ik sta achter de truck te kijken hoe de chauffeur die sporen, die in de kap van het Boshuis gemaakt moesten worden, aan het lossen was. Omdat het een Rijksmonument betrof moest het weer op de oude wijze hersteld, dus die sporen moesten er weer in. Ik had ze ook op de Ullerberg kunnen zagen, maar daar was geen tijd voor. Opeens begint die truck te kantelen en te kieperen. De wagen zakte door en ik zag die kerel niet meer. Ik denk, die vent is dood. Het was paniek. Het hele spul lag plat. Ik ga om de hoek kijken en gelukkig, daar staat hij tussen de cabine en de kraan. Hij zat vast met z'n knie en kon niet weg. Direct 112 gebeld, binnen tien minuten waren er twintig tot vijfentwintig man, politie, ziekenwagen, brandweer om de chauffeur eruit te krijgen. Het was hard schrikken, een hele consternatie. Maar aan het eind van de dag was de boel weer opgeruimd.'

Daarna loopt de restauratie gesmeerd. Ook het bakhuisje komt aan de beurt. 18 april 2009 knipt een klein Dondermaatje bij wijze van feestelijke opening het lint van het herboren Boshuis door. Daar waar zeventig jaar geleden Egs achtjarige zoontje Herman op de deel van de boswachterswoning het opneemt tegen de geit die wild tegen hem opspringt en een robbertje met hem vecht, is nu een weidse woonkamer met open keuken en grote tafel, een houtkachel, en vier slaapkamers op de bovenverdieping. Bij uitstek geschikt voor zakelijk verhuur, zeker in combinatie met de heidegolf.

Nog meer delen. Thor ziet steeds meer onbekende gezichten op het terrein. Wel vreemd. Privacy is voor huurders ook belangrijk. Flinke stemmen op de tennisbaan kunnen overlast geven. De golf moet ook weleens gedeeld worden met grote partijen. Een enkele keer speelt bij de oude Ul- garde het koninkrijkgevoel weer even op en sturen ze gasten uit Penni op onhoffelijke wijze het gazon af als die in hun nieuwsgierigheid te dicht bij het Grote Huis zijn gekomen. Maar daar blijft het bij en men went eraan.

10. 2007: NIEUW TIJDPERK

Met ingang van 2007 gaat het landgoed een nieuw tijdperk tegemoet, met essentiële veranderingen: een nieuw Penni, het gerestaureerde Boshuis, en op de laatste dag van het jaar de oprichting van de NSW Landgoed BV. Het allerbelangrijkst is echter de sluiting van de vuilstort. Op de laatste stortdag, 29 december 2006, komen zeventig genodigden op het stortterrein bij elkaar om samen de afsluitfuif

Requiem voor het stort te vieren. Op verzoek heeft Peter een zwijntje van eigen grond gereserveerd, dat onder het genot van een glaasje feestelijk wordt opgediend. De afgekloven kluifjes nemen ze vast mee terug in een plastic zak want: 'Hier komt geen gram vuil meer binnen.' De seculiere erfzonde der mensheid, afval produceren, zal hier nooit meer geschieden. 'Goed afsluiten is heel belangrijk', zegt Ondermaat Frans. Ook de revu neemt dat ter harte, want zij moet de afdekverplichting van de stortplaats nakomen. In de volgende jaren werken ze systematisch alle stortvakken af. De nissenhut en de weegbrug verdwijnen. Het storthuisje, destijds onderkomen van stortbaas Dies van Duinen, moet eigenlijk ook worden afgebroken. Als de revu, opgericht in 1977, het vuilstortterrein in 2012 als natuur terug oplevert, worden ook de contractuele verplichtingen met deze instantie afgesloten, met als grote meevaller dat het huisje, dat dan het Poorthuysje wordt genoemd, mét woonbestemming behouden mag blijven. Langzamerhand verdwijnt op het stortterrein de zachte odeur van bederf en kwalijk riekend vuilnis en komt er een heuse groen geurende natuur voor in de plaats. Er komt een vijver waar vissen in zwemmen, waaraan zwijnen zich laven en waar herten zich mijmerend spiegelen in het wateroppervlak en de bedrijvige drukte van vroeger totaal vergeten zijn. Er verschijnen steeds meer kleine dierenpaadjes. De laatste bentonietlaag verdwijnt. De vegetatie komt op en hier en daar bloeien al heideplantjes. Om de verschraling van de bodem te bevorderen, wordt het gras afgemaaid, wat de heideontwikkeling ten goede komt. Het wachten is op het moment dat het opgegooide grote golfballetje in de hole van de vergunning wordt geslagen.

De vijver op de vuilstort

11. NSW LANDGOED BV

In december 2007 wordt nog naarstig gewerkt aan de oprichting van de nsw Landgoed bv Het heeft flink wat voeten in Ulse aarde, ten eerste omdat er met een dwarsliggende Ondermaat een vertrouwensbreuk is ontstaan, die met een mediator tijdig gelijmd moet worden. Ten tweede omdat het aantal aandeelhouders wettelijk maximaal slechts twintig mag zijn. Daar de Maten Lily en Door V. hun aandelen al hebben doorgegeven aan hun kinderen zijn het er méér. Pas als dat weer is teruggedraaid, zijn het er precies twintig. Midden in deze notariële besprekingen komt het bericht dat plotseling mijn oom Elbert is overleden. 'Is dat erg?' vraagt de notaris. 'Het is sneu, maar niet erg', kinkt het meelevende antwoord van Ondermaat Frans. Elberts vier kinderen doen al mee.
Na het slechten van deze barrières wordt op 31 december de nsw Landgoed bv opgericht, een niet opengestelde nsw bv, die naast belastingvoordelen in de noodzakelijke slagvaardigheid van het bestuur voorziet.

Op de begrafenis van mijn oom Elbert, 28 december 2007, spreekt het bestuur woorden van dank: 'Wij gedenken hem met warmte en respect. Vijfentwintig jaar lang heeft hij met ongebreideld enthousiasme de Ul behoed en behouden.' Ik kan mijn hoofd er niet bij houden en houd mijn mobiel steeds in de gaten. Mijn zoon Olivier is met zijn hoogzwangere vrouw naar het ziekenhuis. Mijn eerste kleinkind. 'Elbert stond aan de wieg van de exploitatie van de vuilstort en met zijn technische inbreng en zijn volle inzet heeft hij dit tot een succes gemaakt.' Terwijl mijn oom ten grave wordt gedragen, ziet de vijfde generatie het levenslicht, die van de Wondermaatjes. Lily's eerste achterkleinkind heet geen Frans, maar Gabriël en zal vier jaar later als hij een dinokaak in het bos heeft gevonden, hopeloos verliefd worden op de Ullerberg.

Een onaangename consequentie van de nieuwe structuur is dat om wettelijke en fiscale redenen de Ledigheid BV het stortterrein en de effectenportefeuille niet in de Landgoed BV kunnen worden opgenomen. De Ledigheid is een zelfstandige entiteit, de laatste twee vormen echter nog een Onverdeeld. Het bestuur meent deze tweedeling te kunnen beheersen met een 'convenant', waarin staat dat zij de niet in de BV opgenomen bezittingen op dezelfde wijze mogen beheren als de Landgoed BV, dus mogen beslissen per meerderheid. Iedereen ondertekent het convenant. Het ziet er goed uit, maar ergens klinkt vaag de stem van een notaris: '*Doe weg dat bezit, het Onverdeeld zaait verdeeldheid.*'

12. WARME HAND

In 2009 houdt de familie voor het eerst de jaarvergadering in het gerestaureerde Boshuis. Op zaterdagochtend rond half elf vindt iedereen een comfortabele zitplaats in de mooie ruime woonkamer. Arnold gaat staan en opent de vergadering: 'De dertig gouden jaren van de vuilstort zijn definitief voorbij. We hebben veel geïnvesteerd om te kunnen exploiteren. De financiële crisis heeft ons echter niet onberoerd gelaten. Ons kapitaal is flink…' De deur gaat open. De 89-jarige Lily stapt binnen, met aan de ene hand haar vriend Thys, en in de andere een wandelstok. 'Hoe ver zijn jullie?' vraagt ze. 'We zijn bij de lopende zaken', zegt zoon Arnold. 'Mooi,' zegt Lily, 'ik ben ook een lopende zaak.' Samen met Thys schuifelt ze naar de speciaal voor hen klaargezette stoelen. 'Nu nog wel', fluistert ze Thys hoorbaar toe. Ze hebben heerlijk geslapen in de seniorenkamer van Penni.
'Het Boshuis doet niet mee met de toerbeurten, maar gaat de verhuur in', vervolgt Arnold. 'Penni wordt meer ingezet voor verhuur aan derden, met reductie van het aantal familieweekenden. Het goede bericht is dat de website in de lucht is, het werk van Elbert W.jr.'

De Landgoed BV verhuurt eerst aan vrienden van de familie en familie van familie, maar de kring breidt zich al snel uit. Maat Erlandine neemt die taak op zich op alles te coördineren. Vanaf het begin is het haar inzet om alle huurders zo gastvrij mogelijk als betrof het familie op het landgoed te onthalen in een brandschoon huis met bloeiende planten aan weerszijden van de voordeur, een mand haardhout, een fles wijn, een bos bloemen en een welkomstbrief. De huur is inclusief het gebruik van de heidegolf en de tennisbaan: dit is het Ulbedrijf met 'Warme Hand', waar eenieder die het geluk heeft de Ul te huren in de watten wordt gelegd. In de volgende jaren nemen de inkomsten van de huizenverhuur gestaag toe. En in 2014 komt het Poorthuysje erbij. Een jonge garde Ulgenoten heeft het opgeknapt en verhuurbaar gemaakt. Misschien omdat het met zoveel liefde is ingericht, of vanwege de unieke ligging, ver van de andere huizen, of omdat het moderne instrument internet is ingeschakeld, neemt de verhuur van het Poorthuysje aan derden een enorme vlucht.

13. UL-STERREN

Huishoudelijk hulp is altijd al een onontbeerlijk onderdeel van het Ulgebeuren geweest. Wijmpje is in haar dertig dienstjaren nagenoeg een lid van de familie geworden. Eind 2003 gaat ze met de VUT en we vieren in de zitkamer van het Grote Huis een feestelijk afscheid. Ze wordt toegesproken en toegezongen en de dank voor haar toewijding en inzet wordt gecomprimeerd in een Delftsblauw bord met het Grote Huis erop, een map met tekeningen, bedankjes en rijmpjes van alle familieleden en een pad: in het dennenbos aan de voet van de koepelheide legt Peter het Wijmpjepad aan. Het definitieve afscheid valt haar zwaar. Ze zal nog regelmatig bijspringen en in de bloementuin te vinden zijn.

Gerda, die al met Wijm werkte, neemt de leiding over en vormt met Elsje, Jannie, en wat later ook Jannie's dochter Esther een hecht en plooibaar team dat de ontvangst van alle gasten met Warme Hand garandeert. Erlandine deelt het werk in, ze noteert in het verslag: 'Zonder dit vaste, vertrouwde kwartet van werk-sterren die alles kunnen oplossen en flexibel inzetbaar zijn zou het beheer en de schoonmaakorganisatie niet lukken! Daarbij zijn ze altijd goed gemutst en een vrolijke hulp bij familiefeesten.'[*21] Om de schoonmaak zo effectief mogelijk in te delen moet de Ulgenieter laten weten wanneer men komt en vertrekt. Dat schort er nog weleens aan. Blijkbaar is het ook nodig duidelijk te vermelden: 'Het is niet meer mogelijk om allerlei eigen opdrachten te geven aan de hulpen.' Dit betreft ook boswachter Peter, die door de ingebruikname van de nieuwe huizen steeds meer werk krijgt.

14. LILY

Op een zonnige middag in augustus brengen twee Ul-sterren tinkelende glazen champagne rond. Het is Lily's negentigste verjaardag en op het grasveld voor het Grote Huis staan een grote witte tent en ronde blauwe tafels. Een kok bereidt ter plekke een wokmaaltijd en een accordeonist speelt Franse chansons. Glimlachend ziet Thor Wondermaatje Gabriël driejarige danspasjes maken samen met Wondermaatje Celia. Veel familie. Lily's vriend Thys brengt een lieve toast op haar uit. Hij kent haar al vanaf zijn studententijd, en hij herinnert zich haar eindexamenfeest, op diezelfde plek, tweeënzeventig jaar geleden. Hij heeft met haar een wals gedanst. 'Weet je nog, Lily?' Toen had hij al een oogje op haar. Haar broer Frans is overgekomen uit Amerika. 'De Ul is nog precies hetzelfde', zegt hij met een Amerikaanse tongval. Drie jaar later zit ik naast Lily's bed met haar hand in de mijne en zing haar in eeuwige slaap: *Zij hadden een stem uit het licht vernomen*, het lied van Nijhoff dat zij 's avonds voor mij zong toen ik klein was, *Laat de kinderen tot mij komen*, en ik op haar zangerige woorden met de kinderen meeging: *Zij zijn bij de haven op schepen gegaan…* Mijn stem beeft, ik kan het gedichtje niet uitzingen. Mijn stem breekt als haar ogen breken.

De kist is van blank grove dennenhout. Mijn zusje heeft er een kleurrijke guirlande op geschilderd. In boeketten en kransen liggen alle bloemen uit de bloementuin om haar heen. Familie, vrienden en kennissen zijn fleurig gekleed. 'Lieve mensen,' begin ik, *A rose is a rose is a rose…* Erlandine dankt haar oudste nicht en oprichter van het nigtenconvent voor de stimulerende kracht die zij haar leven lang voor de Ul is geweest. 'Ze woonde tot het allerlaatste moment de Ulvergaderingen bij en kon dan met een kwinkslag een duidelijk standpunt of idee bekrachtigen.' Ik sluit af met Van Ostaijen: *Slaap als een reus, slaap als een roos, slaap als een reus van een roos…*

In de oranje herfst loop ik met mijn zusje en twee broers over de Lilyweg. Met een zilveren opscheplepel scheppen we beurtelings de as uit de koker. Als we bij het hek van het stortterrein zijn gekomen, schud ik het laatste restje as over de aarde. Stilletjes wandelen we terug en we verstoken de koker in de open haard. Daarna gaan we met z'n vieren eten in de Zwarte Boer en klinken op onze moeder.

15. ONRUST

Op de ochtend van 2 april 2013, als Lily haar laatste adem uitblaast, komt er op de Administratie van de Ullerberg een zorgwekkende mail binnen. De enkele Ondermaten die al eerder hebben dwarsgelegen, geven uiting aan hun onvrede over het beleid. Ze menen dat de uitgaven drastisch moeten worden beperkt, met name de personeelskosten. Het Onverdeeld zou niet gebruikt mogen worden voor exploitatie en onderhoud, iets wat sinds het bestaan het geval is. In feite gaat het om een motie van wantrouwen tegen het bestuur. Een rentmeester zou het beheer moeten overnemen. Het blijft niet bij één mail. De druk wordt hoog opgevoerd. Uit het jaarverslag van 2013: 'Alle hulpen zouden in 2014 in vaste dienst komen maar door de toegenomen druk om te bezuinigen op personeelsuitgaven moest het bestuur alle hulpen ontslag aanzeggen en zo ontstond er in het laatste kwartaal een moeilijke periode. Na een vergelijkend prijsonderzoek met schoonmaakbedrijven en dankzij goed advies en een goed voorstel van Esther voor een soberdere werkwijze heeft het bestuur de beslissing voor het vaste dienstcontract positief kunnen nemen. Dank aan de hulpen voor hun bereidwilligheid het probleem op te lossen.' Het uitgangspunt van de soberdere werkwijze houdt in: reductie tot de basis schoonmaak, alles daarboven moet voortaan door de Ulgenieter betaald worden.

Tot grote opluchting van het gros van de familie en vooral van Erlandine werkt de nieuwe schoonmaakvorm goed. Esther stapt over naar de administratie, maakt de werkindelingen, en treedt op als gastvrouw. De hulpen, nu versterkt met Marianne en Alet, zorgen als een huisvrouw zelf voor alle vier de huizen. De onvrede van enkele Ondermaten is echter nog niet gesust.

16. GROTE GOLF

Het grote golfballetje dat al veel eerder is opgegooid en van Ondermaat Frans tH een zetje heeft gekregen rolt vanaf 2002 voort, zij het traag, tergend traag. Het is het meest belovende project voor een nieuwe economische drager: de vergunning voor een nieuwe golfbaan op de vuilberg als die eenmaal is afgedekt. Ondermaat Frans bijt zich hierin vast als een game-verslaafde tiener. Als leider van de golfcommissie verzamelt hij een aantal deskundige adviseurs om zich heen zodat hij over vele levens kan beschikken en hij na ieder gevecht, hoe precair ook, toch nog punten kan scoren. Enkele hardnekkige obstakels die hij onderweg moet bevechten: 1. een nieuw bestemmingsplan van het Ermelose buitengebied waarop het hele landgoed negatief wordt belicht; 2. de herplantplicht met bos die rust op de afgewerkte vuilstort; 3. de EHS, de Ecologische HoofdStructuur, die golfbanen schadelijk vindt; 4. Natura 2000, een Europees netwerk van beschermde natuurgebieden met vogel- en habitatrichtlijnen; en 5. de afdeling milieu van de provincie Gelderland, die zich een hele taaie tegenstander toont.

Ondermaat Frans, die niet alleen de naam van zijn overgrootvader heeft geërfd maar ook zijn García-mentaliteit, hanteert naast trefkracht en uitdagingszin de volgende gespecialiseerde wapens: 1. het opstellen van een ontwikkelingsvisie waarin het landgoed positief wordt bestemd; 2. de presentatie ervan aan het Ermelose gemeentebestuur; 3. de hulp inroepen van de Stichting Natuurwinst, een collectief van adviseurs, dat tot doel heeft het ontwikkelen van golfterreinen op een zo natuurvriendelijk mogelijke manier; 4. het opstellen van een inrichtingsplan voor de vuilstort als heideterrein, met zandverstuivingen en vijver; 5. en last but not least het opmaken van het rapport Het Ruimtelijk Plan Ullerberg, de Saldobenadering.

Stapvoets stapt Frans, met zijn hand aan de wapens, door het land der bureaucratische obstakels. Dan komt het bericht dat omwille van het inrichtingsplan voor de vuilstort de herplantplicht wordt ingetrokken. Soms komt de samenleving hem te hulp, zoals in 2012, met de komst van een nieuwe regering. Die neemt een nieuwe wet Ruimtelijke Ordening met zich mee, waarin de gemeente en niet de Provincie leidend in het proces wordt. De Saldobenadering is nieuw. In het kader van Natura 2000 moeten de negatieve effecten van de aanleg van de grasbanen op het stort qua natuur worden gecompenseerd. Natura 2000 wil graag, ter bescherming van een aantal kleine diersoorten zoals vlinders, bijvoorbeeld het heideblauwtje, en hagedissen, dat er een heideverbinding komt tussen de Cyriasische heide, die ten noordwesten van het Ul-terrein ligt, en de Ermelose heide, gelegen aan de zuidoostkant. Zo'n verbinding loopt dwars over het landgoed en kan tot stand worden gebracht door stukken bos op het landgoed te kappen, de zogenaamde heidecorridors. De conclusie van de Saldobenadering is dat de aanleg van de golf op de vuilstort in combinatie met de aanleg van de nieuwe heidecorridors qua natuur op de Ullerberg een positief saldo oplevert. En dat geeft de doorslag. In 2014 schalt de overwinningstune door de bossen. Na dertien jaar strijd wordt de vergunning voor een golfbaan afgegeven. Vervolgens vindt Ondermaat Frans twee golfexploitanten, Mike Woltering en Wichert Rozendaal, die de plek 'helemaal te gek' vinden en een originele baan willen aanleggen. 'De eerste 9-holesbaan in Europa die twee kanten op gespeeld kan worden. De ene dag speel je negen holes met de klok mee, de volgende dag tegen de klok in. Je speelt dan naar dezelfde greens, maar je benadert de greens van de andere kant. Een ingenieus en duurzaam idee omdat je op een terrein voor negen holes achttien verschillende holes creëert', schrijft journalist C. Veldkamp op Golf.nl. Met het contract dat in 2016 met Mike en Wichert wordt gesloten, is de economische drager ter vervanging van de vuilstort een feit en het uitzicht op een duurzaam beheer van het landgoed, met bewoning en gebruik door familie – nu tegen bescheiden kosten – een zeer reëel perspectief. Thor ziet met genoegen dat de bal is gemaakt.

17. STORM

In de laatste maanden van 2016 is Peter druk doende met het kappen van bos voor de corridors. Hoewel die houtkap niet te wijten is aan een stevige storm, is die wel ontketend. Nu is het de familie zelf. De Ondermaten komen in hun laatste levensfase en degenen die al eerder flinke onrust hebben gezaaid, belemmeren nu het recent gecreëerde uitzicht op een duurzaam beheer van het landgoed. Kennelijk willen ze de oorspronkelijk unaniem gedragen doelstelling om het landgoed in goede staat over te dragen aan de volgende generatie niet nakomen. Storm steekt op en Thor grijpt naar zijn hamer. Er wordt scheiding en deling van het Onverdeeld aangevraagd, waarbij de eisers gebruik maken van de zwakste schakel in het bestuurlijk bestel: het convenant. Dit blijkt niet waterdicht. Besluiten kunnen nog weer door één stem worden tegengehouden. Een gerechtelijke uitspraak dwingt het bestuur tot de pijnlijke beslissing het liquide deel van het Onverdeeld op te heffen en uit te keren. Daarbij komt nog dat het voorstel van het bestuur om het onroerend gedeelte, het terrein waarop de nieuwe golf is aangelegd, in de Landgoed BV in te brengen niet kan rekenen op de goedkeuring van de eisers. Zij menen dat de opbrengst van het nieuwe golfcontract aan het Onverdeeld toevalt, en hoewel ze de ontwikkeling van de nieuwe golf met hun vijandigheid hebben gedwarsboomd, willen ze daarvan nu hun deel. Die opbrengst valt volgens de anderen toe aan De Ledigheid. En wat de feitelijke waarde is, is ook een grote vraag. Afknappende takken en gebakkelei, dat klinkt bekend, l'histoire se repète, maar nu raast de storm tot in de kruinen van rechters en advocaten. Zal de stormschade nog wel te dragen zijn? Dat is nog niet te overzien, maar dat we na honderd jaar op de drempel staan van een nieuwe tijd, met enige drempelvrees, is niet te miskennen.

Onderwijl vindt op het stort in anderhalf jaar tijd een indrukwekkende metamorfose plaats en in mei 2018 opent de nieuwe Golfclub zijn smaragdgroene grasbanen. Veldkamp schrijft: '*The Links Valley* is niet alleen een bijzondere golfbaan door de omkeerbaarheid maar ook door de prachtige locatie – een heiderijk terrein van een kleine dertig hectare in de vliegdennenbossen van Ermelo – én door de hoogteverschillen tot wel twintig meter.' Geen opstandige deelgenoot heeft kunnen verhinderen dat er een imposant clubhuis is verrezen met het uitzicht op een duurzaam beheerde vallei.

18. ULLERBERG SUPER-LIGHT

Peter de Ruiter, boswachter en jachtopziener

Zo te zien is Peter stormvast. Van de honderd jaar familie Waller heeft hij in maart 2017 er vijfentwintig jaar meegedraaid. Menige stormvlaag heeft hij door de bossen horen loeien en vervolgens de schade ervan opgenomen. In januari 2018 valt het mee. Dan wil hij alle omgewaaide bomen niet als stormschade betitelen, maar als natuurlijke selectie, een natuurlijke dunning: zo krijgen goede bomen meer ruimte. Meer ruimte in het kronendak geeft ook meer licht en warmte op de bosbodem wat weer zorgt voor betere kiemkracht van het zaad. Dit is natuurlijke verjonging.

Met zijn bosplan wilde Bram destijds de gemiddelde leeftijd van het bos terugbrengen naar veertig jaar. Daarvoor moest jaarlijks een stuk van ongeveer twee hectare gekapt worden en weer opnieuw beplant. Als Peter het bosbeheer overneemt, wordt het 'geïntegreerd bosbeheer' gestimuleerd, onderdeel van het door de overheid ingestelde Overlevingsplan Bos en Natuur om verdroging en verzuring tegen te gaan. Hierbij mag je geen grote kaalkappen meer maken en inplanten gebeurt ook bijna niet meer. Er wordt gewerkt met natuurlijke verjonging. Maar Natura 2000, met haar habitatrichtlijnen, lapt het geïntegreerd bosbeheer aan haar laars als Peter samen met Borgman Beheer Advies de meest grootschalige houtkap uitvoert die ooit op de Ullerberg is gerealiseerd: de heidecorridors. Eind 2016 kappen ze vijfentwintig hectare bos. Peter is in zijn element, hij oefent het beroep weer uit dat hij van zijn vader heeft geleerd: bomen vellen, uit het bos slepen en in assortiment zagen. Er ontstaan grote open vlaktes, die de één prachtig vindt en de ander diep bedroeven.[*22] Peter vertelt: 'We moesten ons aan allerlei voorschriften houden. Dood hout, bosbes en kraaiheide moesten gespaard blijven. We hebben ook veel stobbenwallen aangelegd, speciaal op de zon, als schuilplaats voor vogels, insecten en eitjes van de eierlevendbarende zandhagedis. Op een goed moment, tijdens het uitzetten van de corridor zagen we wel twintig hagedissen bij elkaar! Ook een flinke houtopbrengst. Veel takhout is verchipt als biomassa, dat als brandstof dient voor energiecentrales. Ik heb herten zien springen en spelen op de wallen als betrof het een trimparcours! De brandweer was heel blij met de aanleg. De corridors hebben namelijk ook een brandwerende functie.' En trots voegt hij eraan toe: 'Over tien jaar liggen hier de mooiste corridors van Nederland.'

Twee jaar terug was de wens van de familie: meer licht en lucht rond de huizen, een Ullerberg Light. Een groot aantal hoge douglasbomen, ook honderdjarigen, aan de straatwegkant richting golf, en rond de tennisbaan en het zwembadje, gingen om. Ook twee grote coniferen aan het eind van het grasveld werden geveld om de Doorkijk van stammoeder Door weer doorkijkbaar te maken. Al met al is het landgoed in de ontluikende lente van 2017 'Super-Light'.

19. MOOI WERK

Beschermde vlinders, hagedissen en insecten. En de duizendpoot? Is die ook beschermd? Hopelijk wel. Met alle taken die Peter in de loop der tijd ten deel vallen, kan je met recht spreken van een duizendpoot. In het verleden had hij naast zijn taak als boswachter de zorg voor één groot huis. Hij bracht 's morgens de krant, legde de openhaard aan en vulde het haardhout aan. Dat was de oudere generatie zo gewend en dat heeft hij volgehouden tot de volgende generatie eigenaren. Nu is hij huismeester en klusjesman van vier huizen en de Administratie. Soms gaat dat ten koste van zijn nachtrust. Peter: 'Op een nacht ging om half één de telefoon. Lekkage in de seniorenkamer van Penni. Tja, dan kleed je je aan, ga je erheen en los je het op. Dat is je taak.' Als tuinman scheert hij de beukenhagen van de bloementuin. Hoewel hij met al zijn werk zich eigenlijk niet meer met de bloemenperken mag bemoeien, is hij af en toe toch 'stiekem' in de tuin te vinden. Hij wil de plantenkennis die hij met Lily en Wijmpje heeft opgedaan niet vergeten. Bovendien laat de zelfwerkzaamheid van de deelgenoten geregeld te wensen over. Wel heeft hij hulp van stagiaires, want sinds 2002 is de Zodenbank een officieel leerbedrijf. Als stagebegeleider heeft hij al menig jongeman tuin- en boswegwijs gemaakt. Als terreinbeheerder leidt hij allerlei festiviteiten in goede banen, wat meestal voorspoedig loopt, maar als het nodig is ruimt hij de scherven. Zoals die keer toen na een trouwfeest het roggenveld bezaaid lag met kapotte bierflesjes en er zomaar een lariks was omgezaagd. De betreffende jongelui hebben later boete gedaan: een dag lang boompjes trekken op de koepelhei. En Peter is jager, jagermeester van zijn jachtcombinatie en keurmeester. Een duizendpoot uit duizenden.

Peter vertelt: '2 maart 2017 mocht ik vijfentwintig jaar werkzaam zijn op Landgoed Ullerberg. En dat met veel genoegen, met zeer veel plezier en verder mag u het invullen. Als ik gasten vertel over mijn werk, en zeker als het over de jacht gaat, hangen ze aan mijn lippen en is de reactie vaak: meneer Peter, wat heeft u mooi werk. Dat klopt, maar het is nergens volmaakt, ook niet op mijn werkplek. Dank aan mijn lieve vrouw Jannie die wel gewend is aan zo'n wildebras die altijd te laat komt eten. Dank aan mijn God en Schepper die mij moed, lust en kracht gaf en geeft tot hier en naar ik hoop in de toekomst.'

20. NATUURLIJKE VERJONGING

In november 2018 vergadert de familie in het gloednieuwe clubhuis van de *The Links Valley*. Een heel bijzondere plek. Niet alleen voor golfers, zoals golffanaat Bikker zegt: 'De setting van the Links Valley is fenomenaal. Midden op de Veluwe ligt een microlandschap dat zelfs nog mooier is dan de Veluwe zelf, een vallei door de bossen heen.' Maar meer nog voor de familie Waller: een eeuw geleden is het landgoed aangekocht. In de eerste vijftig jaren heeft de familie alles uit deze plek gehaald wat erin zat – dat was eindig – daarna heeft ze alles erin gestopt wat erin kon – dat was ook eindig – en vervolgens heeft ze weer alles eruit gehaald wat erin zat: er bovenop is namelijk gemaakt wat schier onmogelijk was, en hierop kan je oneindig veel balletjes slaan. Zelfs als het stormt.

Inmiddels heeft er een dunning in het bestuur plaatsgevonden: van vijf naar drie leden. Ondermaat Elbert Waller jr.is aangetreden, in navolging van zijn vader. Arnold als oudste Ondermaat – hij is al vijfenzeventig – mag nog blijven. Na achttien intensieve jaren wordt Erlandine uitgezwaaid. Alle familieleden zullen haar alomtegenwoordige 'Warme Hand' missen en we zingen haar à la Wim Sonneveld toe:

The Links Valley (2018)

> 'Ze kon het zorgen niet laten,
> ze zorgde voor iedere klant!'

'Ik blijf wel familie, hoor!' is haar antwoord. Lily's kleindochter Aida, Dondermaatmoeder van drie Wondermaatjes, stapt in de voetsporen van haar grootvader Eppy en vader Frans tH en komt de bestuursgelederen versterken: natuurlijke verjonging. De García-mentaliteit van oervader Frans is nog niet uitgewerkt en met nieuwe plannen en frisse energie wapenen ze zich tegen de fikse tegenwind. Als we na afloop van de vergadering in het Grote Huis een door Dondermaten verzorgde lunch krijgen opgediend, krioelt het daar van Wondermaatjes. Op dat front heeft zich de laatste jaren ook een stormachtige ontwikkeling voorgedaan. Terwijl ik dit schrijf zijn er al minstens achtentwintig, en vorige week is er ook nog een tweeling geboren. Dit brengt me in herinnering dat onze stamvader Frans Waller ook één van een tweeling was. Zijn zusje leed echter aan een hartkwaal en is slechts vijf jaar geworden. Maar kijk: de jongste zit in de kinderkamer van het Grote Huis naast de pianola Hamertje tik te spelen. Lily's oudste achterkleinzoon, de zandblonde Gabriël, staat in de hal. Met zijn mobieltje maakt hij een foto van de hertenkop aan de muur. Dinokaken zijn niet in het bos, weet hij nu met zijn elf jaar wel, maar zo'n groot gewei moet er te vinden zijn. Hij laat zijn mobiel in zijn broekzak glijden en kijkt eerbiedig omhoog naar de glas-in-lood ramen. Hardop leest hij het runenschrift: M-j-ö-ll-n-i-r, de hamer die nooit doel mist en altijd terugkeert. Vanuit zijn wolkenhemel knikt Thor hem toe, zijn voorhoofd in een forse frons. Gabriël ziet hem niet. Hij duwt de schuifdeuren open en stapt over het grind naar het tuintrapje. De windvaan wappert op het dak. Met zijn hoofd in de wolken en zijn hand in zijn broekzak loopt hij de bloementuin door en sluit af met een hekje.

Hamertje Tik 18

ONRECHTVAARDIG WEER

De zon staat al hoog en breed boven het bos van de vijand uitbundig te schijnen, als Peter de ochtendkrant uit de brievenbus haalt, hem onder zijn linkerarm steekt en onder de taxus- en de beukenboog doorloopt langs de kinderkamer naar de keuken van het Grote Huis. Hij maakt de tweedelige keukendeur los en gooit De Telegraaf midden op de ronde keukentafel. 'Nu nog de haard klaarleggen', mompelt hij en draait zich om om hout te gaan halen.

'Meneer de boswachter. Een gezegende morgen!'

Verrast kijkt hij om: 'Jij al hier?'

Wijm gooit haar dikke, dubbel gevlochten haarvlecht naar achteren en zet haar handen in haar zij.

'Mevrouw Doortje belde op. Ze durfde niet alleen te gaan slapen. Mijn broer Dirk heeft me gisteravond gebracht.' Ze trekt haar rood geblokte schort recht. 'Nu wil ze koffie, mevrouw Doortje. En de krant.'

Peter knikt. 'Hier. Kijk eens. Prins Maurits is getrouwd.'

Wijm pakt de krant aan, bekijkt de foto van het bruidspaar aandachtig en leest dan langzaam hardop: 'STIJLVOLLE HUWELIJKSVOLTREKKING IN PALEIS HET LOO. Dat is naast de deur. Ik had erbij kunnen zijn.'

'Zeg keukenprinses, kun jij me straks helpen?'

'Tot je dienst, bosprins.'

Even later komt Peter met een lange aluminium ladder en een handzaag aanzetten. Hij plaatst de ladder schuin tegen de sparrenhaag die langs het zandpad staat en al jaar en dag de waslijnen aan het oog van de wandelaar onttrekt.

'Help, Wijm, ik moet hogerop!'

Wijmpje komt al naar buiten. Ze kent het klappen van de zweep. Al bijna vijfentwintig jaar hangt ze wekelijks de was op achter de haag. Peter komt net kijken. Hij is pas enkele jaren geleden op het landgoed komen werken. Terwijl Wijm met haar sterke handen en haar gespierde lijf de ladder stevig tegenhoudt, klimt Peter met de zaag naar boven. De haag is nagenoeg vier meter hoog, zo'n vijfendertig meter lang en behoorlijk breed. Eenmaal boven snoeit hij enkele toppen van de fijnsparren. Dan trekt hij zich op en als een lenige slingeraap klautert hij dwars over de toppenrij, waarbij hij telkens even stilhoudt om een volgende toptak eruit te zagen.

Wijm laat haar handen los, kijkt omhoog en ziet hoe de zonnestralen weerkaatsen in het stalen snijblad van de zaag. Peter worstelt met de takken. De lucht is blauw en Peters gezicht hoogrood. Even schiet zijn been door het toppendek naar beneden. Wijms adem stokt. Maar als hij de laatste top heeft geveld en apetrots de tak naar beneden smijt met daarachter aan de zaag, pakt ze met vaste hand de ladder beet, tilt hem op, loopt ermee langs de haag en zet hem aan het eind weer schuin tegen de bomen aan.

'Daal neer, hoogvlieger. Heb je de hemelpoort gezien?'

'Niks Jacobsdroom, Wijm. Nu zoek ik het liever weer laag bij de grond. Ik ga een kruiwagen halen.' En hij voegt eraan toe: 'Het is trouwens onrechtvaardig weer vandaag. Zelfs zonder iets te doen heb je het al snoeiheet. Vorst, min zes of zo, dat is pas rechtvaardig weer. Dan krijg je het warm van werken.' En terwijl hij met zijn zakdoek de dikke druppels zweet van zijn voorhoofd veegt, beent hij naar de werkplaats.

Later staat de zon boven de twee rijen sparren van de doorkijk en reiken de nog felle zonnestralen tot op het grasveld en het terras voor de woonkamer. Wijm duwt en trekt aan de hendel van het zonnescherm.

'Peter!' roept ze.

Maar Peter hoort het niet. In hemdsmouwen rijdt hij op de fiets zijn rondje over het terrein. Hij laat net de koepel achter zich en zonder te hoeven trappen freewheelt hij de Carolinaweg af en slaat rechtsaf de Drieweg op. De heide is een lichtpaarse sprei en de zuidenwind speelt met de dennennaalden. Die dennengeur! Als hij een tijd die geur niet heeft geroken, wordt hij heel onrustig. Halverwege de Drieweg hoort hij ineens gekraak van takken. Hij stopt, zet zijn beide voeten op de grond en blijft roerloos staan. Zwijnen. Links uit het bos verschijnen drie moederbeesten en een stel gestreepte kleinen hobbelen er achter aan. Zeven biggen. Had hij nou maar zijn jachtakte! Hij had het bijna gehaald. Alleen het kogelschieten was onvoldoende. Dat moet hij in september nog overdoen. Maar dit had niet gemogen, wist hij. Geen zogende moeders en geen biggen in deze tijd van het jaar. Hij kijkt ze verlangend na terwijl ze niets vermoedend rechts het dichte dennenbos in drentelen en tussen de stammen verdwijnen. Hij fietst verder, langs het roggeveld. Het hoge gras deint vredig in de wind als een trage groene zee. Peter gaat linksaf de oude Lijkweg op, richting vuilstort. Wat beweegt daar? Wat is dat? Een man. Een jongen. Wat doet hij daar? Hij staat met zijn rug naar hem toe en houdt een plastic tasje vast. Stil stapt Peter van zijn fiets, sluipt op de jongen toe en grijpt hem bij zijn schouder. De jongen draait zich met een ruk om en gooit de tas van zich af.

'Wat zit daar in?' De boswachter kijkt hem dwingend aan. 'Wat zit daar in?'

'Eh, eh. Een ... sjaal', stamelt de jongen. 'En handschoenen.'

'In dit onrechtvaardige weer zeker.' De jongen rukt zich los, raapt de tas op en zwaaiend met de plastic zak zet hij het op een lopen. Peter holt achter hem aan. De knul loopt dwars door het bos. Op een gegeven moment blijft de tas aan een boomtak hangen en scheurt open. De inhoud valt op de grond. 'Maïs, hè!!' roept Peter hem toe en in een poging hem in te halen versnelt hij zijn pas. De jongen is echter zo vlug als een haas. Hij lijkt wel te vliegen. Na honderd meter geeft de lenige boswachter het op en de stroper verdwijnt over de Sandbergweg het bos aan de overkant in.

'Peter!' roept Wijm, als ze hem ziet aankomen fietsen. 'Eindelijk.'

'Ik had hem bijna te pakken!' hijgt Peter. 'Hij wou zijn lokvoerplekje in orde maken. Met maïs. Maar ik ben geen BOA. Ik mag niks. De eerste klap is een daalder waard, weet ik. Maar die mag ik niet uitdelen. Je moet tegenwoordig eerst jezelf laten slaan voordat je in actie mag komen.'

'Neem je verlies,' zegt Wijm, 'en help me met het zonnescherm. Het wil niet naar beneden. Mevrouw Doortje wil op het terras een borrel drinken. Er is wat smeerolie nodig.'

'Zeg dat wel, smeerolie. De een wil dit en de ander dat. De ene familie wil het scherm omlaag en de andere omhoog.'

'Zo is het', antwoordt Wijm. Met de fiets aan zijn hand loopt Peter naar de werkplaats en even later komt hij met een oliespuit terug.

'Dank je wel, bosprins, hoogvlieger en geen

BOA', zegt Wijm als de laatste zonnestralen de verbleekte gele strepen van het neergelaten scherm oplichten als ware het nieuw. Op dat moment horen ze de deur van de woonkamer opengaan en mevrouw Doortje komt binnen op weg naar het terras.

'Wil je een goede raad?' fluistert Wijm Peter toe. 'Spreek nooit over familie B met familie A.'

En niet met familie C en D, denkt Peter beamend. Met de nieuwe generatie hebben we binnenkort een heel familiealfabet.

'Dag Peter. Dag Wijm. Het zonnescherm kan wel omhoog, vinden jullie niet?'

Hamertje tik 19

OCHTEND

Ik was gewaarschuwd. Het geburl is 's nachts niet van de lucht. Je doet geen oog dicht. Maar het enige wat me even uit de slaap heeft gehouden, is het geflikflooi van een stel vleermuizen op het dak. Met mijn wandelschoenen aan loop ik de trap af. Ik til het paneel met het bloemstilleven van de bovenste deel van de voordeur op en hang het aan de haak aan de muur. Nu schijnen de eerste zonnestralen ook hier naar binnen. Daarna haal ik de deur van het slot en trek hem achter me dicht. De luiken van de Administratie zijn nog gesloten. Ik voel hoe de ochtendkou door mijn vest en lange broek heen dringt en zich over mijn hele lijf in mijn poriën nestelt. Met ferme tred stap ik de grensweg op. Aan mijn linkerhand het terrein van de vijand. Ik weet niet beter: Sandberg is de vijand. Onder de hoge adelaarsvarens loert het gevaar. Daarachter, tussen de rechtstandige boomstammen lonkt het grasgroene, malse weiland waarboven de zon zich langzaam verheft.

Verderop heet dit pad de Grietenweg, herinner ik mij. In het begin van de jaren 60, na wat geharrewar met een zekere Maliepaard van Faunabeheer, is hier aan de zuidkant van het terrein en op het gebied van de vijand een afrastering geplaatst om de landbouwgronden in de omgeving tegen hertenschade te beschermen. Bosbaas van Duinen constateerde destijds dat het raster, zoals te verwachten was, werkte als de Berlijnse muur: slechts enkele herten wisten eroverheen te komen, en het had voor de 'spionnen', dagjesmensen, een grote aantrekkingskracht. Die kwamen hinderlijk door de mazen gluren. Toen bleek, tot groot verdriet van andere jagers, dat de Ullerberg niet alleen voor de Erven Waller maar ook voor de herten de meest geliefde verblijfplaats op de Noord-Veluwe werd. Eén van de zes Erven, Frans jr., was er niet blij mee en hij liet zijn ongenoegen niet onbetuigd. In een brief klaagde hij steen en been dat zijn toerbeurt op het landgoed helemaal was bedorven. In hun paringsdrift waren de herten dermate luidruchtig en benutten daartoe nachtelijks alle hoeken van de Ul, zelfs de wasplaats vóór de garage, vlakbij het huis, dat hij met geen mogelijkheid 's nachts de slaap had kunnen vatten.

Nu heerst er een serene stilte. Alleen het zand knarst zachtjes onder mijn voeten. Langzaam kruipt de kou uit mijn huid. Hier en daar kom ik de wolkeloze hemel tegen in een waterplas. Ik loop langs een dichtbevolkte kolonie van kleine, zandkleurige paddenstoelen. Cantharellen? Vroeger vonden we die onder de beukenbomen, plukten ze en mijn moeder maakte er heerlijke ragout van. Ik buig me voorover om ze goed te bekijken. Nee. Cantharellen groeien hier nauwelijks meer. Door de verdroging en de zure regen zijn ze zeldzaam geworden en nu staan ze op de rode lijst. Een eindje verderop zie ik drie grote vliegenzwammen wedijverend vlak naast elkaar. Ze zijn zo rood als de mond van Sneeuwwitje, met stippen zo wit als haar huid. Die Spillebeen toch.

Met stevige benen stap ik verder. Wat een rare boom! Daar bij de green van hole negen! Die hoort daar niet. Nee, het is geen boom. Een man. In 't zwart gekleed. Met een mobiel in zijn hand. Hij is er vroeg bij. 'Wat is de natuur hier mooi', groet hij mij, terwijl hij een boodschap op z'n telefoontje wegtikt. Wat doet u hier?? Weet u wel dat dit privéterrein is? Heeft u het bordje Verboden Toegang niet gezien?, wil ik vragen. Vreemden het landgoed uitwijzen, dat deed ik vroeger altijd, met toestemming van de Erven. Maar nu doe ik dat niet. 'Logeer jij in huize Penni?' Ik had zojuist wel acht auto's bij de nieuwe chauffeurswoning zien staan. Hij knikt, verontschuldigt zich en loopt zijn mobiel achterna.

Over de uitgestrekte heidevlakte van de golfbaan ligt een dunne neveldeken. Ik loop over het koepelpad, en blaas nog meer nevel uit. Als de vliegden in zicht komt, die Laocoön wordt genoemd vanwege zijn gesticulerende takken, sla ik rechtsaf. In de kortgeschoren heideplanten zitten talloze kanten kleedjes verweven. Ik heb leren haken van mijn moeder. Eerst een rondje lossen, dan vasten en stokjes, en daarna dubbele stokjes. Met een ragfijne draad en een haakpen met een piepkleine kop haakte ik kleedjes, die als onderzetter voor glazen en op dienbladen dienst deden. Hetzelfde motief zit in de webjes. Het kleedje moest je nat op een kussen met spelden strak trekken en zo laten drogen. Hier verzilvert het jonge zonlicht in de hei alle kleedjes die ik ooit heb gehaakt, als een kanten tienpersoonsbeddensprei.

Ik ga de brede Drieweg op. In het lover van de Amerikaanse eiken, die als rijzige soldaten de laan flankeren, laat de herfst zich nog niet gelden. Over een week of vier vertonen hun kronen gulle tinten goud en geel. In de verte zie ik het lichte groen van het roggeveld. Door de hoge bomentunnel wandel ik naar het licht.

Ik haal het licht niet, maar sla rechtsaf de Lilyweg op. Hier hebben we mijn moeder uitgestrooid. Met een zilveren opscheplepel hebben we om beurten een hoopje as uit de koker geschept en over de weg verspreid. Terug naar het begin, naar de weg die haar grootvader had aangelegd nadat zij ter wereld was gekomen. We hadden de hele weg nodig. Zoveel as. Een korte berkenstam wijst zwijgend, met een afgeknotte dikke tak, naar de blauwe lucht, terwijl de resterende meters lange, witgeblakerde stam schuin over de grond is neergezegen.

De kou is verdampt. Ik rits mijn vest open. Mijn wangen gloeien. Met mijn handen uit mijn zakken sla ik het bospaadje links in richting de tennisbaan en verlaat de weg van mijn moeder. Het is bladstil. Door de schuine zonnestralen lichten enkele berkenstammen tussen de dennen op. Een van de laatste dromen die mijn moeder me vertelde: ze moest alle stammetjes van de berken die bij Schiphol zijn aangeplant zo goed schoonpoetsen dat ze glommen. Onbegonnen werk. Bij de tennisbaan gekomen zie ik dat de hekdeur openstaat. Ik sluit hem zorgvuldig. Er zou toch maar eens een reegeit of een everzwijn de baan op lopen.

Over het meanderende beukenpad, bezaaid met dwarse, oude wortelketens waar je niet over moet struikelen, loop ik naar het Grote Huis. Vanaf de zuidkant kun je de windvaan met de hamer van Thor niet zien. Wel de grote kelkklok, die geluid werd als je aan tafel moest komen. Ik wil graag de versieringen zien van de hamertjes van Thor, de Mjöllnirs. Tijdens mijn onderzoek heb ik in het archief gelezen dat ze moeten zitten in de koppen van de gootdragers en eveneens in de gordingen van de verticale driehoeken, de risalieten, bovenaan de gevels van het huis. Lopend om het huis over het grind tuur ik naar boven tot ik er pijn van in mijn nek krijg. En inderdaad. Daar zie ik ze. Ik kom hier al zeventig jaar en nooit heb ik dit opgemerkt. Aan de oostkant zitten vijf, zes, zeven kleine houten, groen geverfde hamertjes. Ook aan de noord- en zuidkant. En ook nog in alle gootklossen rondom de uitbouw van de bijkeuken. Overal is de hamer van Thor te vinden, het symbool voor bescherming van huis en familie. Niet voor niets. Het huis en de familie, ze zijn hier nog steeds. Al honderd jaar.

Door de bloementuin loop ik terug. De rechte paadjes tussen de buxushagen zijn keurig aangeharkt. Ergens staat een werkeloze kruiwagen. In een perk richten witte dahlia's hun kopjes hoopvol naar het zonlicht. Het tuinhuisje staat nu stevig op de grond. Vroeger draaiden we onze grootvader met huisje en al naar de zon. Ook zonder grootvader lieten we het huisje draaien, zo hard als we konden, zon of geen zon. En tussen de heggetjes speelden we tegenkomertje, net zoals Juliana met haar vriendinnetjes in de tuin van het Loo. Mijn moeder was dol op de tuin. Toen ze er niet meer kon werken, bedacht ze het adoptieplan: elke familie zou een perk, of twee, moeten adopteren en verzorgen. Zo zou iedereen zijn lievelingsbloemen kunnen opkweken. Het plan heeft het niet gehaald. Ik doe het toegangshek onder de beukenhaagboog dicht. Ook liever geen zwijnen of herten tussen de bloemen. Door het natte gras loop ik naar het gebouw van de Administratie. Ik haal diep adem, de dennengeur kruipt in mijn neus. Eén voor een maak ik de luiken rondom het kantoor open. Daarna steek ik de sleutel in het slot en open de deur. Binnen hang ik mijn vest aan de kapstok. Mijn blik valt op het geschilderde bloemstilleven op het paneel. Een vaas met bruingele asters en chrysanten. 'Een beetje te somber', hoor ik mijn moeder zeggen.

Hamertje tik 20

GROEN IS HET GRAS

In een hoek van het bos, onder de wilgenroos, steekt de das zijn spitse snuit uit zijn hol. Hij beweegt zijn neus heen en weer. Het is stil. Geen wind, geen regen. Hij snuift de avondlucht op. Dat ruikt veelbelovend. Dan klautert hij naar de bovenwereld. Eerst loopt hij schuifelend naar het mestputje aan de rand van zijn terrein en doet zijn behoefte. Dat lucht op. Nu op pad. Tijd om een voorraadje aan te leggen. De herfst is in volle gang. De bronsgele geurigheid van de bladeren is niet mis te verstaan. De winter nadert.

Hij schudt zijn dikke, grijze vacht met de twee zwarte strepen uit en gaat op weg. Hij weet waarheen. Daar is hij de laatste dagen vaker geweest. Hij loopt zo haastig over het zandpad dat hij bijna struikelt over de dennenappels. Bij een regenplas stopt hij even en lebbert wat water naar binnen. Zijn reukvermogen is uitstekend dus hij loopt zijn neus achterna. Als hij langs de golfhut komt, slaat een welriekende vlaag hem tegemoet. Hij kruipt de vloer van de hut op, duwt de poten van een houten tafel opzij en wordt niet teleurgesteld. Een slordige golfer heeft een hapje van zijn lunch laten vallen. Dat is niet te versmaden.

Nu weer verder. Het Luilekkerland lokt. Dat is het neusje van de zalm, denkt hij. Die heerlijke hapjes die in het gras verborgen zitten. Achter de groene oase met het witte vlaggetje staat een tweelingberk in zijn mooiste herfsttooi, in een poging een schilderij van Klimt te evenaren. Twee witte stammen met eenzelfde kronkel, evenwijdig naast elkaar, gehuld in een mozaïek van goudkleurige blaadjes. Niet dat de das ze opmerkt, gefocust op geur als hij is.

Hij is er bijna. Straks moet hij onder de drie ijzerdraden door. Dat is geen probleem. Even doorzetten en met een kleine krachtsinspanning kan hij zijn lijf er onder door wurmen. Daarna kan hij met zijn voorpoten het gewas open woelen en zijn maag vullen met de larven van de langpootmuggen. Hij beseft niet dat de onderste witte draad is vervangen door iets zilverachtigs met prikkels. Hij duwt zijn snuit tegen de grond en probeert onder het raster door kruipen. Maar ineens voelt hij een steek in zijn vacht, direct gevolgd door een schok. Nog een. En nóg een. Hij trekt zich terug. Ongeduldig loopt hij om de oase heen. Hij probeert het nog een keer, duwt zijn neus weer tegen de grond en probeert onder de draad door het groene gras op te komen. Weer een steek. Weer een schok.

Hij druipt af, keert om en zoekt zijn weg door de roestroze, zoetgeurige hei. Hij ruikt ook dat er hier en daar nog een dopheidebloempje bloeit, waar de honing al lang is uitgehaald. Hij houdt niet van honing. Hij houdt wel erg veel van emelten. Met gebogen hoofd schuifelt hij verder, op zoek naar torren en kevers.

Na urenlang zoeken heeft hij zijn honger gestild en een flinke hoeveelheid etenswaar verzameld. Bladeren, gras, varens, regenwormen en een enkele slak. Hij klemt de oogst tussen zijn kin en zijn voorpoten. Als hij bij de ingang van de burcht komt, gaat hij met zijn achterwerk voor de ingang zitten en wringt zich met zijn buit wiebelend achterwaarts de tunnel in. Eenmaal binnen deponeert hij de voorraad in één van de kamers. Het is wel genoeg geweest. Tijd om te slapen. De emelten is hij totaal vergeten.

Hij weet niet dat boswachter Peter bij het

eerste ochtendgloren zich naar de green zal haasten waar hij de vorige dag schrikprikkeldraad omheen heeft gespannen, en dat hij een sprongetje van vreugde zal maken als hij ziet dat hij de vraatschade van de das heeft weten te saboteren.

Hamertje tik 21

JANNIE'S DOOS VAN PANDORA

'Lieve sterren fonkelend aan de Ullerbergse hemel!' schrijft Maat Door V. in maart 2011, één jaar voor haar overlijden. In bevende letters bedankt ze de werksterren van de Ul voor de kaart die zij haar stuurden voor haar negentigste verjaardag. Dit feest wordt niet meer op het landgoed gevierd. Wel velerlei andere festiviteiten, zoals de negentigste verjaardag van Lily, trouwfeesten van Dondermaten, of het jaarlijkse Hickory golftoernooi. Dan is de hulp van de werksterren onmisbaar. Eerst om alles klaar te zetten in de feeststand: opstelling van stoelen en tafels, vazen met bloemen etcetera. Vervolgens het verloop van het feest: drankjes, hapjes, servetjes etcetera. En daarna volgt natuurlijk het opruimen, schoonmaken en alles terugzetten in de courante stand. Zo zijn de sterren ook in de weer tijdens de ZINDERENDE KUNSTVERKOOPEXPOSITIE, een kunstroute waarvoor gasten worden uitgenodigd om '*te midden van de verstilde schoonheid van het familielandgoed de Ullerberg terug te gaan naar Kunst in de Veluwse natuur*'. Tussen kunstzinnige creaties als '*Robuuste mannen in wandelkaki, smachtende vrouwen in elegante boswandelschoeisel die flaneren langs de met kunst bezaaide bospaadjes…*' staan ze klaar met artistiek opgemaakte hapjes en pittoreske drankjes. Bovendien hebben ze ervoor gezorgd dat de drie huizen er schoon, gastvrij en gezellig uitzien en dat de frisheid van alle bedden afstraalt.

Jannie komt 2 januari 2004 in dienst en tekent in voor vijftien jaar. In die tijd verzamelt ze alle opmerkingen, wensen en geboden die ze geschreven op losse papiertjes overal in de huizen vindt in een grote doos. Deze doos van Pandora zit vol gevarieerde verrassingen. Geplakt op een keukenla: '*HELP ik krijg deze lade er niet meer in.*' In de kelderkast: '*PAN PROBLEEM Deze pan troffen wij zwart aangebrand aan.*' In de koelkast: '*Het karton van het bierkratje zit vastgevroren en ik moet nu weg.*' Op het aanrecht: '*Er zijn weer muizen!*'

Naast deze noodkreten die de tijdelijke bewoners van de huizen haastig op vierkante post-it papiertjes of op een ongebleekt kladblokblaadje neerkrabbelen, blijken dezen heel vrijgevig. Als het hen niet lukt om voor hun vertrek de koelkast leeg te maken, wordt het opgelost met een notitie die op de ronde keukentafel wordt neergelegd: '*Dames, er liggen 10 ijsjes in de vriezer, heerlijk, eet ze lekker op.*' Zo komen de familieleden op een gulle manier van hun restanten af: '*Er ligt nog een zak te frieten bitterballen*'. In de hoop dat ze het lekker vinden: '*Er staat nog een potje vijgen gekookt in wijn*'. Niet te versmaden: '*Een flensjestaart voor jullie om te verdelen*'.

Met de toename van het aantal huizen die door de familie per toerbeurt worden bewoond of aan derden worden verhuurd, komt ook de verwarring: '*Waar horen deze stoeltjes? In Penni?*' En in het Boshuis vindt Jannie: '*Deze pot kwam met bloemen uit het Grote Huis samen met Kia.*' Het viertal - Jannie, Elsje, Gerda en Esther- is wekelijks, vaak twee aan twee, in alle drie de huizen te vinden. Dat is meer dan enig lid van de hele familie kan beweren. Wie weten beter dan de sterrenmutsen van de Ullerberg, zoals ze zichzelf niet gespeend van enige humor noemen, in welk huis de stoeltjes, bloempotten en pannen thuishoren?

Als er in 2014 nog een te verhuren huis voor acht personen bijkomt, het Poorthuysje, op het oude vuilstortterrein, wordt de onderlinge samenwerking en communicatie nog belangrijker. '*Heey Ullermutsen, welkom in het Paradijs*' is de aanhef van een geschreven berichtje dat Jannie in Penni aantreft, waarna volgt wat het ene duo al heeft gedaan: '*Beneden is de ouderkamer met bijbehorende badkamer schoon*', en welke klus het volgende stel nog moet klaren: '*dressoir + eettafel en de rest v/d eetzaal moet nog*', en wordt de notitie afgesloten met '*liefs van Ullerpetten en Werkse*'. Wie precies de mutsen zijn en wie de petten wordt niet helemaal duidelijk, maar vermoedelijk zijn ze uitwisselbaar, want ze vormen een hecht en flexibel kwartet. En ook als ze een slordige krabbel op de keukentafel aantreffen met: '*2 koperen asbakken + de kleine lepeltjes in lepelvaasje op theeblad poetsen*', of een haastige notitie op het aanrecht: '*berghokje boven stofzuigen, er ligt weer vleermuizenpoep*', of een kattenbelletje als: '*Jannie, tafel voor 12 is niet prettig voor klein gezin*', en: '*onvoldoende suiker in suikerpot achtergelaten*', of '*Entree en kozijnen schoonmaken*', blijven ze goedgemutst. Ja, petje af.

De schrijfster van de volgende regels is op z'n minst dubbelzinnig in haar boodschap: '*Mijn man zegt dat hij zijn beurs kwijt is, geloof ik niet, maar vind je hem bel me dan even. Hij zit natuurlijk ergens tussen je weet wel, nietes-welles Lastig hoor!*' Zouden ze nog bij elkaar zijn? Jannie weet het antwoord. Maar de beurs is niet teruggevonden, hoewel de werksterren met detectivistische vaardigheden de kleinste op Ul verloren kleinoden weten op te sporen en te bewaren voor de rechtmatige eigenaar. Zoals de trouwring van Thys. Thys is de bejaarde vriend van Lily. Hij heeft zijn eigen vrouw al tien jaar geleden verloren en Lily is ook al meer dan tien jaar weduwe. Ze hebben elkaar voor de laatste levensjaren gevonden. Thys viert Lily's negentigste verjaardag mee op de Ullerberg en verliest daar zijn ring. '*Deze ring is al ±150 jaar in de familie van mijn vrouw. De echtgenoot voor wie hij in 1863 bestemd was, sneuvelde in de burgeroorlog [in de V.S.] vóór de bruiloft!*' En Thys is als een kind zo blij als Jannie hem twee dagen na het feest door de telefoon vertelt dat zij het kleinood heeft gevonden.

Op het drukbezochte familiefeest, nog voordat Thys' trouwring van zijn vermagerde vinger glipt, pakt Lily Jannie bij de arm: '*Zeg Jannie, kun jij me even aanwijzen wie dat allemaal zijn? Jij kent ze beter dan ik.*'

Hamertje tik 22

ONTTOVERING

Als ik rond acht uur in de ochtend naar buiten loop, is het flink fris. Een graad of twee, weinig wind, vaalbleke lucht. De eikenbladeren die her en der nog aan de bomen zitten, ritselen als papier. Ik sluit mijn ogen even. Je kan ook hóren dat het herfst is. Rechtsaf langs het bedeesde beukenbos en dan kom ik op het koepelpad. Ik blijf staan. Uit westelijke richting klinkt het geluid van grote op elkaar vallende planken. Ik kijk in de verte. Ik zie ginds tussen de dennenbomen door geen bos meer. Wat is dat? Gealarmeerd loop ik de Lilyweg op. Maar, is dit wel de Lilyweg? Aan beide kanten is het helemaal open. Het is kaal. Stobben overal. Zaagsel. Vlakte. Ik kijk naar links. Daar zie ik het rieten dak van de golfhut. De golfhut binnen handbereik! Daar staat hij, bloot en slechts beschermd door enkele hoog gekruinde dennen. Godzijdank nog wel in gezelschap van enkele rododendronstruiken. Recht voor mij uit, dwars op mijn pad, zie ik twee evenwijdige kale bomenrijen. Het duurt even voordat ik het begrijp. Het zijn de Amerikaanse eiken, die nu als solitaire naakte soldaten aan weerszijden van de Drieweg staan. Zo heb ik ze nog nooit gezien. Altijd waren ze omfloerst door dennenbossen. Zijn dit mijn bomen? Is dit mijn bos? Het is de schuld van de corridors. De heidecorridors. De tol die we moeten betalen om het landgoed in stand te kunnen houden. De eiken zijn nu hoger, groter. De bast van hun stammen is in verticale groeven gebarsten. Aan hun ontblote takken hangen druppels tranendauw. Enkele dode berkenstammen, met zwammen als elfenbankjes aan hun witte huid, staan in hun eentje met hun eenzaamheid te kijk. Op de kruising met de Drieweg hoor ik het geloei van kap- en zaagmachines. Ik verman me en loop verder. Rechts van de Lilyweg is een reusachtig voetbalveld verschenen. Alle dennen zijn geveld. Vroeger keek ik naar de bomen op. Wiegend met hun olijfgroene kronen beschermden ze mij. Hielden een geheim gevangen. Nu kijk ik op ze neer. Ik doorzie ze. Wat een akelige verslagenheid, dit slagveld van omgebrachte bomen. De ochtend is nu stil. De wind houdt zich in. De lucht is asgrijs. Een twitterende vogel. Een boomleeuwerik? Dit slagveld is aangebracht ten behoeve van de fauna. De zandhagedis, de hazelworm, de dwergvleermuis. Zodat ze hun heideweg van noord naar zuid, en van zuid naar noord, over het terrein kunnen vinden. Maar met het kappen van zoveel bomen jagen ze toch ook vogels weg? En eekhoorns? En boommarters?

Ongeveer vier eeuwen lang hebben mensen hun best gedaan dit arme stuk zand- en heidegrond te bebossen. Ook de eigenaren van het landgoed. In de laatste honderd jaar is het beleid steeds gericht op bebossing en herbebossing. Nu zijn de inzichten voortgeschreden, - voortgeschreden? - en rücksichtslos wordt er een groot stuk bos, wel 25 hectare, omgehakt, om zand- en heidevlaktes te creëren.

Nee, niet rücksichtslos. Alles gaat volgens een uiterst gedetailleerd plan. De bomen met een rode stip op de stam gaan er onherroepelijk aan. Die met twee horizontale blauwe strepen markeren de grens van de corridor. Verandering van richting. Verandering. De mens schippert voortdurend tussen houvast en verandering. Een geleidelijke verandering is makkelijker, maar soms moet je even flink zijn en ergens rigoureus mee kappen. Hier is nu kappen troef.

Het pad van de Lilyweg is verkracht door alle grijpmachines en tractoren die af en aan zijn gereden. Wat is er met de as van mijn moeder gebeurd? Die hebben we drie jaar geleden hier uitgestrooid. De grassen en planten die zich hebben gelaafd aan de aarde vermengd met haar as zijn met de grond gelijk gemaakt. De weg is breder geworden en draagt reliëfsporen van die joekelbrede banden. Unheimisch. Onheilspellend. Diepe groeven in de zwarte aarde. Geen lieflijk paadje met buntgrassen en heideplantjes. Boze, open gewoelde grond. Erger nog dan wat zwijnen kunnen aanrichten. Een boomwortel steekt zijn gehavende arm uit de aarde als een schreeuw om hulp.

Ik nader het houten hek van het oude vuilstortterrein. Boven op de heuvel van gras, afgetekend tegen de tingrijze lucht, liggen houtstammen torenhoog als een vestingmuur. Ik til het hek een tikje op zodat ik er doorheen kan en kijk weer omhoog. Het panorama: de twee Maya megapiramides van de Zon en van de Maan die ten hemel rijzen. Mexico. Teotihuacán. De Dodenweg. Deze graftempels hier hebben geen traptreden als een weg naar de hemel. De een heeft een steil talud van fijn gehakseld hout en de ander van dode opeengestapelde boomstammen. Over een breed pad van door ijzeren platen geplette grassen, die na maandenlange duisternis uit alle macht hun best doen om hun stelen weer te verheffen, klim ik omhoog.

Boven sta ik tussen de piramides in, op de Dodenweg. Hier waait een kille westelijke wind. De stapels stammen verroeren zich niet. De bergen houtchips wachten geduldig tot ze gevoerd worden aan de hongerige elektriciteitscentrale van Lelystad. Hier is eeuwenlang zand gewonnen. Toen kwam de vuilstort die het lege gat, geheel omringd door magische bosranden, vulde en vulde. Als ik nu naar rechts kijk, zie ik een naakte doorgang die naar de Drieweg leidt. Mijn Ul. Gehavend, toegetakeld, verkapt. En dan nog de koepel … Die staat ginds nu ook poedelnaakt en moederziel alleen op zijn heuvel.

Het is doodstil. De dennen zingen niet. In de verte hoor ik mitrailleursalvo's. Oefenende soldaten. Andere perspectieven. Als je ver kan kijken, met de uitzichten die de corridors bieden, wordt het bos groter, zeggen ze. Maar nee. Die doorkijken maken het doorzichtig, nemen het veelvormige, het raadselige weg, beroven je van je dromen. Dit moet helen. Helen als een wond. En ik mag niet steeds het korstje dat zich vormt eraf krabben.

Met gebogen hoofd keer ik om en loop bergafwaarts. Het hek staat nog op een kier. Verdwaald in mijn gedachten zoek ik een herkenningspunt. De berk op de Lilyweg die daar jaren geleden is neergezegen, ligt er gelukkig nog precies zo bij als toen. Het is koud, en mijn neus druipt. Vanuit de tennisbaan klinkt ruisend water. De baan ligt er ook nog. Ze zijn hem opnieuw aan het coaten. Een wolk van natte mist stijgt boven de omringende beuken uit.

Binnen in het Grote Huis vertelt boswachter Peter dat de werklieden bij het oprichten van een woonwal van takken en aarde voor de beestjes wel zevenentwintig hagedissen hebben gezien, dat het heideblauwtje nu alle ruimte krijgt, dat de herten de opgeworpen wallen als trimparcours gebruiken en dat bijenvolken uit de nieuw ontstane paarse en roze heideplanten de heerlijkste honing zullen halen.

L: Cara Waller met Donderdermaats kleinkind (1996)

R: Ondermaat Elbert Jos, Yvonne met baby, Ondermaat Frans tH. (1996)

L: USD Stappenplan nieuwe grote golf

R: Zwijnen in de koeling

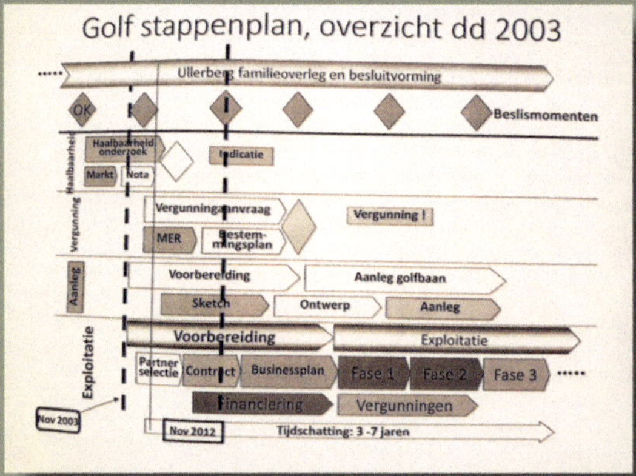

De Ul in quinckslagen

3 Gebieden	3 Geboden	Gezegden
Gebruik	Meer Ul voor je geld	GazoDoor, Madame d'or, Deeldoor De grootste gemene Doordeler A Doorty mind is an Ul forever
Geld	Meer geld voor de Ul	Frans drin, FransDoor, Fransd(r)uit Het kleinst gemene Fransvoudje De Ullerberg houdt zich in stand door zich af te graven Wie een kuil graaft voor zichzelf stort erin Het gouden gat van Waller De wind van Waller
Gedoe	Minder ge-ul	De resistantes en de oomse weerstanden Het kraken van een ulge-noot

L: De Ul in quinckslagen

R: Maten Cara en Marga voor de theehut

L: Afscheid Wijmpje, Maat Erlandine en Peter de Ruiter (2003)

R: Afscheid van Wijmpje, (2003)

Lily bij haardvuur (2003)

L: De Ul-sterren, vlnr.: Jannie, Gerda, Esther, Elsje

R: Huwelijk Ondermaat Esmee en Lily-Heleen 13 maart 2004

L: Elbert

R: Huwelijk Ondermaat Esmee en Lily-Heleen, omgeven door Dondermaatjes

L: Huwelijk Dondermaat Lili en David augustus 2006

R: Huwelijk Dondermaat Lili en David aug. 2006

L: Dondermaat Lili met haar grootmoeder Maat Lily bij de haard

R: Esmee opent nieuw Penni

L: Nieuw Penni

Het vernieuwde Boshuis

L: Het Poorthuysje

R: De beukenboog naar de Administratie

L: De bloementuin

Het beukenpad

L: Koepelpad met koepel

R: Het koepelpad

L: Het grasveld met de Doorkijk 2

L: De eetkamer in het Grote Huis

R: IDHO 2011

L: De hal van het Grote Huis

L: De zitkamer van het Grote Huis

De heidegolf

De golfhei
met de vliegden
Lacoön

De golfheide

Kleine hamertjes (dak van de bijkeuken).

Aftreden Erlandine, vlnr. Ondermaat Arnold, Maat Erlandine, Ondermaten Frans tH en Elbert jr. (2018)

WIST U DAT ...

- Ullr de god van de jacht is en dat de Ullerberg als jachthuis is gebouwd?
- de dochter van Peereboom de glas-in-lood ramen heeft ontworpen met de hamer van Thor?
- er in en om het Grote Huis talloze kleine mjöllnirs, hamertjes van Thor, verborgen zitten?
- niet álle luiken van het Grote Huis versierd zijn met een 'floraal hamertje'?
- het houten balkon van het Grote Huis pas in 1926 is gebouwd?
- de kinderen van Van Duinen vroeger in juni-juli 'bosbessenvrij' kregen van school?
- de kinderen van Van Duinen niet op het Sinterklaasfeest mochten komen dat de freules Sandberg voor alle schoolkinderen organiseerden op Huis te Leuvenum, omdat ze op de Ullerberg woonden?
- de Oude Ermelose weg die van Leuvenum naar Ermelo over de Ullerberg loopt ongeveer evenwijdig aan de Sandbergweg, de Lijkweg of de Doodenweg heette? Daarover werden de doden vervoerd naar het kerkhof in Ermelo.
- als Gerrit de schoorsteen ging vegen hij met een ladder en met een grote papieren zak over zijn hoofd van onderaf in de schoorsteen klom?
- de familie Van Duinen zondags in het zwart gekleed eigenlijk naar de kerk moest lopen, maar omdat ze zo ver weg woonden op de fiets mochten?
- de oude Van Duinen altijd met oud en nieuw het nieuwe jaar inschoot met zijn geweer?

- de oude Van Duinen op z'n 75ste het dak van het Grote Huis nog opklom om de schoorsteen te vegen met sparrentakken met een steen eraan?

- er vroeger tegenover het golfhuisje een schietbaan was, waar Oom Frans en Oom Eg met vrienden en familie voor de lol met een luchtbuks op een schietschijf gingen schieten?

- er vroeger speciaal voor grootmoeder Dorothea een liftje in het Grote Huis zat?

- kleine Lily en haar zusje Caat hun dikke Oom Paul Tutein Nolthenius met de fietspomp nog boller opbliezen?

- als de jeugdige freules Sandberg te paard grootvader Waller keurig gekleed tegenkwamen en hij zijn hoed afnam, zij hun tong naar hem uitstaken?

- Jan van Roozelaar precies wist hoe de kleindochters van grootvader Waller heetten, maar dat als hij ze tegenkwam hij zijn pet afnam en ze aansprak met 'juffrouw'?

- Jan van Rozelaar altijd een zakdoek met vier knopen op zijn hoofd had?

- op de ijskoude 15de maart 1947 Kia en Bart Heyning hun huwelijksfeest en –nacht in Penni doorbrachten?

- toen op die 15de maart 1947 Van Duinen en Roozelaar langs Penni fietsten, zij ostentatief de andere kant uitkeken?

- Tante Toot 'Tootje kachelpoets' werd genoemd, en toen haar man was overleden 'douarrière kachelpoets'? (er hangt nog steeds een kistje met 'kachelpoets' in de bijkeuken)

- Tante Heleen, Kia en Door V. hele 'strabante' dames waren?
- kleine Erlandine met een vriendinnetje in het kinderhuisje ging slapen, maar dat toen er om tien uur een uil kraste ze met hun kussentjes het huisje uit renden?
- als alle vossenjachten en speurtochten die op Ul zijn uitgezet niet zouden zijn uitgewist, dat het bos dan een en al pijl zou zijn?
- er elk jaar in augustus ergens in het bos voor de Halbertsma's een Ul(l)evellenboom heeft gestaan?
- Erlandine en Heleen Heyning in 1963 twee weken lang een spierwitte lease pony op Ul hadden die Pepe heette?
- Erlandine en Heleen instructie kregen voor als er achtervolgingsgevaar van wilde zwijnen dreigde en daarmee ook oefenden: plots een hoek van 45 graden maken en dan snel in een boom klimmen?
- het in de winter van 1963 zo koud was dat Erlandine en Heleen met zeven dekens in de groene kamer sliepen en 's ochtends de ijsbloemen op de ramen én op de dekens zaten?
- Erlandine en Heleen in de hete zomer van 1967 naakt gingen liggen zonnen in de bunker van de heidegolf, en dat Gerrit toen langs fietste?
- tijdens het huwelijksfeest van Heleen met Edmund de pianola door een paard op een kar door het bos werd getrokken terwijl Bart piano speelde?
- het maaisel van de golfhei in de jaren 80 als voer voor de olifanten in Artis is opgediend?

- het slaaphuisje in de jaren 80 tot Museum is gedoopt, met een oude kruiwagen en een aantal potkachels uit het grote huis als eerste aanwinsten?
- valkenier Jan Poorthuis in de jaren 90 regelmatig met zijn havik op konijnenjacht op de Ullerberg kwam?
- de Nederlandse Teckelvereniging rond 1990 ettelijke malen een zweetspoor op Ul heeft uitgezet en menig zweetspoorjachtwedstrijd heeft georganiseerd?
- het voormalige draaiende tuinhuisje in 1993 is nagebouwd en op de oude plek in de bloementuin is neergezet als niet draaibaar draaihuisje?
- HOPjes geen Haagse snoepjes zijn maar Hagedis Oversteek Plaatsen tussen de afgeplagde heide, zodat het kleine gedierte het terrein in dekking kan oversteken?
- er gasten met twee kleine meisjes in paniek met hun mobiel uit het bos opbelden en vroegen: We staan bij zo'n grote dennenboom, hoe moeten we naar huis?
- nagenoeg alle nazaten van Frans Waller hebben leren autorijden op de Ullerberg?
- Tjalling Halbertsma jr. 's ochtends aan werkster Gerda vroeg: 'Dames, kunnen jullie er niet voor zorgen dat die vogels hun bekjes houden?'
- Kia altijd alles weg gooide en dat Erlandine het dan weer uit de vuilniszak haalde?
- Kia door de werksterren 'juffrouw Mier' werd genoemd?
- Door V. bij de werksterren bekend stond om haar wijzende vinger?
- Door V. vanaf de overloop nog in haar pyjama naar de hulpen riep: 'Zet alvast de boter uit de koelkast'?

- Kia overal in het huis briefjes voor de hulpen achterliet?
- een vooraanstaand familielid zei: 'Ik kijk nooit Peyton Place, ik heb de Ul.'
- het zesjarige zoontje Frans van Fransje Waller, toen deze besloot om uit de Ul te gaan, zei: 'Je kan je ook niet eens behoorlijk verkleden in die golfhut.'
- voor sommige Wallers 'in de bomen gaan' een synoniem is voor naar de Ul gaan?
- het eerste stuk van het koepelpad, vanuit de keuken gezien, het Beatrijspad heet?
- de bunkers op de golfbaan als zandbak dienen voor de 'bambies'?
- de bomen met een blauwe stip toekomstbomen zijn?
- 1 stère één kubieke meter gestapeld brandhout is?
- vanaf 2003 Peters zoons Frank en Jan hun vader regelmatig kwamen helpen?
- Jan de Ruiter in 2012 voor zijn opleiding een scriptie heeft geschreven over de geschiedenis en architectuur van de Ullerberg?
- waar vroeger de paarden stonden nu de computers staan?
- de uitgraving rond de vuilstortberg die het Ravijn werd genoemd nu *the Valley* heet?
- de Ullerberg voor genode gasten zo imponerend kan zijn dat zij de gastvrouw of gastheel heel anders gaan bekijken?
- er tussen aftreders en uittreders een Ullerbreed verschil zit?
- een stenenverzamelaar uit Ermelo de Ullerberg 'De parel van de Veluwe' noemt?

FRANS WALLER (1860-1935) X DOROTHEA VREEDE (1863-1931): kopen in 1920 de Ullerberg
(1888)

De Erven:

El ('89-'72) x (1910) Paul Tutein Nolthenius († '28) –>adoptie-kinderen ReynvaaN: Claar, Frits, Jan, Loute

Herman ('91-'61) x (1919) Corrie Zeeman

Toot ('93-'71) x (1916) Peter Landberg

Frans jr.('95-'74) x (1923) Aline de Vries

Heleen ('99-'63) x (1920) Tjalling Halbertsma

Eg ('01-'82) x (1930) Claar Mijnsen

Herman x (1919) Corrie (Waller)

De Maten: | Ondermaten | Dondermaten | Wondermaten

Lily (1920-2013) x Eppy ter Horst → Arnold ('43) ....→4
Door tH ('45)........ →Lili ('73) ....→ Celia ('08)
Olivier('74)........→ Gabriël ('07)
→ 1
Frans tH ('47)........ → Aida
→ 2
Lilian ('51)

Cara (1922-2007) x Gerard de Josselin de Jong →
→ Joris ('49)........→2
Elbert jos ('51)........ →2
Laura ('54)
Iris ('61-'94........→1

Frans G.(1923-2013) x Ans → Ellis
(uit de Ul '71) Cara
Herman

Elbert (1926-2007) x Willy († '66) ....→ Elbert W.jr('53)........→3
Sandra ('57)........ →2
Julius ('65)........ →2
x Marga........→ Esmee ('71)

Hans (1933-2010) x Fietje → Floris ('58-'15)
(uit de Ul '71) Lily-Heleen ('60)
Frans ('61)

Toot x (1916) Peter Landberg

MAAT:

Carlijn (1921-1994) x Hein Verloren van Themaat

Frans jr x (1923) Aline (Waller)

DE MATEN: ONDERMATEN DONDERMATEN

Eveline (1925-1979) x Ru ......→Aline ('54)
(uit de Ul '98) Reneetje ('60)...... → 1
Jan ('62)
Ruud('67)

Fransje (1928) x Suzette....→ Lunia ('60)
(Uit de Ul '84) Constance('62)
Frans ('64)

Renée (1933-?)) x Eddie
(uit de Ul '84)

Heleen x (1920)Tjalling Halbertsma

DE MATEN: ONDERMATEN DONDERMATEN

Door V(1921-2011)x Cees Vreede→Diederik('47)
Frans V.('50)...........→4

Kia (1922-2019) x Bart Heyning...→Bart ('47)...............→2
Heleen ('49).............→1
Nicolaas ('50)..........→1
Tjalling He. ('54)

Elisabeth(1925–2013))xArnold Pit→Jan Laurens('53)→2
Arnold P.('55)........ →1
Jeroen ('61).............→1

Ruerdje (1927-2019)xJan Ingen Housz→Hylkia ('51) →2
Corine('53)m
Arnold ('56-'82)

Tjalling jr.(1929-2014)x Marijke → Marietje ('56)...... →1
Tjalling Ha.('58)..... →3
Hidde ('61)...............→1
Ruerd ('65)...............→2

Eg x (1930) Claar (Waller)

DE MATEN: ONDERMATEN DONDERMATEN

Herman jr(1931-2018) x Esmeralda→Frans('63)
(uit de Ul '98) Esteban ('64)
Patrick ('66)
Felipe ('71)

Marga (1933) x Elbert (zie Herman en Corrie)

Door H(1935-2014) x Michiel Heering→Titia('62-'19)→2
Hermien('65)...............→2
Erland('67)....................→3

Erlandine(1949) x Karel Heering→Jenny('77)............→2
Wendela('80)..............→2
Jet ('82)............................→2

Het cijfer na een pijltje achter de namen van de 30 legitieme Ondermaten geeft het aantal legitieme Dondermaten aan dat zij hebben voortgebracht. Dat zijn er nu 57. Het aantal legitieme Wondermaten is niet opgenomen, het is niet bij te houden.

1930

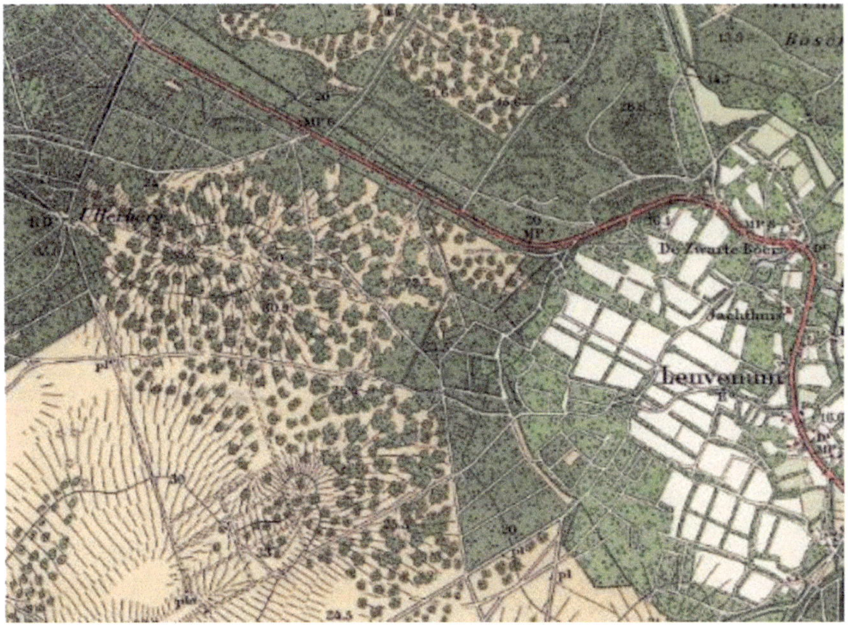
De Zwarte Boer
Jachthuis
Leuvenum

1947

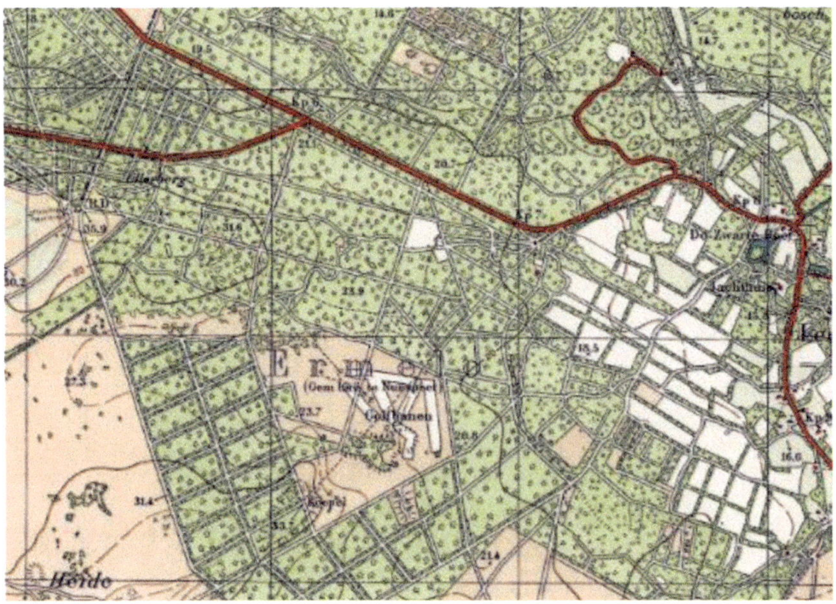
De Zwarte Boer
Jachthuis
Golfbanen
Heide

1960

1930 + 1947 + 1960: links boven staat Ullerberg, rechts Leuvenum. Met de tijd neemt de bebossing van het terrein toe.
1947 + 1960: in het midden staat Golfbanen.

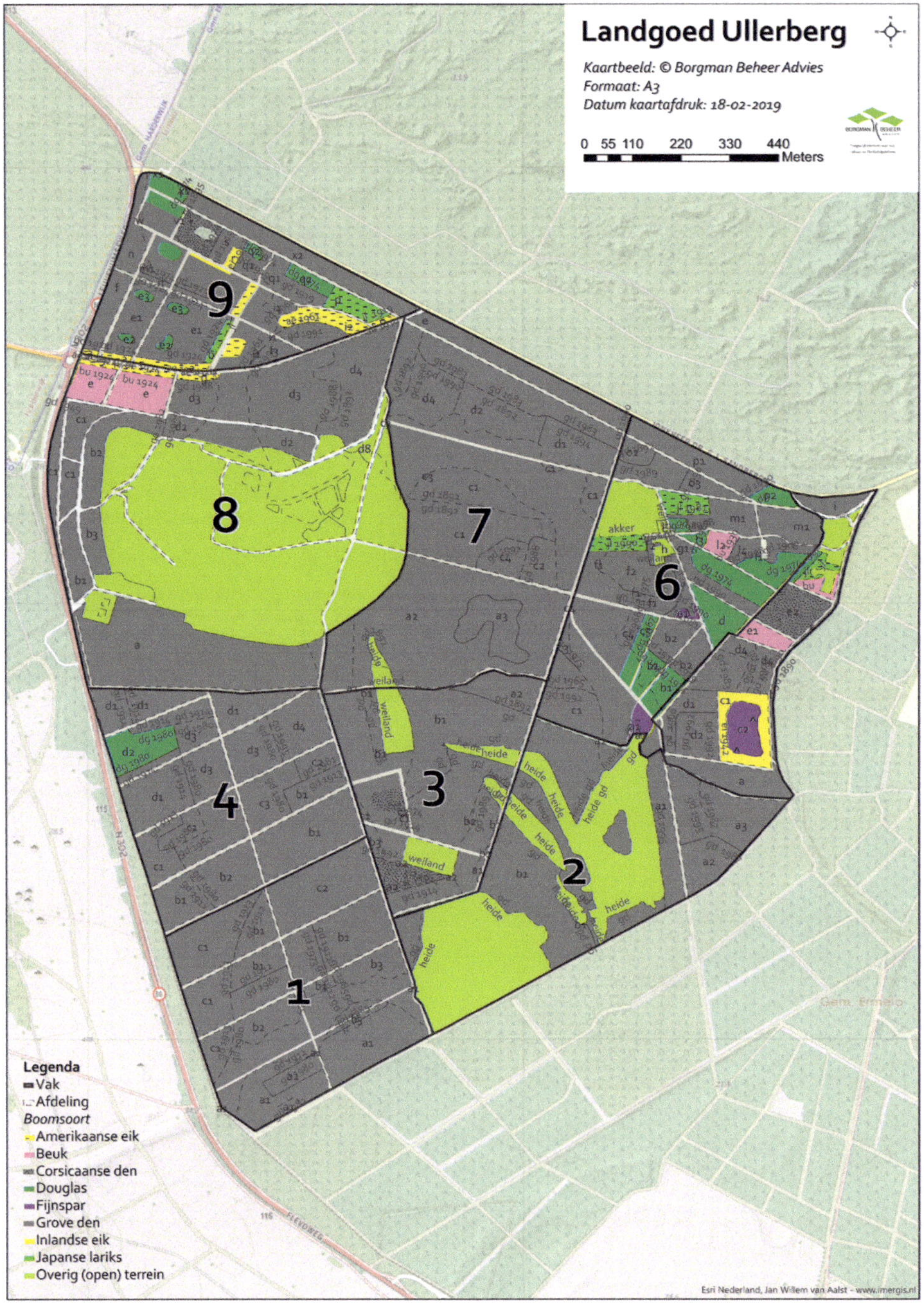

Het landgoed vóór de heidecorridors

Het landgoed met de heidecorridors (geel)

NAWOORD

Dat dit boek nu het daglicht ziet, heb ik te danken aan de vele mensen die mij in de loop van mijn zoektocht hebben gesteund. In de eerste plaats het bestuur van de Ullerberg – Erlandine, Elbert Jos, Frans tH, Arnold, Elbert W. jr., en later Aida. En niet te vergeten Esther. Zij verdroegen mijn wekelijkse aanwezigheid op de Administratie en volgden mijn vorderingen belangstellend. Mijn buitengewone dank gaat uit naar allen die hebben willen meewerken aan mijn lange vragenlijsten. De lijst met hun namen volgt hieronder. Daarnaast ben ik dank verschuldigd aan de leden van het schrijfatelier onder leiding van Dorothée Albers – Betty, Anke, Christine, Marian en José – die met geduld en toewijding elke maand mijn ruwe teksten van commentaar voorzagen. Ook dank ik Heleen Niele, die mij op het juiste moment de juiste zet gaf om niet af te haken maar door te pakken. En zonder de niet aflatende aanmoediging van Lilian, Elisabeth, Corine, Martine en Janneke had ik waarschijnlijk op een bepaald moment het Ulse bijltje erbij neergegooid. Bijzondere dank ben ik verschuldigd aan Jannie Kappen, die mij een doos met door haar in tien jaar verzamelde notities van familieleden, gasten en collega's ter hand heeft gesteld. Dank ook aan George Borgman voor het afstaan van de gedetailleerde kaarten. Tot slot gaat mijn dank uit naar mijn partner Luis voor het engelengeduld waarmee hij mij liet begaan en het onversaagde vertrouwen dat hij in mij stelde.

Lijst van geïnterviewde personen in de periode van 2015-2018

Bram van Duinen
Cora van Duinen
Decimer (Dies) van Duinen
Engelina (Lia) van Duinen
Geertje van Duinen
Henk, Jenny en Ruud Eenjes
Marietje Halbertsma
Ruerd Halbertsma
Erlandine Heering – Waller
Kia Heyning-Halbertsma
Arnold ter Horst
Frans ter Horst
Ruerdje Ingen-Housz-Halbertsma
Hylkia Ingen-Housz
Renée + Geert Oosterveld-Kymmel
Jannie van Rozelaar
Peter de Ruiter
Flip Verhoef
Diederick Vreede
Fransje (FGWjr. zn.) + Suzette Waller – Schiff
Herman F. Waller (Eg zn.)
Marga Waller-Waller
Wijmpje van der Zande

Gebruikte literatuur

Bouw, Herman, *Oorlog in Ermelo*, Stichting Natuur & Milieuplatform, Ermelo.
Broersen, Theo, *Geschiedenis van het familielandgoed Anderstein 1903-2003, Waar grond mensen verbindt,* opdrachtgever Frederik van Beuningen, 2003
Chorus, Jutta, *Beatrix*, Uitgeverij Atlas/Contact, Amsterdam/Antwerpen, 2013
Dessing, René W. Chr., & Jan Holwerda, *Historische buitenplaatsen,* Nationale Gids, Stichting Uitgeverij Noord-Holland, 2012
Dessing, René W. Chr., *De Amsterdamse buitenplaatsen*, Uitgeverij Stichting Matrijs, 2015
Dijk, A.J.N. van, *Leren prepareren, het bereiden van Jachttrofeën*, Pumbo.nl, Bos en Fauna, 2010
Eeden, Frederik van, *Dagboeken van Frederik van Eeden,* 1878-1923 3 delen, Ed. H.W. van Tricht, Tjeenk Willink Noordduyn, Culemborg 1971
Fabricius, Johan, *De wondere avonturen van Arretje Nof,* 1926-1927, 5 delen in opdracht van Oliefabrieken Calvé-Delft (N.O.F.), van Markens Drukkerij
Feenstra, E. J., *Wijk K van de gemeente Ermelo, De buurschap Leuvenum*, Ermelo, 1982 (niet gepubliceerd, in Streekarchivariaat Noord-West Veluwe, Ermelo)
Fennema, Age, *Middachten, landgoed in bedrijf,* Diepenmaat uitgeverij & Ontwerpbureau Dieren.
Havenaar, Ronald, *Babyboomboek*, Uitgeverij Van Oorschot, Amsterdam 2015
Hodgson Burnett, Frances, *De Geheime Tuin, Christofoor,* 2008 (klassiek Brits kinderboek, eerste editie 1911)
Hubbard, Elbert, *Een boodschap voor García,* Fountain of inspiration, vertaald en bewerkt door Marcel Bongers, 2013.
Jak, Monica & Ynte Hoekstra *Brood op de Plank, 130 jaar Gistfabriek in Delft*, Uitgave Gist-Brocades 1999
Kok, J. H. *De 'Kamper-uien'... import*, Kampen, 1936
Koppies, Cor & Kees Limburg, *Brood uit de nacht, Van stroper tot jachtopziener*, Bosch & Keuning nv, Baarn, 1978
Mast, Jan van der, *Agneta*, Nieuw Amsterdam Uitgevers, 2015
Meijer, Maaike, *Hemelse mevrouw Frederike, biografie van F. Harmsen van Beek,* De Bezige Bij, Amsterdam 2018
Ruiter, Jan W. de, *Geschiedenis & Architectuur van Landgoed Ullerberg, Landhuis en boswachterswoning,* Scriptie Architectuurgeschiedenis, oktober 2012
Scholten, Jaap, *Horizon City,* AFdH uitgevers, 2014
Slot, Eric, *Van tabak naar penicilline. De familie Waller in twaalf generaties*, Stadsdrukkerij Amsterdam. Uitgave van de familie Waller Stichting
Veldkamp, Chris, *Lof voor Links Valley,* in Golf.nl, 18 mei 2018
Visser, Joop, & Matthijs Dicke & Annelies v.d. Zouwen, *Nederlandse Ondernemers 1850-1950, deel 4 Noord- en Zuid-Holland,* Stad en Bedrijf, 2012.
Vries, W. de, Wzn., 'Waller (Sr), Francois Gerard (1860-1935), in *Biografische Woordenboek van Nederland 1.*
Vlijm, Wim, *In Vredesnaam*, Oudheidkundige Vereniging "Ermeloo", Drukkerij Bolhuis, Ermelo, 1995
Wall Perné, Gust van de, *Veluwsche sagen*, Uitgeverij Sirius en Siderius, Den Haag, 1993.
Wennekes, Wim, *Aartsvaders. Grondleggers van het Nederlandse Bedrijfsleven*, Atlas, Amsterdam/Antwerpen, 1993.
Zijl, Annejet van der, *Jagtlust*, Querido's uitgeverij, Amsterdam, 1998
Zijl, Annejet van der, *De Amerikaanse prinses,* Querido's uitgeverij, Amsterdam, 2015

'Arthuur, zandgraaf van de Veluwe', routeverhalen, Veluwe, Fietsroutes
'De Fabrieksbode' (1882-2001), bedrijfsblad van de Koninklijk Nederlandse Gist- en Spiritusfabriek.
'Van het Erf van Ermel', tijdschrift van de Oudheidkundige vereniging Ermeloo, Streekarchivariaat Noord-West Veluwe, Ermelo.
'Ullerkronieken' , korte film van Bob Ruizendaal in opdracht van Lily ter Horst-Waller (2006)

Ermelo
Kerkhof
Ermelosche Zand
Ermelosche Hei
Paalberg
Toverberg